प्रेमचन्द की विरासत और गोदान

प्रेमचन्द की विरासत और गोदान

शिवकुमार मिश्र

लोकभारती प्रकाशन

लोकभारती प्रकाशन
पहली मंजिल, दरबारी बिल्डिंग, महात्मा गाँधी मार्ग
इलाहाबाद-211 001

वेबसाइट : www.lokbhartiprakashan.com
ईमेल : info@lokbhartiprakashan.com

शाखाएँ : 1-बी, नेताजी सुभाष मार्ग, दरियागंज
नई दिल्ली-110 002
अशोक राजपथ, साइंस कॉलेज के सामने
पटना-800 006 (बिहार)
36-ए, शेक्सपियर सरणी
कोलकाता-700 017

संस्करण : 2011

इण्डियन प्रेस प्रा.लि.
36, पन्नालाल रोड
इलाहाबाद द्वारा मुद्रित

PREMCHAND KI VIRASAT AUR GODAN
by Shiv Kumar Mishra

ISBN : 978-81-8031-611-1

मूल्य : ₹ 195

“आ नो भद्राः क्रतवो यन्तु विश्वतः”

Let noble thoughts come to us from every side

—*Rigveda*

अनुक्रम

दो शब्द

'गोदान', हिन्दी कथा-साहित्य को प्रेमचन्द की बहुत महत्त्वपूर्ण देन है। उसे साहित्य के क्षेत्र में एक 'क्लासिक' का स्थान मिला है। अपने गहन संवेदनात्मक गुण और अपने निहायत सादे किन्तु अतिशय प्रभावशाली रचना-शिल्प के नाते उपन्यास के भावी विकास के मानक के तौर पर स्वीकार किया गया है। उपन्यास के परवर्ती विकास में उसकी छाप और उसके प्रतिचित्र आसानी से देखे और परखे जा सकते हैं। भारत को गाँवों का देश कहा गया है। तमाम सारे औद्योगिक विकास के बावजूद बीसवीं सदी के इस अन्तिम चरण में भारत आज भी मुख्यतः कृषिप्रधान देश ही है। बड़े पैमाने पर आज विभिन्न राज्यों से अनेक कारणों के चलते, जिनमें प्राकृतिक-विपदाओं के साथ व्यवस्था में विद्यमान निहित-स्वार्थ, नौकरशाहों, दलालों, महाजनों और राजसत्ता की उदासीनता का भी उतना ही योग है, बड़ी संख्या में किसानों के द्वारा की गयी और की जानेवाली आत्महत्याओं के जो समाचार लगातार आ रहे हैं, उन्होंने 'गोदान' की समकालीनता और प्रेमचन्द की उस वृहत मानवीय चिन्ता को जैसे फिर से हमारे सामने सजीव कर दिया है। ये आत्महत्याएँ-जैसे जवाब है उन लोगों को, जिन्होंने किसी समय 'गोदान' की इस बिन्दु पर आलोचना की थी कि उसमें किसान-जीवन के या ग्राम-जीवन के अनेक मुख्य पहलू उपेक्षित रह गये हैं, कि उसमें महज कर्ज की समस्या को ही उभारा गया है। ये आत्महत्याएँ प्रेमचन्द की ग्राम-जीवन की उस खरी समझ का साक्ष्य भी हैं कि ग्राम-जीवन के अनेक पहलुओं को अपने दूसरे उपन्यासों और कहानियों में उठाते हुए 'गोदान' में उन्होंने अपने को किसान-जीवन की दुर्वह बनाने वाली, उसे बेदम और बेजान कर देनेवाली महज एक ही समस्या

पर क्यों केन्द्रित किया? अपने ग्राम-जीवन और किसान-जीवन के अनुभवों के लम्बे क्रम में प्रेमचन्द जान चुके थे कि किसान-जीवन की यातना के मूल में उसके रक्त को पूरी तरह निचोड़कर रख देनेवाली असली जोंक क्या और कौन है? कहना न होगा कि आज बड़ी संख्या में किसानों की इन आत्महत्याओं के पीछे कर्ज का ही दुश्चक्र सबसे मुख्य है। महाजन बदल गये हैं, शक्लें बदल गयी हैं, शोषण की प्रक्रिया बदल गयी है, वह हिंस्र प्रवृत्ति और प्रकृति नहीं बदली है जो पहले भी जोंक बनकर किसान का रक्त पी रही थी और आज भी पी रही है।

'गोदान' को फिर-फिर और बार-बार पढ़ते हुए जब तक उसके बारे में जो कुछ सोचता और लिखता रहा, उसी में कुछ जोड़-घटाकर उसे इस किताब का रूप दिया गया है। ज्यादातर तो इसमें वही कुछ है जो 'गोदान' को लेकर कहा गया और कहा जाता रहा है। उसके आलोक में यदि नये ढंग से या नया कुछ विवेचन के क्रम में आ गया हो, तो उसे मैं अपने इस लिखे हुए का सार्थक अंश मानूंगा। इसका निर्णय वे करेंगे जो इस किताब को पढ़ेंगे। अपनी ओर से किताब के बारे में बस इतना ही कहना है।

—शिवकुमार मिश्र

वल्लभ विद्यानगर
दीपावली 2010 ई.

प्रवेश

प्रेमचन्द की परम्परा : प्रेमचन्द की विरासत

उन्नीसवीं सदी उत्तरार्द्ध से प्रारम्भ करके बीसवीं सदी उत्तरार्द्ध के इस चरण तक हिंन्दी उपन्यास पूरी एक शताब्दी की यात्रा तय कर चुका है। नवजागरण के आलोक में आविर्भूत हुए वैज्ञानिक और औद्योगिक युग की चुनौतियों से रू-ब-रू होते हुए बीसवीं सदी के प्रांगण में पैर रख जटिल होते हुए सामाजिक जीवन और विघटित होते और उलझ रहे जीवन-मूल्यों और मानवीय सम्बन्धों के समीकरणों से टकराता हुआ आज वह इक्कीसवीं सदी के प्रवेश द्वार तक, उन चुनौतियों के अधिक गहरे दबावों के अहसास के साथ आ पहुँचा है। शायद यह कहने में कोई अतिशयोक्ति न होगी कि हिन्दी उपन्यास की एक शताब्दी की यह रचना-यात्रा अनेक अपेक्षाओं के बावजूद महत्त्वपूर्ण उपलब्धियों का साक्ष्य प्रस्तुत करनेवाली एक सार्थक और शानदार यात्रा रही है। अपने समय के क्रमशः संकुल होते हुए सामाजिक जीवन और जटिल होते हुए मानव-सम्बन्धों की अन्तर्विरोधी वास्तविकताओं को उपन्यास की इस लम्बी यात्रा में अन्तरंग और बहिरंग दोनों स्तरों पर छोटे-बड़े खण्ड-चित्रों में, और महाकाव्यात्मक आयाम पर भी यथार्थ रूप में अभिव्यक्त होते हुए देखा जा सकता है। इस समूची यात्रा के दौर में उपन्यास केवल रचना-दृष्टि के धरातल पर ही नहीं वरन् कला और शिल्प की ज़मीन पर भी क्रमशः सम्पन्न हुआ है, जिसका साक्ष्य 'परीक्षा गुरु' से लेकर उपन्यास रचना के अद्यतन बिन्दु तक रची गयी वे कृतियाँ हमें देती हैं जिनमें उनके रचनाकारों के

रचनात्मक आत्मसंघर्ष एवं बाहरी जीवन की चुनौतियों से साहसपूर्वक उनके टकराने की गाथा अक्षत लिपिबद्ध है।

हिन्दी उपन्यास की विकास-यात्रा की इस लम्बी कालावधि में अनेक बार ऐसे नये मोड़ आये हैं जब उपन्यास-रचना दृष्टिकोण, कला और शिल्प, भाषा और अभिव्यक्ति के क्षेत्रों में न केवल नयी जमीन तोड़ सकी है, बल्कि अपनी उपलब्धियों में गुणात्मक इजाफा भी कर सकी है। ऐसे ही एक नये मोड़ का साक्ष्य हमें बीसवीं सदी के प्रारम्भ में मिलता है जब उपन्यास-रचना दृष्टिकोण, कला, सभी आयामों पर एक नये युग का शंखनाद करती है, कहना चाहिए कि उपन्यास एकाएक वयस्क होकर पहली बार अपने को चरितार्थ करता है, जीवन की व्याख्या, मानव चरित्र का चित्र, सामाजिक यथार्थ की जीवन्त दस्तावेज या सामाजिक जीवन की महाकाव्यात्मक अभिव्यक्ति बन सकने का गौरव पाता है। यह हिन्दी उपन्यास के क्षेत्र में हुआ एक नवीन युग प्रवर्तन है जिसके पुरोधा बनते हैं प्रेमचन्द। प्रेमचन्द की सर्जना में उपन्यास-रचना सार्थवती होती है, अनुभवों और विचारों की एक नयी दुनिया में संचरण करती है, अपने चारों ओर की अन्तर्विरोधी वास्तविकता के बीच से नवीन युग सत्यों का साक्षात्कार करते हुए हमें उनसे रू-ब-रू करती है।

सवाल प्रेमचन्द के युग प्रवर्तनकारी इस प्रदेय की व्याख्या का है, ताकि प्रेमचन्द प्रवर्तित इस नयी और गुणात्मक उठान की दिशाओं से हम परिचित हो सकें, उनके प्रदेय के महत्त्व को समझ सकें और यह देख सकें कि इस प्रवर्तन के फलस्वरूप उपन्यास रचना के क्षेत्र में जिस नयी परम्परा का, प्रेमचन्द परम्परा का सूत्रपात हुआ, हिन्दी उपन्यास के परिप्रेक्ष्य में उसका मूल्य और महत्त्व क्या है ?

हम यह तो नहीं कहेंगे कि उत्तराधिकार या विरासत के रूप में प्रेमचन्द को अपने पूर्ववर्तियों से कुछ नहीं मिला। उन्नीसवीं सदी उत्तरार्द्ध के जिस नवजागरण की पृष्ठभूमि में हिन्दी उपन्यास के पहले अंकुर फूटे, उद्‌भवकालीन इन उपन्यासों में नवजागरण के आलोक का अनुभव किया जा सकता है। विज्ञान-प्रवर्तित जिस औद्योगिक युग की छाया में उद्‌भवकालीन इन उपन्यासों ने रूपाकार पाया उसके अपने निशान भी उनमें हल्के-गाढ़े रूप में विद्यमान हैं। यही वह समय है जब साहित्य और जीवन दोनों में मध्ययुगीन संवेदना आधुनिक युग की संवेदना में संक्रमित होती है और इस संक्रमण के फलस्वरूप उत्पन्न अन्तर्विरोध साहित्य और जीवन, दोनों ही स्तरों पर प्रतिबिम्बित होते हैं। इन उद्‌भवकालीन उपन्यासों में मध्ययुगीन संवेदना का

आधुनिक युग से संवाद और विसंवाद दोनों ही मूर्त हुए हैं। गोकि यह सब इन उपन्यासों में काफी कुछ स्थूल रूप में अभिव्यक्त और मूर्त हुआ है, परन्तु यह सब इस तथ्य का साक्ष्य अवश्य देता है कि हिन्दी के सर्जक उपन्यासकार प्रारम्भ से ही अपने युग-जीवन और परिवेश के प्रति जागरूक रहे हैं, और उन्होंने अपने ढंग से उन पर प्रतिक्रियाएँ की हैं। उद्भवकालीन सामाजिक उपन्यास की बात छोड़ दी जाय जिनमें इन प्रतिक्रियाओं को सरलता से पढ़ा जा सकता है, तो आरम्भ के वे उपन्यास भी, अपने तिलस्मी और जासूसी कथ्य के नाते जिन्हें विशुद्ध मनोरंजन तथा दिल-बहलाव के खाते में डालकर अब तक समझा और समझाया जाता रहा था, युग जीवन के इस बदले परिदृश्य पर अपने ढंग से टिप्पणी करते हैं और अपने समय के दबाव को अपने में निहित दृष्टिकोण तथा शिल्प दोनों में ज्ञापित करते हैं। बाबू देवकीनन्दन खत्री के उपन्यासों पर चन्द्रबली सिंह के निबन्ध के बाद से लेकर अब तक जो कुछेक विशिष्ट चर्चाएँ हुई हैं, वे हमारे उपर्युक्त कथन का प्रमाण है।

बहरहाल, प्रेमचन्द का यही वह उत्तराधिकार है जिसके साहचर्य में वे बीसवीं सदी के पहले चरण में अपनी सर्जनात्मक यात्रा का प्रारम्भ करते हैं उनके पूर्ववर्ती, जिन्होंने, आलोचकों के अनुसार नीतिपरक, सामाजिक शिक्षाप्रद उपन्यास लिखे, सब नहीं तो, उनमें कुछ ऐसे भी थे जिन्होंने नवजागरण के आलोक में अपने समय के समाज, विशेषतः हिन्दू समाज की अनेक सनातन विकृतियों को अपनी आलोचना का केन्द्र बनाया और नवजागरण की चेतना के अनुरूप उस समय को देखते हुए क्रान्तिकारी सुधारों की बात की। नारी-जीवन की समस्याएँ इस सन्दर्भ में उनकी चिन्ता के दायरे में विशेष रूप से आयीं। यही नहीं, उन्होंने उपन्यास विधा को एक आधुनिक रूप भी देने की चेष्टा की। इसी के चलते आचार्य शुक्ल ने लाला श्रीनिवासदास के 'परीक्षा गुरु' को हिन्दी का पहला अंग्रेजी ढंग का उपन्यास कहा है। चित्रणगत सपाट शैली के होते हुए भी और दृष्टिगत नीतिवादी रुझानों के बावजूद, इन लेखकों ने अपने समय के समाज के यथार्थ की अनदेखी नहीं की और तमाम सीमाओं के बीच उसे अपने ढंग से प्रस्तुत भी किया। नगरों के जीवन के अलावा कतिपय लेखकों ने ग्रामीण जीवन को भी अपनी कथाओं का विषय बनाया और भले ही किस्सागोई के अन्दाज में, ग्राम जीवन के प्रति भी हममें एक रुझान पैदा करने की कोशिश की। उपन्यास को 'प्रेम का विज्ञान' कहनेवाले किशोरीदास गोस्वामी ने अपने उपन्यासों में चाहे प्रेम को उसके सतही और स्थूल रूप में पेश किया हो, भावनात्मक माने जानेवाले उपन्यास लेखकों ने स्त्री-पुरुष के बीच के प्रेम को उसकी बड़ी

आदर्श रेखाओं में, बड़ी भावुकता के साथ पेश किया। प्रेमचन्द के पहले का और उनके आस-पास का यह जो रचना संसार है, प्रेमचन्द के निर्माण में उसकी प्रधान भूमिका भले न हो, उसका अपना अंशदान जरूर है। कहना न होगा कि अपने पूर्ववर्तियों द्वारा बिखेरी गयी प्रकाश-किरणों के आलोक में प्रेमचन्द ने जितना और जो भी रास्ता तय किया उसका अहसास उनकी रचनाएँ हमें कराती हैं। जिन सामाजिक समस्याओं को प्रेमचन्द ने अपने उपन्यासों में गहराई में जाकर उभारा है उनमें से अनेक अपने प्रारम्भिक रूप में उनके पहले के उपन्यासों में अभिव्यक्ति पा चुकी थीं। प्रेमचन्द उन्हें एक महत् प्रदेय का अंग बना सके इसे उनकी साहित्य-साधना की गौरवपूर्ण फलश्रुति मानना चाहिए।

गोकि हिन्दी उपन्यास प्रेमचन्द के उपरान्त आधी शताब्दी की यात्रा तय कर चुका है फिर भी प्रेमचन्द उसकी चर्चा के केन्द्र में अभी भी समकालीनों की भाँति जीवित हैं। उनकी समकालीनता और जीवन्तता का साक्ष्य हमें समकालीन रचनाशीलता में उनकी परम्परा की जीवन्त उपस्थिति देती है, वे रचनाकार देते हैं जिन्होंने बड़ी शिद्दत से इस परम्परा की रक्षा ही नहीं की, उसका संवर्द्धन भी किया है, प्रेमचन्द के प्रदेय को नये प्रस्थान-बिन्दुओं से जोड़ते हुए नयी और सार्थक उपलब्धियों तक पहुँचाया है। प्रेमचन्द हिन्दी के पहले रचनाकार हैं जिनके कृतित्व में उपन्यास एक सम्मानित विधा की हैसियत पाता है, सामाजिक यथार्थ का जीवन्त दस्तावेज बनता है, मानव चरित्र की जटिलताओं से रू-ब-रू होता है, मध्यवर्गीय जीवन के महाकाव्य होने के गौरव का अतिक्रमण करता हुआ हिन्दुस्तान के साधारण जनों की, मेहनतकशों की ज़िन्दगी का आख्यान बनकर नयी अर्थवत्ता पाता है, भारत के विराट मुक्ति आन्दोलन का भाष्य बनता है। प्रेमचन्द उपन्यास के क्षेत्र में एक नये रचना संसार के ही प्रणेता नहीं बनते उस रचना संसार की सम्यक समझ का एक नया सौन्दर्यशास्त्र भी हमें देते हैं, महत् रचनाशीलता के ही विधायक बनकर सामने नहीं आते, उस रचनाशीलता से टकराने उसमें अपने जीवन की सच्चाई देखने और उससे आलोक पानेवाले एक विराट पाठक वर्ग को जन्म भी देते हैं। अन्य तमाम रचनाकारों की भाँति प्रेमचन्द की अहमियत मात्र साहित्य के आलोचकों और साहित्य के रसिकों के बीच ही सीमित नहीं है, प्रेमचन्द जीवित हैं छोटे-छोटे गाँवों से लेकर बड़े-बड़े महानगरों में फैले उन असंख्य पाठकों के बीच, उन संघर्षरत जनों के बीच, जिनके जीवन की एक-एक रेखा को शिद्दत से पहचानते हुए उन्होंने अपनी रचनाओं में उभारा है, जिनके लिए ही उन्होंने लिखा है, साधारण जनों की जिन्दगी से प्रेमचन्द का

यह रचनात्मक तादात्म्य उनकी बहुत बड़ी सिद्धि, उनकी सर्जना की बहुत बड़ी ताकत है, जो विरले रचनाकारों को ही नसीब होती है।

हम जानते हैं कि साहित्य के क्षेत्र में प्रेमचन्द तफरीह के लिए अथवा शौकिया नहीं आये थे। साहित्य का एक प्रधान लक्ष्य मनोरंजन या दिल-बहलाव होता है, यह वह जानते थे। वे यह भी जानते थे और अनुभव कर चुके थे कि इस प्रकार का साहित्य रचकर पाठकों की एक बड़ी जमात का दिल जीता जा सकता है, पैसा और नाम कमाया जा सकता है। 'तिलस्म होशरुबा' को वे कई बार पढ़ चुके थे, बाबू देवकीनन्दन खत्री की ख्याति से भी परिचित हो चुके थे, परन्तु उन्होंने यह सब न करके, तमाम जोखिम उठाते हुए अपनी सर्जना को कुछ खास दिशाओं की ओर सक्रिय किया, उन दिशाओं की ओर, जिन पर चलकर वे जिन्दगी की उस गणित को समझ और हल कर सकते थे जो तमाम सवालों को लिए उनके सामने फैली हुई थी, और जिनके जवाब जरूरी थे। जिन्दगी के उलझे समीकरणों से मुंह चुराकर अपने पाठकों से उस दुनिया को छिपाकर, जिसमें वे जी रहे थे, मर-पच रहे थे, वे तिलस्म होशरुबाओं और चन्द्रकान्ता सन्ततियों की दुनिया में इजाफा नहीं करना चाहते थे। इसीलिए यह और धन के जाने-माने रास्तों को छोड़कर वे जिन्दगी के ऊबड़खाबड़ रास्तों पर चले ताकि उसकी उन हकीकतों से परिचित हो सकें और हमें उनसे परिचित करा सकें जो उस समय की स्थितियों में हमारी और जनता के एक बड़े भाग की नियति बनी हुई थीं। इसीलिए उन्होंने 'सेवासदन' लिखा, 'निर्मला' लिखा, 'प्रेमाश्रम' 'गबन', 'रंगभूमि', 'कर्मभूमि' और 'गोदान' जैसे उपन्यास लिखे। कहना न होगा कि ये वे उपन्यास हैं जिनमें प्रेमचन्द के समय का समाज और उस समाज के उद्वेलन अपनी पूरी गहराई और पूरे विस्तार में मूर्त हुए हैं, एक सोद्देश्य रचनाशीलता का अंग बनकर, समाज और जिन्दगी के बुनियादी प्रयोजनों से अभिन्न होकर। जिन्दगी के अहम सवालों से जुड़ी एक सार्थक और सोद्देश्य रचनाशीलता, प्रेमचन्द की परम्परा की पहली जरूरी पहचान है।

प्रेमचन्द की जिस रचना-यात्रा का उल्लेख हमने अभी किया है, हम कह चुके हैं कि वह सरल-सहज रास्तों की यात्रा नहीं थी। यह जिन्दगी के बेहद चक्करदार रास्तों से होकर तय की जानेवाली यात्रा थी, उसके बेहद उलझे समीकरणों और बड़ी बेढ़ब गणित से, चलने वालों को पस्त कर देनेवाली यात्रा थी। इस तरह के रास्तों और इस प्रकार की गणित से हर क्षण रू-ब-रू होते हुए प्रेमचन्द ने जो उसे तय किया उसके क्रम में प्रेमचन्द अपनी रचना और अपनी जिन्दगी की आख़िरी मंजिल तक पहुँचते हुए वही नहीं रह गये

थे, जैसे वे इस यात्रा की शुरुआत में थे। जिन्दगी की इस गणित ने अपनी चुनौतियों के क्रम में कदम-कदम पर उन्हें माँजा और निखारा उनकी सोच और समझ को धार दी, उनके तमाम संस्कारों को बार-बार तराशा और जैसे उनके समूचे रचनाकार और विचारक-मन को खराद पर चढ़ाते हुए अन्त तक उसे आमूलतः बदलकर रख दिया। कम रचनाकार ही अपनी रचनाशीलता के दौर में इस प्रकार 'ग्रो' कर पाते हैं, जैसे प्रेमचन्द कृति-दर-कृति निखरते हुए, अपनी सोच के स्तर पर, जीवन दृष्टि के स्तर पर, जिसे 'लीप' या छलांग लेना कहते हैं, उस प्रकार छलांग लेते हुए, अपने समकालीनों, ख्यात सहधर्मियों की सूचना में गुणात्मक रूप से अलग और विशिष्ट रचना-चिन्तन और सोच की एक नयी जमीन पर एक बहुत परिपक्व विवेक लिए हुए आ जाते हैं। प्रेमचन्द की इस रचना तथा विचार-यात्रा को हमने अपने एक निबन्ध में सुधारवाद से आमूल सामाजिक बदलाव तक की यात्रा कहा है। यह अनुभव और विचारों के, संस्कार और विवेक की द्वन्द्वात्मक संगति में सम्पन्न की गयी यात्रा है जो उन्हें दोनों स्तरों पर समृद्ध करती है। 'सेवासदन' से लेकर 'गोदान' तक का उनका रचनात्मक परिदृश्य हमें उस सबका साक्ष्य देता है जो हमने इस यात्रा के बारे में ऊपर कहा है। रचनात्मक परिदृश्य ही नहीं विचार के धरातल पर प्रेमचन्द की प्रारम्भिक टिप्पणियाँ एक ओर, और उनकी लेखनी से अन्तिम बार लिखा गया 'महाजनी सभ्यता' जैसा निबन्ध दूसरी ओर, यह सब प्रमाण है कि प्रेमचन्द कहाँ से शुरू करके कहाँ पहुँचते हैं। विचारों की जमीन पर जहाँ अपने चिन्तन के इस बिन्दु पर पहुँचकर वे बड़ी आस्था और विश्वास से समाजवाद की हिमायत करते हैं वहाँ रचना के धरातल पर तमाम प्रकार के सुधारवादी आदर्शवादी उपक्रमों को छोड़ते हुए जिन्दगी के ठेठ साहचर्य में उपजने और निखार पानेवाली यथार्थवादी कला का नमूना, उसका 'माडल' पेश करते हैं। 'गोदान' और 'महाजनी सभ्यता' साहित्य एवं कला की नयी छवि गढ़ने वालों के लिए, इसके लिए संघर्ष करनेवाली नयी पीढ़ी के लिए प्रेमचन्द की वसीयत है।

आदर्शवाद और यथार्थवाद को लेकर प्रेमचन्द के मन में दुविधा जैसी बात कभी नहीं रही। जब उन्होंने 'आदर्शोन्मुख यथार्थवाद' की बात की थी तब भी उनका बल यथार्थवाद पर ही था। यथार्थ के नाम पर उनके अपने समय में जिस प्रकार जिन्दगी के कुत्सित, कुरूप और वीभत्स पक्षों को प्रस्तुत किया जा रहा था, जिस प्रकार की एकांगी और अधकचरी समझ प्रचारित हो रही थी, उसी की प्रतिक्रिया में प्रेमचन्द आदर्शोन्मुखता की बात लेकर सामने आये थे, गोकि इसकी बुनियाद में तब भी यथार्थवाद ही था। कालान्तर में इस

प्रकार की कोई भी व्याख्या न करते हुए अपनी रचनाओं के साक्ष्य पर उन्होंने यथार्थवाद की कला की बानगी प्रस्तुत की। यह कहना सही न होगा कि एक खास समय तक प्रेमचन्द आदर्शवादी थे और एक खास समय के बाद यथार्थवाद के प्रवक्ता बन गये। यथार्थ उनकी रचनाओं की बुनियाद में शुरू से ही रहा है, प्रारम्भ का उनका सुधारवादी दृष्टिकोण जरूर जब-तब उनके इस यथार्थ बोध पर सुधारवाद का लेबिल लगाता रहा है। अन्यथा क्या कारण है कि 'सेवासदन' के दौर में ही प्रेमचन्द 'निर्मला' जैसी कृति की रचना भी करते हैं जिसका आदर्शवाद से कोई नाता नहीं है। अनुभव और विचार की द्वन्द्वात्मक प्रक्रिया में सुधारवाद उनके चिन्तन से अलग होता जाता है और एक समय आता है, जब वे समाज की इमारत में किसी भी प्रकार का रंग-रोगन नहीं चाहते, समाज के बुनियादी बदलाव की हिमायत करते हैं, उस पर आखीर तक कायम रहते हैं। अपने समकालीनों से यही प्रेमचन्द का वैशिष्ट्य है।

प्रेमचन्द-परम्परा का एक अन्य आयाम प्रेमचन्द के 'सेक्यूलर एप्रोच' है, चालू शब्दावली में धर्म-निरपेक्ष दृष्टि है। भारत के इतिहास तथा संस्कृति के प्रति दिलचस्पी रखते हुए, उनसे सबक और प्रेरणा लेते हुए भी प्रेमचन्द पुनरुत्थानवादी नहीं हैं। भारतीय इतिहास तथा संस्कृति के सकारात्मक और नकारात्मक दोनों पहलुओं की उनमें भरपूर समझ है। इन सकारात्मक-नकारात्मक पहलुओं के साथ हिन्दू धर्म और इस्लाम तथा हिन्दू और मुसलमानों का जो रिश्ता रहा है और उनके समय में था, प्रेमचन्द उससे बखूबी परिचित थे। यही कारण है कि वे अपने समूचे रचना-कर्म में कहीं धर्म के संकीर्ण प्रवक्ता बनकर सामने नहीं आये। उल्टे धर्म के रूढ़िवाद पर आधुनिक समय में शायद सबसे ज्यादा प्रहार उन्होंने ही किये हैं। यह उनकी जनवादी सोच का नतीजा है कि धर्म, वर्ण, सम्प्रदाय और नस्ल-जैसी, आदमी और आदमी को विभाजित करनेवाली ताकतों से वे समूचे जीवन संघर्ष करते रहे, अपने को खुलेआम 'न हिन्दू न मुसलमान' घोषित किया। मेरा अपना मानना है कि कबीर के बाद 'सेक्यूलर' दृष्टिवाला प्रेमचन्द जैसा कोई दूसरा रचनाकार हमारे सामने नहीं आया। यह प्रेमचन्द की 'सेक्यूलर' दृष्टि ही है जिसके चलते हिन्दू-मुस्लिम दोनों रुढ़िवाद उनके यहाँ समान रूप से लांछित होते हैं। उनके द्वारा रचे गये हिन्दू चरित्र जितने मानवीय और अमानवीय हैं उनके मुस्लिम चरित्र भी वैसे ही हैं। उनके अविस्मरणीय चरित्रों में हिन्दू-मुसलमान दोनों ही हैं। 'ईदगाह' के हामिद और उसकी दादी की अविस्मरणीय छवि प्रेमचन्द जैसी 'सेक्यूलर' दृष्टिवाले रचनाकार की कलम से

ही उभर सकती थी, और सूरदास जैसे चरित्र को एक महाकाव्यात्मक आयाम पर भी उनके-जैसा रचनाकार ही पेश कर सकता था। प्रेमचन्द उन रचनाकारों में हैं हिन्दू-मुसलमान कठमुल्ले और ढोंगी जिनके यहाँ अपनी पूरी असलियत में उजागर हुए हैं। साम्प्रदायिक और संकुचित धार्मिक दृष्टिकोण कहीं भी, किसी स्तर पर प्रेमचन्द की रचनाशीलता में प्रवेश नहीं कर पाया है। वह हर स्तर पर एक नितान्त मानवीय और जनवादी सर्जना बनी रह सकी है। हम सब जानते हैं कि प्रेमचन्द उर्दू से हिन्दी की जमीन पर आये थे। भाषा के सवाल पर भी, हिन्दी-उर्दू के सवाल पर भी, उनकी सोच कहीं से भी पूर्वाग्रहग्रस्त नहीं है। ये दोनों जबानें उनके लिए अपनी जबानें रही हैं। वे हिन्दी के जितने बड़े रचनाकार हैं, उर्दू अदब में भी उनकी हैसियत वही है। वे जितनी सहजता और प्रामाणिकता से हिन्दू परिवारों की व्यथा-कथा कर सके हैं, उतनी ही सरलता से साधारण मुसलमान परिवारों में प्रवेश कर उनकी जिन्दगी के सुख-दुःख को चित्रित कर सके हैं। दिल्ली में आयोजित एक संगोष्ठी में वरिष्ठ कथाकार शानी की पीड़ा व्यक्त हुई थी कि मुसलमान और मुसलमान परिवार हिन्दी उपन्यास में आज कहाँ हैं? आज की बात तो इस सन्दर्भ में अप्रासंगिक होगी, परन्तु मुसलमान और मुसलमान परिवारों के जीवन को प्रेमचन्द ने अपनी रचनाओं में बराबर प्रस्तुत किया है, अपनी उसी मानवीय संवेदना के साथ, जिसके तहत साधारण हिन्दू परिवार उनके उपन्यासों में आये हैं। सच पूछा जाय तो प्रेमचन्द ने हिन्दू और मुसलमान के रूप में इन परिवारों और लोगों की जिन्दगी को उभारा ही नहीं, ये उनकी रचना-दृष्टि के भीतर इंसानी जीवन का पर्याय बनकर आये हैं, यह और बात है कि उनमें कोई हिन्दू परिवार हो या मुसलमान परिवार। हिन्दू और मुसलमान के रूप में प्रेमचन्द ने यदि चित्रित किया है तो रूढ़िवादियों और कठमुल्लों को, अन्यथा उनके यहाँ ऐसी कोई दृष्टि नहीं है जो सजग होकर हिन्दू-मुसलमान का ध्यान रखते हुए उनकी जीवन-गाथा पेश करती हो। प्रेमचन्द की यह 'सेक्यूलर' दृष्टि उनके इतिहास तथा संस्कृति-सम्बन्धी वस्तुनिष्ठ सोच का प्रतिफल है। उन्होंने हमें भी इतिहास तथा संस्कृति के बारे में वस्तुनिष्ठ होने की सलाह दी है और इतिहास तथा संस्कृति की व्याख्या के सिलसिले में उभरे उन दुश्चक्रों के प्रति सावधान किया है जो उपनिवेशवादियों की अपनी कूटनीति का परिणाम है और जिनके चलते इतिहास को गलत रूप में पेश करते हुए संस्कृति की संकीर्ण व्याख्याएँ करते हुए सदियों से साथ-साथ रहनेवाले आम हिन्दू-मुसलमानों को बांटा गया है, उनके बीच फिरकापरस्ती की दीवाल खड़ी की गयी है। इस सन्दर्भ में उनका

'साम्प्रदायिकता और संस्कृति' शीर्षक निबन्ध पठनीय है।

प्रेमचन्द की परम्परा का एक महत्त्वपूर्ण आयाम हमें उनकी सर्जना के जनवादी चरित्र में दिखायी पड़ता है। प्रेमचन्द की सर्जना हर कोण से जनवाद की पक्षधर सर्जना है। जनता के जायज अधिकारों का, उन्होंने मुक्त रूप से समर्थन किया है। वर्ग समाज में मनुष्यता का एक विराट अंश श्रम करने के बावजूद शोषित होता है, जबकि एक छोटा सा अंश उनके श्रम पर ऐश करता है। प्रेमचन्द ने वर्ग समाज की इस हकीकत को अपनी सर्जना में बड़े विस्तृत पटल पर चित्रित किया है और श्रमजीवी मनुष्यता के पक्ष से सम्मानपूर्वक जी सकने की उसकी लड़ाई में हिस्सेदारी बँटायी है। उनकी अपनी लेखकीय संवेदना साधारण जनता के साथ रही है जबकि शोषक सत्ताओं का उन्होंने निर्ममता से पर्दाफाश किया है। यूं तो प्रेमचन्द बराबर जनता के बड़े हिस्से के दुःख और यातना से जुड़े रहे हैं पर अपनी सर्जना में खासतौर से उन्होंने समाज में सर्वाधिक शोषित तीन तबकों को विशेष रूप से उभारा है और वे हैं—किसान, अछूत और नारी। प्रेमचन्द के सारे उपन्यासों में हमें इनके दुर्वह जीवन की ही विवृत्ति दिखायी पड़ती है, इन्हीं की आशाएँ आकांक्षाएँ, इन्हीं के संघर्ष और स्वप्न उनके यहाँ बहुविध आयामों में मूर्त हुए हैं। ह्रासग्रस्त सामन्तवाद अपनी सारी सड़ांध के साथ प्रेमचन्द के इन उपन्यासों में उजागर हुआ है। ध्यान देने की बात है कि समाज की यातना-ग्रस्त इस मनुष्यता को अपनी सम्पूर्ण मानवीय सहानुभूति और संवेदना देते हुए भी प्रेमचन्द ने हमसे इनके लिए करुणा या दया की याचना नहीं की है। इसके बजाय इनके जीवन की वास्तविकता को उजागर करते हुए उन्होंने हमारा ध्यान व्यवस्था की उस अमानवीयता के प्रति आकृष्ट किया है जिसके चलते अपनी जिन्दगी के नरक से इनकी मुक्ति असम्भव है। वे हमारा ध्यान व्यवस्था को बुनियाद से बदलने के प्रति खींचते हैं, हममें क्षोभ और बेचैनी पैदा करते हैं, हमें झकझोरते और जगाते हैं। वे अपनी समूची सर्जनात्मक शक्ति के साथ इनके साथ खड़े हैं और हमें भी खड़ा करना चाहते हैं। प्रेमचन्द के यहाँ रोमाण्टिकों के समान समाज के इन वर्गों के प्रति सहानुभूति बौद्धिक नहीं है। वे अपने वर्गीय अवरोधों को लांघकर इनके साथ एकात्म हुए हैं, और इसीलिए सच्ची जनवादी रचनाशीलता के संवाहक बन सके हैं। साधारण जन के जीवन के साथ प्रेमचन्द का यह एकात्म उनकी सर्जना की असली ताकत है।

प्रेमचन्द जन प्रतिबद्धता और अपनी जनवादी सोच के तहत ही अपने समय के भारतीय मुक्ति संग्राम को भी देख रहे थे। अपने समय के समाज

को बुनियादी तौर पर बदलने की उनकी जो सोच थी, मुक्ति संग्राम की दिशा उससे भिन्न, मात्र देश को अंग्रेजों की राजनीतिक प्रभुसत्ता से मुक्ति दिलाने की थी। राजनीतिक स्तर पर मात्र सत्ता के हस्तान्तरण को प्रेमचन्द आजादी नहीं मानते थे। मात्र साम्राज्यवाद को ही मुख्य शत्रु मानकर, देश की सामन्ती-पूंजीवादी ताकतों की साम्राज्यवाद से गठजोड़ को अनदेखा कर, मुक्ति संग्राम अग्रसर हो, यह प्रेमचन्द की अपनी जनवादी सोच के अनुरूप नहीं था। वे साम्राज्यवाद और उसके सहायक देशी सामन्तवाद तथा पूँजीवाद से एक साथ संघर्ष के हिमायती थे। उनका मानना था कि आर्थिक और सामाजिक स्तर पर देश की जनता की मुक्ति के अभाव में महज राजनीतिक स्तर पर उसकी मुक्ति बेमानी है। स्वाधीनता की अपनी इस संश्लिष्ट परिकल्पना को उन्होंने अपनी रचनाओं में और अपने विचारात्मक लेखन में, सम्पादकीय टिप्पणियों में बार-बार प्रस्तुत किया और उसे साकार करने के हेतु संघर्षशील भी हुए। उनकी परिकल्पना की आजादी अन्ततः मुक्ति आन्दोलन के बुर्जुआ नेतृत्व के चलते भारतीय जनता को उपलब्ध नहीं हो सकी, इसी का परिणाम है कि आजादी के बाद देश की जनता न केवल आर्थिक स्तर पर आजादी के पहले के अभिशापों को ढो रही है, सामाजिक स्तर पर अन्याय और अनीति के स्वतन्त्रता-पूर्व के दुश्चक्रों में फंसी है। जो कार्यभार प्रेमचन्द ने अपने जीवनकाल में अपनी सर्जना के लिए संकल्पित किया था वह आज भी ज्यों का त्यों बरकरार है, जनता अपनी सही मुक्ति के लिए आज भी संघर्षरत है। प्रेमचन्द और उनकी परम्परा इसी अर्थ में आज भी हमारे लिए प्रासंगिक है, प्रेमचन्द इसी नाते आज भी हमारे लिए गत नहीं हुए, हमारे समकालीन बने हुए हैं। प्रेमचन्द के आकांक्षित कार्यभार को पूरा करने का, उसे आगे बढ़ाने का दायित्व आज हम पर, नयी पीढ़ी पर है।

प्रेमचन्द अपने समय के पैमानों पर ही नहीं, हमारे अपने समय के पैमानों पर भी खरी आधुनिक सोच के लेखक हैं। आधुनिकता का नाम जपनेवाले समकालीन दूसरे तमाम लेखक जहाँ आधुनिकता की सतही व्याख्या कर अपने आधुनिक होने का ढोल पीट रहे हैं, किसान और साधारण जन की जिन्दगी को मूर्त करनेवाले प्रेमचन्द की सोच उनसे कहीं आगे अपनी आधुनिकता का प्रमाण देती है। आधुनिक वह है जो अपने समय की समस्याओं से अपने समय की शक्तियों से ही प्रेरणा और ऊर्जा पाता हुआ, टकराता है, आधुनिक वह है जो अपने समय की कोख से ही वर्तमान की अपनी लड़ाई और भविष्य की अपनी योजना की पूर्ति के लिए उपकरण पाता है। प्रेमचन्द अपने समय की समस्याओं के लिए तथाकथित तमाम बड़े

लेखकों की भाँति अतीत में नहीं जाते, अतीत का गौरवगान करते हुए अतीत के ही किसी स्वप्न को हमारे सामने नहीं रखते वरन् अपने समय की समस्याओं का समाधान अपने समय की शक्तियों में ही खोजते हैं। 1918-19 का उनका 'नया जमाना, पुराना जमाना' लेख हमारे इस कथन का प्रमाण है जिसमें उन्होंने आनेवाले जमाने को किसानों और मजदूरों का जमाना कहा है और यह भी कहा है कि दुनिया की कोई भी ताकत इसे रोक नहीं सकती। प्रेमचन्द, जाहिर है कि इतिहास या परम्परा के विरोधी नहीं हैं, परन्तु इतिहास या परम्परा उनके लिए वर्तमान का समाधान या उसका स्थानापन्न नहीं है। उन्होंने अतीत को देखते हुए भी शक्ति और ऊर्जा अपने वर्तमान से ही पायी है, वर्तमान की ताकतों को ही उन्होंने भविष्य के जनवादी निर्माण की ताकतों के रूप में पहचाना है। प्रेमचन्द का यह नजरिया ही उन्हें अपने समय के तमाम दूसरे लेखकों से विशिष्ट बनाता है। उनकी परम्परा को संरक्षित करने और उसे विकसित करने का मतलब उनकी इस सोच को संरक्षित और विकसित करना है।

प्रेमचन्द हिन्दी के पहले उपन्यासकार हैं जिन्होंने अपनी रचना के द्वारा हमें साहित्य और समाज एवं साहित्य और राजनीति के बीच के रिश्ते को समझने में मदद दी है, उसे अपने रचना-कर्म के माध्यम से तय कर दिया है। साहित्य और राजनीति के रिश्तों को लेकर परम्परा से राजनीति के अपने प्रभाव और प्रखरता से घबरानेवाले बहुत से लोग कुछ इस प्रकार की मान्यताओं को लेकर सामने आते रहे हैं गोया राजनीति हमारे सामाजिक जीवन की वस्तु भले हो साहित्य से उसका सम्पर्क साहित्य को और कला की अपनी इयत्ता को खत्म कर देनेवाला हो। साहित्य और कला की पवित्रता और विशुद्धता के प्रति अतिरिक्त रूप से चिन्ताशील ये लोग राजनीति को साहित्य को दूषित कर देनेवाली चीज मानते हैं और साहित्य में सामाजिक जीवन के चित्रण की तो इजाजत देते हैं, परन्तु हमारे सामाजिक जीवन से अभिन्न राजनीति को साहित्य से कतई दूर रखना चाहते हैं। प्रेमचन्द राजनीति और साहित्य के रिश्ते को बखूबी समझते थे। प्रगतिशील लेखक संघ के अध्यक्ष पद से दिये गये अपने भाषण में उन्होंने राजनीति को साहित्य के पीछे चलनेवाली इकाई कहा था, और साहित्य को राजनीति के आगे चलनेवाली सच्चाई। प्रेमचन्द के इस कथन में जहाँ राजनीति साहित्य से जुदा नहीं है वहाँ साहित्य की अपनी इयत्ता को महत्त्व दिया गया है। अपने साहित्य के माध्यम से प्रेमचन्द ने अपने कथन की सत्यता को साबित भी किया है। हम जानते हैं कि उनके साहित्य में हिन्दुस्तान की राजनीति अपने पूरे विस्तार के साथ

मौजूद है। भारत के मुक्ति संग्राम की उनके अपने समय की इबारत को उनके उपन्यासों और कहानियों के माध्यम से उसकी सम्पूर्ण व्याप्ति के साथ पढ़ा जा सकता है परन्तु इसके बावजूद प्रेमचन्द के उपन्यास राजनीति के उपन्यास नहीं बनने पाए, और ना ही प्रेमचन्द राजनीतिक उपन्यासकार के रूप में ख्यात हुए। राजनीति उनके यहाँ है, परन्तु वह उनकी रचनात्मकता का अभिन्न हिस्सा बनकर आयी है, उपन्यास की कलात्मकता के साथ अपनी संगति बिठाते हुए। राजनीति ने इस प्रकार उनकी सर्जनात्मकता को आहत नहीं किया, उसे ऊर्जा प्रदान की है। साहित्य में राजनीति के प्रवेश को कतई इजाजत न देनेवाले लोगों के लिए प्रेमचन्द के ये उपन्यास अपने इस रूप में भी प्रचार या दोयम दर्जे के हो सकते हैं, जैसा कि कुछेक समीक्षकों ने उनके बारे में कहा भी है, परन्तु वे लोग जो साहित्य में जीवन की वास्तविकता को उसकी सम्पूर्णता में चित्रित किये जाने के हामी हैं, जो राजनीति को आज के युग में आदमी की जिन्दगी को बदलनेवाली ताकत के रूप में देखते हैं, उनके लिए प्रेमचन्द के उपन्यास न केवल हमारी राजनीतिक समझ को बढ़ानेवाले हैं, साहित्य और राजनीति के रिश्ते को उसके संगत रूप में प्रस्तुत करनेवाले भी हैं। रचनाकारों के लिए ये उपन्यास मिसाल हैं कि राजनीति हो या ज्ञान की कोई दूसरी शाखा, अथवा हमारी जिन्दगी से जुड़ी हुई कोई दूसरी ऐसी ही हकीकत, यदि साहित्य और कला के दायरे में उन्हें लाया जाय तो रचनाशीलता के अभिन्न अंग के रूप में लाया जाय, रचना की अपनी जरूरत और शर्तों के मुताबिक लाया जाय। ऐसा होने पर ही साहित्य धारदार बन सकता है और राजनीति का अपना असर भी बरकरार रह सकता है। सन्तुलन के बिगड़ने पर न केवल साहित्य आहत होगा, राजनीति भी बेअसर हो जायेगी। हमारे तमाम रचनाकारों की यह सच्चाई है कि राजनीति और साहित्य के आपसी रिश्तों की अपनी गलत समझ के नाते ही उन्होंने अपनी रचनाशीलता में साहित्य और राजनीति दोनों को ही क्षति पहुँचायी है, और तमाम प्रकार के आरोपों के घेरे में आये हैं। दूसरी तरफ ऐसे रचनाकार भी हैं ज़िन्होंने इस रिश्ते को सही ढंग से समझते हुए अपनी सर्जना को ही नये और धारदार तेवर नहीं दिए, राजनीति के अपने असर को भी मनोवांछित तरीके से जनमानस तक पहुँचाया है। प्रेमचन्द के उपन्यास इस तथ्य के भी साक्षी हैं कि एक निष्ठावान् और यथार्थवादी रचनाकार न केवल अपने समय की राजनीति से प्रेरणा लेते हुए अपनी सर्जना को युग की सच्चाई का जीवित दस्तावेज बना सकता है, राजनीति के पेशेवर अभ्यासियों को उनके अपने क्षेत्र में नयी दिशा भी सुझा सकता है। वह समकालीन राजनीति को चित्रित भर

करके छुट्टी नहीं पा लेता, उस पर टिप्पणी भी करता है; उसकी असलियत भी खोलता है और उसे जनता के हित में नियोजित करने के लिए पेशेवर राजनीतिज्ञों पर दबाव भी डाल सकता है। साहित्यकार चल रही राजनीति की सतह पर ही चक्कर नहीं लगाता, वह उसकी सात पर्तों के भीतर भी झांकता है और उसके लिए नयी जमीन भी तैयार करता है। हमारे देश की राजनीति में जो कुछ प्रेमचन्द के बाद घटा, प्रेमचन्द की रचनाओं में हमें उसके पूर्व संकेत मिलते हैं। 'गबन' का देवीदीन खटिक हमारे आज के राष्ट्रनेताओं के बारे में जो कुछ टिप्पणी करता है वह हमारे अपने समय का यथार्थ बनकर हमारे सामने उपस्थित है। साम्राज्यवाद की कूटनीति और उससे देशी सामन्तों और पूँजीपतियों की साँठगाँठ का जो चित्रण प्रेमचन्द ने अपने उपन्यासों में किया है उसे हमारे उस समय के राष्ट्रनेता उस रूप में नहीं भांप सके थे या उसे जानकर भी अनजान बने हुए थे। उनकी इस अवसरवादिता अथवा अज्ञान का ही परिणाम है कि आजादी के बाद वही दुश्चक्र आज भी हमारे अधिकांश राष्ट्रीय जीवन को कसे हुए है जिसकी चेतावनी प्रेमचन्द अपनी कृतियों में बार-बार दे रहे थे। हमारी स्वतन्त्रता आज भी नाम मात्र की स्वतन्त्रता बनकर रह गयी है। सब कुछ प्रेमचन्द के मुताबिक वही है, अन्तर है तो यह कि पहले जान हमारे ऊपर शासन करता था, आज उसकी जगह गोविन्द ने ले ली है। प्रेमचन्द की सर्जना साहित्य और राजनींति के अन्तःसम्बन्धों को ही उनके सही परिप्रेक्ष्य और सही रूप में नहीं उभारती, वह साहित्य में राजनीति के कलात्मक रूपान्तरण का सवाल हल करती है।

प्रेमचन्द ने अपने जीवन-काल में जो कुछ लिखा उसका अधिकंांश ग्राम केंन्द्रित है। इधर ग्राम केन्द्रित रचनाशीलता का एक महत्त्वपूर्ण अंश आंचलिकता की एक नयी प्रवृत्ति के तहत विवेचन का विषय बना है। हम यहाँ जोर देकर इस बात को कहना चाहेंगे कि प्रेमचन्द की परम्परा ग्रामकेन्द्रित कथा साहित्य की परम्परा है, आंचलिक लेखन की परम्परा नहीं। प्रेमचन्द ने गाँवों को केन्द्र बनाकर बहुत-कुछ लिखा परन्तु उसके बावजूद वे आंचलिक कथालेखक के रूप में ख्यात नहीं हुए। डॉ. रामविलास शर्मा ने सत्य ही कहा है कि प्रेमचन्द के लेखन में आंचलिकता नहीं हिन्दुस्तानीपन है। यह हिन्दुस्तानीपन प्रेमचन्द की सर्जना में इसीलिए आ सका है कि उन्होंने अपनी सर्जना में विशिष्ट को नहीं प्रतिनिधि को केन्द्र में रखा है। आंचलिकता विशिष्ट की संवाहक होती है जबकि यथार्थवाद प्रतिनिधि पर केन्द्रित होता है और इसीलिए प्रेमचन्द यथार्थवाद के लेखक हैं। उनके चरित्र, उनके उपन्यासों की

घटनाएँ और स्थितियाँ प्रतिनिधि चरित्र, घटनाएँ और प्रतिनिधि स्थितियाँ हैं। उनके चरित्र अपने समूचे वर्ग के प्रतिनिधि हैं किसी ग्राम या ग्रामांचल के प्रतिनिधि नहीं।

पिछले पृष्ठों में हमने प्रेमचन्द को एक नये सौन्दर्यशास्त्र का प्रणेता कहा था। सवाल है कि प्रेमचन्द का यह नया सौन्दर्यशास्त्र क्या है? प्रेमचन्द का यह नया सौन्दर्यशास्त्र असाधारणता में नहीं, साधारणता में सौन्दर्य को देखता है। प्रगतिशील लेखक संघ के अध्यक्ष पद से बोलते हुए प्रेमचन्द ने सौन्दर्य की कसौटी को बदलने की बात की थी। सौन्दर्य की यह बदली हुई कसौटी यही है कि हम साधारण में असाधारण को देखें और खोजें। सौन्दर्य की यह नयी दृष्टि बाहरी सुन्दरता को ही सुन्दरता का पर्याय नहीं मानती, शुक्लजी की तरह कर्म के सौन्दर्य पर भी उतना ही ध्यान देती है। सरदार पूर्णसिंह ने 'मजदूरी और प्रेम' शीर्षक अपने एक निबन्ध में श्रम के सौन्दर्य की चर्चा की है। प्रेमचन्द का यह नया सौन्दर्यशास्त्र श्रम के इस सौन्दर्य का भी हामी है। पूर्णसिंह ने जिसे आचरण की सभ्यता कहा है यह सौन्दर्य दृष्टि आचरण के उस सौन्दर्य से भी जुड़ी हुई है। प्रेमचन्द द्वारा रचे-सिरजे चरित्रों पर हम ध्यान दें तो पायेंगें कि उन्होंने अपने उपन्यासों और कहानियों के छोटे माने जानेवाले इन चरित्रों के भीतर महत् सम्भावनाएँ देखीं और उजागर की हैं, उनके छोटेपन के भीतर प्रभूत मात्रा में निहित बड़प्पन को उजागर किया है। उनके हृदय और मन के भीतर पैठकर वहाँ से उन मानवीय मूल्यों को उभारा है जो हमारी मनुष्यता को सार्थक बनाते हैं। 'मन्त्र' कहानी का बूढ़ा भगत, 'गुल्लीडण्डा' कहानी का गया अहीर, 'रंगभूमि' का सूरदास और प्रेमचन्द के ढेरों दूसरे चरित्र इसी कोटि के चरित्र हैं जो हमारी मनुष्यता का प्रतिमान बनते हैं।

प्रेमचन्द का यह नया सौन्दर्यशास्त्र साहित्य के इस पक्ष को भी एक नया अर्थ प्रदान करता है। उसके इस पहलू को हम सादगी के सौन्दर्यशास्त्र के रूप में भी व्याख्यायित कर सकते हैं। हम जानते हैं कि प्रेमचन्द ने अपनी सर्जना को रूप के उन सांचों में ढालने का प्रयास नहीं किया जो परम्परा से साहित्य के अलंकरण के लिए प्रयुक्त होते रहे हैं। कुछ लोगों का कहना है कि प्रेमचन्द अपने साहित्य के रूप पक्ष की ओर से उदासीन रहे हैं। यह उदासी यदि अतिरिक्त रूपारोपण का पर्याय हो तब तो कोई बात नहीं, अन्यथा प्रेमचन्द अपनी रचनाओं के रूप पक्ष के प्रति उदासीन नहीं हैं। यह जरूर है कि उन्होंने वस्तु पर रूप को अनावश्यक महत्त्व नहीं दिया। जिसके पास कहने को ज्यादा नहीं होता या कहने को कोई बड़ी बात नहीं होती वह

अपनी इस दरिद्रता को रूप के द्वारा जरूर छिपाना चाहता है। परन्तु प्रेमचन्द के यहाँ इससे उल्टा है। उनके यहाँ कहने को इतना कुछ सार्थक और महनीय है कि उसके लिए अनावश्यक रूपसज्जा के फेर में वे नहीं पड़े। वे बड़े सहज ढंग से, अपने उपन्यासों और कहानियों को शुरू कर देते हैं। कहानी की सारी परिभाषाएँ, उसके आदि और अन्त के सारे निर्देश प्रेमचन्द की कहानियों के सामने बचकाने बन जाते हैं। कभी-कभी तो ऐसा लगता है गोया वे परम्परा की दादी-नानी की कहानियाँ कह रहे हों, उनके यहाँ उपन्यास भी सहजता से ही आरम्भ होते हैं और यह सरलता और सहजता उनमें अन्त तक बनी रहती है। सरल-सादी भाषा-शैली में कहे गये उनके उपन्यास और कहानियाँ फिर भी अपने पाठकों के हृदय और मन को जकड़ लेती हैं। उनके पाठकों का दायरा भी बहुत बड़ा है, आधुनिक कथाकारों में शायद सबसे ज्यादा उसमें हर आयु और हर वर्ग के लोग शामिल हैं, स्त्री और पुरुष दोनों। उनके उपन्यासों और कहानियों का प्रभाव भी अमिट होता है। उन्हें बार-बार पढ़ने को जी चाहता है। यह जो प्रेमचन्द इस माध्यम से हासिल करते हैं वह साहित्य की रूपसज्जा के प्रति अनथक श्रम करने वालों को हासिल नहीं हो पाता। सादगी की यह जो कला है वह अपने में बेमिसाल है। कहीं भी अलंकरण नहीं, कहीं भी शब्द और वर्ण का चमत्कार नहीं, उपमाओं और उत्प्रेक्षाओं की झड़ी नहीं, भाषा की सजावट नहीं, फिर भी प्रेमचन्द की कला है कि हमें अपने में बांध लेती है।

वस्तुतः प्रेमचन्द की यह जो उपलब्धि है वह बड़े कठोर तकाजों के तहत बड़ी कड़ी साधना के दौर में पायी गयी उपलब्धि है। इसके लिए प्रेमचन्द को जनजीवन की गहराइयों में, जनता के चित्त में अपने को पचा देना पड़ा है। उनकी जीवनभर की कठोर जन साधना की यह सिद्धि है। जनता के जीवन से कतई एकात्म के बिना जन-मन की आकांक्षावाली यह पूँजी नहीं मिलती। प्रेमचन्द इसे हासिल कर सके यह उनकी निष्ठा का, उनकी साधना की सफलता का प्रमाण है। कहते हैं कि टेढ़ी लकीर का खींचना सरल होता है सीधी लकीर खींचना बेहद मुश्किल। इसी प्रकार गूढ़ दुर्बोध लेखन भी सरल होता है परन्तु सरल-सुबोध लेखन बहुत मुश्किल। सादगी का जो सौन्दर्यशास्त्र अपनी रचनाओं के माध्यम से प्रेमचन्द ने प्रस्तुत किया है वह हर किसी के बूते की बात नहीं। प्रेमचन्द की अपनी परम्परा की यह एक अहम उपलब्धि है, दिशा है। यह प्रेरणा है उन रचनाकारों के लिए जो प्रेमचन्द सरीखी निष्ठा के साथ अपनी सर्जना को जनता के जीवन से जोड़कर सार्थकता और ऊँचाई देना चाहते हैं।

प्रेमचन्द परम्परा के यही कुछ मुख्य आयाम और यही कुछ दिशाएँ हैं, जो हमारे कथा साहित्य के लिए प्रेमचन्द की विरासत मानी जा सकती है। जैसा हमने कहा प्रेमचन्द परवर्ती रचनाकारों के एक बड़े समाज ने इस विरासत को कृतज्ञ भाव से स्वीकार किया है अपनी सर्जना में उसे संरक्षित और संवर्द्धित किया है। इस परम्परा से जुड़कर जब कोई रचनाकार प्रेमचन्द से भी बड़ी रचनाशीलता लेकर सामने आयेगा तब हम मानेंगे कि प्रेमचन्द की परम्परा सार्थक हुई है। हमें उस दिन और उस घड़ी की प्रतीक्षा है।

●

गोदान

कथावस्तु : कथावस्तु का विवेचन : सम्बद्ध समस्याएँ : ग्राम और नगर की कथाओं का संयोजन

'गोदान' मूलतः ग्राम-केन्द्रित उपन्यास है और उसी रूप में मान्य भी है। किन्तु जैसा कि स्पष्ट है, उसकी कथा का एक बड़ा हिस्सा नगर से और शहरी पात्रों से भी जुड़ा हुआ है। गाँव और नगर के कथा-सूत्रों को जोड़नेवाला तत्त्व उपन्यास में जमींदार रायसाहब का चरित्र है। 'गोदान' में ग्राम और नगर की इन दुहरी कथाओं को लेकर उसके रचना-काल से तरह-तरह के सवाल और विवाद उठाये गये हैं तथा दोनों के समुचित संयोजन पर भी प्रश्नचिह्न लगाये गये हैं। इस अध्याय का समापन करते हुए हम इस सवाल से मुखातिब होंगे कि उपन्यास में गाँव की कथावस्तु के साथ नगर की कथा को जोड़ने में प्रेमचन्द का उद्देश्य क्या था, और दोनों के संयोजन में वे कहाँ तक अपने संवेदनात्मक उद्देश्य को पूरा कर सके। सम्प्रति, हम 'गोदान' की कथावस्तु के मुख्य सूत्रों की विवृत्ति करते हुए उनके विन्यास की चर्चा करेंगे और उन सूत्रों से उपजी या उनमें निहित दूसरी समस्याओं का जायजा लेंगे ताकि आगे उन पर अलग से विशेष चर्चा हो सके। अतएव, आइए, पहले 'गोदान' की अन्तर्यात्रा करते हुए उसकी कथावस्तु के मुख्य सूत्रों को समेटें।

'गोदान' की कथावस्तु—कथानक का प्रारम्भ अवध प्रदेश के बेलारी गाँव के एक छोटे किसान होरीराम और उसकी पत्नी धनिया की बातचीत से शुरू होता है, जिससे पता चलता है कि पास के सेमरी गाँव में रहनेवाले अपने जमींदार रायसाहब अमरपाल सिंह के बुलावे पर वह उनसे मिलने जा रहा है। होरी साधारण किसान है जिसका प्रारम्भिक वार्तालाप ही स्पष्ट कर

देता है कि वह और उसका परिवार कितना संघर्षमय जीवन जी रहा है। रायसाहब से मिलने जाते हुए मार्ग में उसकी भेंट पड़ोस के गाँव के ग्वाले भोला से होती है, जो अपनी गायों को चराने के लिए जा रहा था। गायों के झुण्ड की एक गाय होरी के मन में बस जाती है। भोला से वह वर्षों से पल रही मन की एक इच्छा, कि वह एक गाय रखना चाहता है, व्यक्त करता है, साथ ही अपनी आर्थिक असमर्थता का बयान भी करता है। बातचीत के क्रम में ही विधुर भोला के मन की बात ताड़कर वह उसके सूने जीवन में एक घरनी लाने में अपना सहयोग देने का वचन देता है। भोला प्रसन्न होकर उससे गाय ले जाने को कहता है किंतु होरी उतावली नहीं दिखाता, वह बात को बाद के लिए टाल देता है। वह जाकर रायसाहब से मिलता है। अन्य किसानों की अपेक्षा रायसाहब का प्रिय होने के नाते रायसाहब उससे गाँव और असामियों के अलावा अपने मन की व्यथाओं का जिक्र भी करते हैं जिसे होरी अपना सौभाग्य तथा रायसाहब से निकटता का प्रमाण मानता है। रायसाहब सेमरी में हर वर्ष धनुषयज्ञ का उत्सव करवाते थे। इस वर्ष वे होरी को राजा जनक के माली की भूमिका देने की बात करते हैं तथा यह संकेत भी करते हैं कि धनुषयज्ञ के खर्च के लिए असामियों को शगुन देना पड़ेगा। होरी शगुन की चिन्ता लिए हुए, किंतु भविष्य में गाय पाने की खुशी को भी लिए घर लौटता है, और पत्नी तथा बच्चों से गाय की बात कहता है। सारा परिवार गाय के सम्भावित आगमन से प्रसन्न हो उठता है।

भोला से बातचीत के क्रम में होरी ने उसे जरूरत के लिए अपने पास से कुछ भूसा देने का आश्वासन दिया था। भोला भूसा लेने के लिए होरी के गाँव और घर आता है, जहाँ उसकी अच्छी आवभगत होती है। होरी और उसका पुत्र गोबर (धन) भोला के साथ भूसा लेकर भोला के घर पहुँचाते हैं, जहाँ गोबर की भेंट भोला की जवान और विधवा बेटी झुनिया से होती है। दोनों में कुछ बातें होती हैं और दोनों आरम्भिक प्रेम पाश में बँध जाते हैं। गोबर जब-तब अवसर निकालकर झुनिया से मिलता भी है। गोबर भोला के घर से गाय ले आता है। सारा गाँव होरी की गाय देखने आता है; मन ही मन तमाम उसके भाग्य से ईर्ष्या करते हैं और तरह-तरह की बातें करते हैं। होरी का परिवार गाय के आने से आनन्द में मग्न था। किन्तु उसके भाई शोभा और हीरा तथा उनकी पत्नियाँ गाव देखने नहीं आतीं। होरी का भाइयों से अलगौझा हो चुका था। पत्नियों में तो बिल्कुल न बनती थी, भाइयों में थोड़ा शिष्टाचार जरूर शेष था।

आषाढ़ का पहला दौंगरा गिरते ही किसान अपने-अपने खेत जोतने को तैयार हुए किंतु उसी समय जमींदार रायसाहब के कारकुन ने जमींदार का आदेश सुनाया कि पिछली अदायगी किये बिना कोई खेतों को नहीं जोत सकेगा। किसान सन्देश सुनकर सकते में आ गये। होरी स्वयं अपना लगान अदा नहीं कर पाया था। कर्ज भी लिया जाय तो किससे। गाँव में कई महाजन थे जो ऊँची दरों पर पैसा देते थे किंतु होरी स्वयं सबका पहले से ही कर्जदार था, नया कर्ज किस मुँह से माँगता। महाजन झिंगुरी सिंह गाय के गिरवी रखने पर कर्ज देने को तैयार थे। होरी ने जब यह बात घर में कही, सारा घर उससे नाराज हो उठा। परिस्थिति देखकर अन्ततः धनिया होरी की बात मान गयी और बेटियों के सो जाने पर रात को चुपचाप गाय को झिंगुरी सिंह के यहाँ पहुँचाना तय हो गया। ऊमस अधिक थी। धनिया के मना करने पर भी होरी ने गाय को बाहर बांध दिया और अपने बीमार भाई शोभा को देखने उसके घर चला गया। वापस लौटने पर उसने दूसरे छोटे भाई हीरा को गाय के पास खड़ा देखा। हीरा ने पूछने पर बताया कि वह होरी के कौड़े से आग लेने आया था। होरी को प्रसन्नता ही हुई कि हीरा अब भी उसे अपना समझता है। कुछ समय उपरान्त गोबर ने सूचना दी कि गाय खूंटे पर तड़प रही है, और उसके मुँह से झाग निकल रहा है। होरी और धनिया पर वज्रपात-जैसा हुआ, किंतु गाय तब तक मर चुकी थी। उसे विष दे दिया गया था। होरी ने धनिया से हीरा के ऊपर अपना शक जताया। धनिया ने हीरा को जेल भिजवाने की घोषणा कर दी। होरी नहीं चाहता था कि हीरा का नाम सबके सामने लिया जाय। भाइयों से उसके मोहबन्ध टूटे नहीं थे, किन्तु धनिया दृढ़ थी इलाके का थानेदार जाँच के लिए आया और उसने हीरा के घर की तलाशी लेनी चाही। धनिया ने साफ तौर से हीरा का नाम लिया। होरी ने उसे मारा-पीटा, यहाँ तक कि बेटे की झूठी कसम भी खायी कि उसने हीरा को गाय के पास नहीं देखा था। ऐसा उसने इसलिए किया था कि हीरा के घर की तलाशी में वह अपनी मर्यादा का हनन देखता था। पटेश्वरी ने उसे सलाह दी कि वह थानेदार को तीस रुपया घूस देकर तलाशी लेने से रोक दे। उससे कर्ज पर रुपये लेकर वह थानेदार को देने जा रहा था कि धनिया ने रुपया झपट लिया। अपने खरे वचनों से उसने उपस्थित सब लोगों का मुँह बन्द कर दिया। होरी को उसने धिक्कारा और थानेदार को भी लज्जित किया। थानेदार ने अन्ततः उससे हार मान ली, किंतु उसने दातादीन, पटेश्वरी, झिंगुरी सिंह तथा नोखेराम को धमकाकर पचास रुपये रिश्वत में ले ही लिए।

अब तक होरी और धनिया में सुलह हो चुकी थी। गाँव भर के सामने धनिया को अकारण पीटने के अपराध को होरी स्वीकार कर चुका था। एक दिन गोबर झुनिया को उसके घर से लेकर अपने गाँव आ गया। दरवाजे पर झुनिया को देखकर होरी ने उसे बुरा-भला कहा। गोबर अलग चुपचाप खड़ा था। पिता की प्रतिक्रिया से घबराकर झुनिया को वहीं अकेली छोड़कर गोबर शहर भाग गया। होरी ने झुनिया के आने की बात धनिया को बतायी। झुनिया गर्भवती थी। पहले तो धनिया बहुत बिगड़ी किन्तु अन्ततः उसका नारी हृदय पसीज उठा। उसे अपनी बहू के रूप में होरी और धनिया दोनों ने अपने घर में शरण दी। गाँव भर में हंगामा हुआ। पंचों ने होरी पर सौ रुपयों और तीस मन अनाज का दण्ड लगाया। होरी की दशा वैसे ही खराब थी। इस बार की फसल से घर में खाने-पीने की व्यवस्था हो जाती किन्तु सारा अनाज दण्ड में चला गया, सौ रुपयों का कर्ज अलग से। वह एकदम हताश हो गया। उसे अपना घर झिंगुरी सिंह के यहाँ गिरवी रखना पड़ा। झुनिया ने एक बालक को जन्म दिया। होरी और उसका परिवार भुखमरी पर था; किन्तु शिशु के जन्म से सारा परिवार प्रसन्न और आनन्दमग्न था। शहर आकर गोबर ने मजदूरी करना शुरू किया। धीरे-धीरे और धन्धे करने लगा। रायसाहब के मित्र मिर्जा खुर्शेद ने उसे रहने के लिए जगह दे दी। एक साल बीत गया।

इस बीच होरी की विपन्न दशा से पसीजकर हीरा की पत्नी पुनिया ने उसे सहारा दिया। होरी उसके खेतों में मेहनत करने लगा, कारण हीरा गाय को विष देने की घटना के बाद से ही गाँव छोड़कर गायब हो चुका था और पुनिया अकेली थी। अपनी बेटी झुनिया के कृत्य से नाराज भोला ने होरी से गाय के रुपये माँगे। होरी कहाँ से रुपये देता। भोला ने होरी के दोनों बैल खोल लिए। होरी पूरी तरह कंगाली के कगार पर आ गया। उसने दातादीन से फरियाद की। दातादीन ने आधे पर उसके खेत जोते। जब ऊख की फसल तैयार हुई, महाजनों ने एकत्र होकर सारी ऊख कटवा ली। होरी को महज पचीस रुपये मिले, शेष सब महाजनों के पेट में चला गया।

होरी अब तक किसान से मजदूर बन चुका था। दातादीन के यहाँ, उसके खेतों पर सारा घर मजदूरी करता। भरपेट खाना न मिलने के कारण होरी दिनों-दिन कमजोर होता जा रहा था। एक दिन खेत पर ही बेहोश हो गया। उसी समय गोबर वर्ष भर शहर में रहने के बाद गाँव लौटा। पिता की हालत उससे देखी न गयी। वह दो सौ रुपये कमाकर लाया था। सारा घर उसे देखकर प्रसन्न था। गाँव भर पर उसका रोब पड़ा। उसने महाजनों के अन्याय पर उनको काफी खरी-खोटी सुनायी। झुनिया उससे रूठी थी, उसे उसने मना

लिया। होरी को सावधान किया कि वह अपना धर्मात्मापन छोड़े अन्यथा बरबाद हो जायेगा। भोला को भी उसने मना लिया और अपने बैल वापस ले आया। होली का त्यौहार था। उसने महाजनों की खूब नकल बनवायी। कुछ दिन घर में रहकर, अन्ततः इस मनःस्थिति में कि अब उसके घर के अच्छे दिन न आयेंगे, वह झुनिया और अपने बेटे को लेकर शहर वापस लौट गया। धनिया झुनिया को शहर नहीं भेजना चाहती थी। इस पर कहा-सुनी हुई। झुनिया और धनिया में भी बातचीत हुई। गोबर ने धनिया को बुरा-भला कहा। धनिया को गहरा आघात लगा। गोबर बिना उसके पैर छुए ही गाँव से वापस हो गया। होरी-धनिया के दुःखों की कोई सीमा नहीं थी। बेटे का आचरण उन्हें मर्माहत कर गया।

होरी अब तक पूरी तरह टूट चुका था। उसे बेटियों के विवाह की चिन्ता थी। उधर पं. दातादीन का बेटा मातादीन गाँव की एक युवा विधवा चमारिन सिलिया से फंसा था। चमारों ने एक दिन संगठित होकर मातादीन को पकड़कर उसके मुँह में हड्डी डालकर धर्मभ्रष्ट कर दिया। उन्होंने सिलिया को भी अपनी बिरादरी से अलग कर दिया। निराश्रित सिलिया को होरी और धनिया ने अपने घर पर आश्रय दिया। मातादीन को शुद्ध कराया गया। कुछ दिन तक तो वह शान्त रहा किन्तु सिलिया से उसे सच्चा प्रेम था। सिलिया उसके बेटे की माँ भी बन चुकी थी। वह चुपचाप होरी के घर आने लगा और एक दिन खुल्लमखुल्ला अपनी जाति से विद्रोह कर सिलिया के साथ ही जीवन निभाने की घोषणा कर दी। होरी ने झिंगुरी सिंह के हाथ खेत रेहन रखकर तथा भोला की दूसरी पत्नी नोहरी की मदद से कर्ज लेकर सोना का विवाह एक खाते-पीते किसान के घर कर दिया। सोना को उसकी तपस्या का फल मिला।

होरी अब पूरी तरह मजदूर हो चुका था। गाँव के पास सड़क बन रही थी। उस पर गिट्टी तोड़ने का काम करने लगा था। रूपा का विवाह भी उसे करना था। अन्ततः महाजनों के समझाने-बहकाने पर एक अधेड़-वय किसान से रुपये लेकर उसने उसी के साथ रूपा का ब्याह किया। अधेड़-वय व्यक्ति से ब्याहे जाने पर भी रूपा सन्तुष्ट थी। जिस समृद्धि को उसने जीवन भर नहीं देखा था, अब वह उसकी स्वामिनी थी। उसने अपने पति से कहकर एक गाय भी पिता के घर भेजने को कहा ताकि गोबर के बेटे को दूध मिल सके। रूपा के विवाह में गोबर और झुनिया दोनों आये थे। सब अपने-अपने किये पर पछताये थे। पिछली बातें भूल चुके थे। झुनिया को कुछ दिनों के लिए घर पर ही छोड़कर गोबर शहर वापस लौट गया। होरी प्रसन्न था, फिर से सबको

अपने पास देखकर, किन्तु टूट चुका था। इसी समय अचानक एक दिन हीरा भी वापस गाँव लौटा और भाई से अपने पाप की क्षमा माँगी। होरी को जैसे सब कुछ मिल गया। एक दिन धूप में काम करते हुए उसे लू लग गयी। वह अचेत हो गया। सब लोग दौड़े। बहुत उपचार हुआ। धनिया का तो जैसे सब कुछ लुट गया, जब उससे आखिरी बातें करते हुए होरी ने सदा के लिए अपनी आँखें बन्द कर लीं। मृत्यु के क्षणों में पं. दातादीन ने गोदान कर देने की बात कही। सबने धनिया से कहा—आखिरी समय है, गोदान करा दो। धनिया ने बीस आने सुतली बेचकर पाये थे। दातादीन के हाथों में रखकर बोली यही मेरे पास है, और यही उनका गोदान है। इतना कहते हुए वह धाड़मारकर होरी के ऊपर गिर पड़ी।

'गोदान' में जो गाँव से सम्बद्ध कथा है, यह उसका सार तत्त्व है। जाहिर है कि यह एक ऐसे किसान की त्रासद कथा है, जो जीवन भर संघर्ष करते, परिस्थितियों से लड़ते हुए अन्ततः उनसे उबर नहीं पाता और मजदूर बनने को विवश होता है। इस कथा की विवेचना हम आगे करेंगे। सम्प्रति, हम उपन्यास की कथा के उस भाग की अन्तर्यात्रा करें, जिसका सम्बन्ध नगर से है और जो ग्राम-केन्द्रित कथा से अलग न होकर उसी में अन्तःस्यूत है। विवेचन की सुविधा के लिए ग्रामीण कथा-सूत्र से हमने उसे अलगा लिया है।

नगर की कथा का प्रारम्भ उपन्यास में उस स्थल से होता है जब वार्षिक धनुषयज्ञ के अवसर पर रायसाहब अमरपाल सिंह के यहाँ सेमरी में उनके नागर-मित्र एकत्र होते हैं। इनमें शक्कर मील के मालिक मि. खन्ना तथा उनकी पत्नी कामिनी खन्ना हैं। (ये कामिनी खन्ना आगे चलकर किस प्रकार गोविन्दी हो जाती हैं, यह पता नहीं चलता। क्या यह कथाकार प्रेमचन्द की कलम से हुई चूक है?) उनके अलावा दर्शन के प्रोफेसर मि. मेहता तथा उनकी मित्र, नगर की ख्यातिप्राप्त विलायत की पढ़ी डाक्टर मिस मालती हैं, साहित्यिक-सामाजिक पत्रिका 'बिजली' के मशहूर सम्पादक पं. ओंकारनाथ एवं बीमा कम्पनियों के दलाल मि. तंखा हैं। बाद में लखनऊ नगर में जूतों की दूकान चलानेवाले मिर्जा खुर्शेद भी इस मण्डली में जुड़ जाते हैं। सेमरी में एकत्र नागरजनों की यह मण्डली अपनी-अपनी मानसिकता के अनुसार विविध सामाजिक विषयों पर बातचीत के दौरान अपने विचार प्रकट करती है, अपनी बौद्धिक प्रतिभा का एक-दूसरे पर प्रभाव जमाती है। सबसे जिन्दादिल इस मण्डली में मिर्जा खुर्शेद हैं। एक छोटा-सा मनोरंजक प्रसंग प्रेमचन्द इस अवसर पर लाते हैं। एक पठान वेशधारी का बन्दूक लिए हुए मण्डली में आना, सबको धमकाना, एक हजार रुपये का तकाजा करना अन्यथा मिस

मालती का बलपूर्वक अपहरण। बड़ी-बड़ी बातें करने वालों की सिट्टी-पिट्टी गुम हो जाती है। एक हजार रुपये किसी के निकाले नहीं निकलते। उसी समय माली की भूमिका कर रहे होरी का किसी काम से वहाँ आना और एक ही दांव में पठान को पटक देना। बाद को भेद खुलता है कि पठान और कोई नहीं दर्शन के प्रोफेसर मेहता थे जो अपने साथियों के बल-वीर्य की परीक्षा ले रहे थे। किन्तु होरी प्रो. मेहता की भी परीक्षा ले लेता है।

धनुषयज्ञ के उपरान्त दूसरे दिन यह मित्र मण्डली कई हिस्सों में बैठकर शिकार के लिए निकलती है। मालती और मेहता की एक पार्टी थी। दोनों अविवाहित थे। शिकार के इस आयोजन में दोनों एक-दूसरे के निकट आते हैं। नारी-पुरुष-स्वत्व, प्रेम और विवाह, अनेक विषयों पर बातचीत करते हैं। उनकी मैत्री अवश्य सघन होती है। किन्तु उनके विचार नहीं मिलते। प्रो. मेहता के तर्क भावनाप्रधान होते हैं, जबकि मालती के बुद्धि-प्रधान। यह मित्रमण्डली प्रायः अनेक अवसरों पर शहर में भी आपस में मिलती-जुलती रहती है। एक मौका मिर्जा साहब देते हैं। वे टिकट लगाकर मजदूरों की कबड्डी करवाते हैं। प्रो. मेहता भी इस कबड्डी में शामिल होते हैं, और दूसरे भीं। गोबर इसी अवसर पर मिर्जा खुर्शेद के यहाँ रहने लगता है। एक अन्य अवसर एक सभा में प्रो. मेहता के भाषण का आता है। वे भारतीय नारी या नारी समस्या पर भाषण देते हैं। उनके भाषण का सार यह था कि नारी जाति को पश्चिम की आधुनिकता या स्वतन्त्रता का अनुगमन न कर भारतीय आदर्शों पर चलना चाहिए। जाहिर है कि आधुनिक मालती प्रो. मेहता के तर्कों से असहमत रहती है।

बिजली सम्पादक पं. ओंकारनाथ की सिद्धान्तप्रियता का यथार्थ उस समय सामने आता है, जब रायसाहब के किसानों पर होनेवाले अत्याचारों से सम्बन्धित एक पत्र को वे रायसाहब के इस प्रलोभन से परास्त होकर अपने अखबार में छपने से रोक देते हैं कि वे स्वयं उनके पत्र के सौ स्थायी ग्राहकों का चन्दा उन्हें नगद दे देंगे।

मील मालिक खन्ना निहायत कारोबारी आदमी हैं। रसिक हैं। मालती पर आकृष्ट हैं और अपनी पत्नी से उचटे हुए। वे अपनी पत्नी गोविन्दी से दुर्व्यवहार करते हैं। गोविन्दी सबसे छोटे पुत्र को लेकर उनका घर छोड़ देने का फैसला करती है। उसकी भेंट प्रो. मेहता से होती है। प्रो. मेहता की दृष्टि में गोविन्दी आदर्श नारी थी। वे गोविन्दी को समझाते हैं। उसके मातृत्व को उकसाते हैं और उसे वापस अपने घर चले जाने को तैयार कर लेते हैं। मि. तंखा निहायत स्वार्थी व्यक्ति हैं, सचमुच में दलाल। वे रायसाहब तथा दूसरे

रईसों से पैसे ऐंठते हैं। रायसाहब भले ही जमींदार हों, भीतर से उनकी हालत भी खस्ता है। अपनी मान-प्रतिष्ठा के लिए वे अपने एक प्रतिद्वन्द्वी राजा साहब के खिलाफ कौंसिल का चुनाव लड़ना चाहते हैं। बेटी के विवाह की भी उन्हें चिन्ता है। वे अपने मित्रों से किसी भी शर्त पर पैसा चाहते हैं। अपनी तमाम जायदाद गिरवी रखने को भी तैयार हैं। किन्तु उनके मित्र पक्के स्वार्थी हैं। वे पैसे नहीं देते। उधर खन्ना अपने मील के मजदूरों का हक दबाता है। मील में हड़ताल होती है। अन्ततः मील में आग लगा दी जाती है। मालती अब भी खन्ना के मन में बसी हुई है। जब खन्ना को पता चलता है कि मालती द्वारा स्थापित नारी व्यायामशाला का उद्‌घाटन मालती उन्हीं की पत्नी गोविन्दी से करा रही है, तो वे भड़क उठते हैं। किन्तु जब मालती स्वतः उनके सामने आती है, उसके रूपाकर्षण से प्रभावित होकर वे व्यायामशाला के लिए एक हजार रुपया चन्दा दे देते हैं।

मालती और प्रो. मेहता में निकटता बढ़ती जाती है। मालती अब तक मेहता के संसर्ग में काफी कुछ बदल चुकी थी और मेहता में भी मालती के सम्पर्क-सम्बन्ध के नाते बड़े परिवर्तन घटित हुए थे। मालती अब अपना बहुत-सा समय गरीब बस्तियों में सेवा-कार्य को देने लगी थी। गोबर और झुनिया तथा उसके बेटे को भी उसने अपने घर में शरण दी थी। वह घूम-घूमकर गरीबों की सेवा करने लगी थी। प्रो. मेहता का उसके इन सेवा-कार्यों में पूरा सहयोग था।

रायसाहब अमरपाल सिंह के ग्रह-नक्षत्र अवश्य अच्छे नहीं थे। उन्हें एक साथ कई आघात लगे। उनके बेटे ने उनकी इच्छा के विरुद्ध मिस मालती की बहन सरोज से विवाह करके, पिता से विद्रोह करते हुए विलायत को प्रस्थान किया और उनकी बेटी ने अपने ऐयाश पति को तलाक दे दिया। इस समय वे संसार के सबसे दुःखी व्यक्ति थे। सबसे जिन्दादिल शहरी पात्र मिर्जा खुर्शेद की हालत इतनी बदतर हो चुकी थी कि उन्हें अपने यहाँ रहनेवाले गोबर से शराब के लिए दो रुपये माँगने पड़े और वे भी उन्हें नहीं मिले। मालती से झटका खाने के उपरान्त मि. खन्ना जरूर कुछ सम्भले और अपनी पत्नी की ओर ध्यान देने लगे।

एक प्रकार से देखा जाय तो शहर की कथा में सबसे रोचक हिस्सेदारी मालती और प्रो. मेहता की है। दोनों एक दूसरे के निकट होते हुए भी एक दूसरे को बराबर समझते और परखने की कोशिश करते हैं। मालती भीतर ही भीतर अपने को मेहता के प्रति अर्पित कर देती है। उसके प्रेम में सम्पूर्ण समर्पण का भाव है। मेहता अवश्य मालती से प्रभावित होते हुए भी उसे और

थाहना चाहते हैं। बेलारी में होरी के यहाँ अपने सेवाकार्य के सिलसिले में दोनों जाते हैं। वहीं नदी के तट पर दोनों का अन्तरंग वार्तालाप होता है। मेहता के मन के संशय का बोध मालती को हो जाता है। अन्ततः जब मेहता सम्पूर्णतः उसे अपना लेने को तत्पर होते हैं, मालती भिन्न निर्णय पर पहुँच चुकी थी। मेहता से उसने सेवा तथा त्याग का जो लक्ष्य पाया था, उसी के तहत वह जीवन भर अविवाहित रहकर सेवा-कार्य में अपने को लगा देना चाहती है। मेहता के प्रति उसका विश्वास अब भी बरकरार रहता है। मेहता उसके निर्णय को स्वीकार करते हैं। दोनों अविवाहित रहते हुए, एक साथ एक छत के नीचे जीवन बिताने का निश्चय कर अपने को मनुष्यता की सेवा के प्रति समर्पित कर देते हैं।

गोदान की नगर-कथा के प्रधान सूत्र यही हैं। यह कथा गाँव की कथा के साथ-साथ चलती है, कहीं उससे सम्बन्ध बनाते हुए, कहीं उससे अलग। अधिकतर वह अलग ही चलती है। इस बात की चर्चा हम आगे करेंगे कि ग्राम तथा नगर की कथाओं के संयोजन में प्रेमचन्द कहाँ तक सफल हुए हैं?

गोदान की ग्राम-कथा का विवेचन : समस्याएँ : किसान जीवन की त्रासदी—'गोदान' की ग्राम-कथा, जो वस्तुतः एक किसान के क्रमशः तबाह और बरबाद होकर किसान से मजदूर बनते जाने की त्रासदी को हमारे सामने प्रस्तुत करती है, किसान के उस जीवन-चक्र को हमारे सामने उजागर करती है, यह त्रासदी जिसकी परिणति है। वस्तुतः यह हिन्दुस्तान के किसान के बुनियादी चरित्र की कथा है जो सदियों से उसके त्रासद जीवन का भार ढो रही है, अंगरेजी राज में जो अपनी सारी घनता और उग्रता के साथ हमें अपनी पहचान कराता है।

किसानों की दुर्वह दशा के चित्र तुलसीदास ने भी अपनी रचनाओं में अनेक स्थलों पर खींचे हैं। किन्तु राजतन्त्र में, अंगरेजी राज के पहले दुश्चक्र इतना सघन और धारदार नहीं था। उस समय जमीन पर किसान का स्वामित्व होता था। अपनी और अपनी जमीन की सुरक्षा एवं संरक्षा के नाते वह वर्ष में फसल का एक हिस्सा राजा को कर के रूप में अदा करता था। प्राकृतिक विपदाओं के चलते राज की प्रजा होने के नाते प्रार्थना और विनय करने पर उसे कर में छूट भी मिल जाती थी, वह माफ भी हो जाता था। अंग्रेज भारत को आधुनिक बनाने के बड़े-बड़े दावे करते हुए भारत की राजसत्ता पर काबिज हुए और राजसत्ता पर काबिज होते ही आधुनिकता और औद्योगिकीकरण के बदले चले आते हुए सामन्तवाद से भी ज्यादा घातक सामन्तवाद उन्होंने यहाँ स्थापित किया। भारत की आत्म-निर्भर ग्राम-व्यवस्था को उन्होंने

पूरी तरह ध्वस्त कर दिया। जो सबसे घातक कर्म उन्होंने किया वह यह कि किसान के बजाय भारत की, किसान की समूची भूमि के मालिक वे स्वयं बन गये। अपने और किसानों के बीच उन्होंने बिचौलिये के रूप में एक सर्वथा नये वर्ग—जमींदार की सृष्टि की, और अपनी वार्षिक मालगुजारी तय करके तथा उसे अदा करने का भार जमींदार पर छोड़कर किसानों को पूरी तरह जमींदार के रहमो-करम पर निर्भर कर दिया। जमींदार को अंगरेजी राज ने अकूत अधिकार दिये जिनके तहत जमींदारों को छूट थी कि वे कैसे भी, किसी भी तरह से किसानों से लगान वसूलें, अंगरेजी राज को मतलब जमींदार से प्राप्त होनेवाली मालगुजारी से था।

किसानों की नारकीय जीवन-यातना की कहानी अंगरेजी राज की इसी नीति के तहत उनके और किसान के बीच बिचौलिये के रूप में सामने आनेवाले जमींदार-ताल्लुकदारों तथा जमींदारी-ताल्लुकेदारी प्रथा से शुरू होती है। अंगरेजों ने भारत के अलग-अलग प्रदेशों में जमीन के अलग-अलग बन्दोबस्त किये। जिस अवध अंचल के गाँव को प्रेमचन्द ने 'गोदान' का कथा-केन्द्र बनाया है, वह अंगरेजी राज द्वारा किये गये स्थायी बन्दोबस्त की परिधि का अंचल है, जिसके तहत जमींदारों को किसानों के दमन और शोषण के लिए प्रचुर अवसर प्रदान किये गये हैं। भोजपुरी अंचल से सम्बद्ध होते हुए भी 'गोदान' में प्रेमचन्द अवध अंचल की ओर इस नाते भी मुड़े, और इस नाते भी कि हिन्दी क्षेत्र का यह अंचल अपनी विशाल जमींदारियों और ताल्लुकेदारियों के नाते ख्यात भी है।

किसान या किसान जीवन की जो त्रासदी 'गोदान' की इस ग्राम-कथा में उभरी है, उसके अनेक आयाम हैं जिन पर अपने दीगर उपन्यासों तथा कहानियों में प्रेमचन्द पहले से मुखातिब रहे हैं और उनका चित्रण करते रहे हैं। 'गोदान' में उन्होंने इस त्रासदी के सारे आयामों को उनकी समग्रता में न लेते हुए या तो संक्षेप में उभारा है या महज संकेतित किया है। सारा ध्यान, प्रकाश का सम्पूर्ण वृत्त उन्होंने इस कथा में ऋण की समस्या, किसान के कर्ज लेने की समस्या पर केन्द्रित किया है। इस समस्या को उन्होंने पूरे प्रसार और पूरी सघनता में प्रस्तुत किया है, जो किसान की त्रासदी को उसके पूरे उत्कर्ष में सामने लाती है। डॉ. राम विलास शर्मा और हंसराज 'रहबर' दोनों ही समीक्षकों ने लिखा है कि जिस समय प्रेमचन्द 'गोदान' की रचना कर रहे थे, वे स्वतः कर्ज की समस्या से अपने निजी जीवन में जूझ रहे थे। कदाचित् इस नाते भी यह समस्या अपनी समूची उग्रता, व्याप्ति, परिणाम और प्रभाव के साथ 'गोदान' में उभरी है।

जब जमींदार ही किसान का मालिक हो, और उसी के रहमो-करम पर किसान की जिन्दगी टिकी हो, तब किसान के पास सिवा इसके और रास्ता ही क्या है कि वह आजीवन जमींदार के तलवे सहलाये, उसकी कृपा का पात्र बना रहे। जमींदार रहम-दिल हो तब तो कुछ गनीमत, अन्यथा उसका भाग्य कि दमन का चक्र उस पर कितना और कैसा चलता है। प्रेमचन्द ने उपन्यास के एकदम प्रारम्भ में जमींदार की प्रभुता और किसानों पर उसके आतंक को स्पष्ट कर दिया है। उपन्यास के प्रारम्भ में जमींदार के बुलावे पर होरी को उससे मिलने के हेतु जाते दिखाया गया है। धनिया की टोकाटाकी से खीझा हुआ होरी उससे कहता है—"जब तू समझती नहीं तो हर बात में टांग क्यों अड़ाती है। इस मिलते-जुलते रहने का ही परसाद है कि अब तक जान बची हुई है नहीं पता नहीं लगता कि किधर गये? गाँव में इतने आदमी तो हैं? किस पर बेदखली नहीं आयी, किस पर कुड़की नहीं आयी? जब दूसरे के पांवों तले अपनी गर्दन दबी हुई है, तो उन पांवों को सहलाने में ही कुशल है।"

किसान की ऋण की समस्या का सम्बन्ध महज उसकी जमीन से ही नहीं, उसके समूचे जीवन-चक्र से है। अज्ञान, अशिक्षा, चले आ रहे समाज और धर्म के रूढ़िगत संस्कार, बिरादरी, जायदाद, और सबसे आगे मर्यादा को बचाये रखना, अन्य बातें हैं, जो उसे कर्ज लेने पर मजबूर करती हैं। सतह पर उभरकर दिखायी पड़नेवाली चरित्रगत दुर्बलताओं की सात पर्तों के भीतर उसकी आदमीयत और इस आदमीयत से जुड़े जो मूल्य हैं, वे भी उसकी इस बरबादी में अपना योगदान देते हैं। किसान की यह आदमीयत, उसकी सच्चाई और ईमानदारी भी उसे तबाह करती है। बरबाद हो जाने पर भी वह ओछा नहीं कहलाना चाहता। गहराई में जाकर कथा के अन्तर्गत प्रेमचन्द ने किसान-चरित्र की इस सम्पूर्णता को उभारा है और उसी के चलते किसान के जीवन-चक्र को एक त्रासद नियति देनेवाली कथा सजीव भी बनी है।

होरी अपने को भाग्यशाली समझता है कि मालिक की उस पर विशेष कृपा है। और मालिक, लगान तो लगान दूसरे तमाम तरीकों से भी अपनी प्रजा का दोहन करते हैं, ताकि ऐश और आराम की शक्ति और प्रभुता की उनकी दुनिया में खलल न पड़ने पाए। होरी से शुरुआत में हुई अपनी बातचीत में ही उसे अपना बनाकर आनेवाले धनुषयज्ञ के समारोह के लिए सगुन के रूप में कम-से-कम उसके गाँव से पांच सौ रुपये आने की सम्भावना व्यक्तकर उसे विदा कर देते हैं होरी मन में सगुन के इस भार को

लिए वापस घर लौटता है। सगुन के साथ-साथ नजराना, बेगार और बेगार न करने पर दण्ड यह भी किसान के खाते में जमींदार की तरफ से लिखा होता है। पुलिस, कचहरी, बेदखली, कुर्की का भय अलग से, जिसे प्रेमचन्द ने होरी और धनिया की प्रारम्भिक बातचीत में होरी के जरिये पहले ही व्यक्त कर दिया है।

'जैजात' (जायदाद) 'मरजाद' (मर्यादा) और बिरादरी से जुड़े रहने का मोह भारतीय किसान में संस्कारबद्ध है। किसी भी कीमत पर वह इनकी रक्षा करना चाहता है, अपनी बरबादी तथा समूचे घर-परिवार की तबाही की कीमत पर भी। कथा में निहित त्रासदी को क्रमशः उसके उच्चतम बिन्दु तक पहुँचाने के लिए प्रेमचन्द ने उसमें अनेक जीवन्त और यथार्थ प्रंसगों की योजना की है, जो इस किसान की त्रासदी के एक-एक तार को हमारे समक्ष खोलकर रख देते हैं। झुनिया को अपने घर में शरण देकर होरी पंचायत द्वारा दण्ड का भागी माना जाता है। सौ रुपयों का दण्ड अदा करने के लिए वह अपने खलिहान का सारा अनाज साहूकारों के घर भेज देता है। दण्ड की रकम फिर भी पूरी अदा नहीं होती तो वह अपने घर को झिंगुरी सिंह के पास रेहन रखता है। बरबाद होने पर भी जायदाद अर्थात् जमीन के अपने चार बीघों को वह बचा सका। वह इसमें आत्मसन्तोष प्राप्त करता है। कठिन-से-कठिन क्षणों में भी वह अपनी जायदाद की रक्षा करने को तत्पर रहता है। आखिर यह जायदाद, जीवन का यह टुकड़ा, 2-4 बीघे के उसके खेत ही तो किसान बने रहने की उसकी खोखली अस्मिता के आधार हैं? किसान के पद से हटकर मजदूर बनना ही तो उसके लिए अभिशाप या उसके जीवन की त्रासदी है, जिसे प्रेमचन्द ने उसके या अपने न चाहते हुए भी, यथार्थ के प्रति अपनी अप्रतिहत निष्ठा के चलते उभारा और चित्रित किया है। अपनी छोटी बेटी रूपा के विवाह के अवसर पर पुनः उसके समक्ष संकट अपनी सारी तीव्रता के साथ खड़ा होता है। होरी दुहाजू और अधेड़वय के व्यक्ति के साथ रूपा के जीवन की डोर ही नहीं बाँधता, भावी दामाद से दो सौ रुपये लेकर, ताकि दान दहेज देकर बेटी को उसके घर भेजे, एक तरह से अपनी बेटी का सौदा करता है। प्रेमचन्द ने उसकी पश्चात्ताप दग्ध मनःस्थिति का मार्मिक चित्र प्रस्तुत करते हुए विवशताजन्य स्वार्थ के साथ-साथ एक बाप के रूप में अपनी बेटी के प्रति उसके मूलवर्ती प्यार और उसके चरित्र की बुनियादी आदमीयत और सच्चाई, दोनों को उभारा है। वे लिखते हैं—" होरी ने रुपये लिए तो उसका हाथ कांप रहा था। उसका सिर ऊपर न उठ सका। मुंह से एक शब्द न निकला, जैसे अपमान के अथाह गढ़े में गिर गया है और गिरता चला

जाता है। आज तीस साल तक जीवन से लड़ते रहने के बाद वह परास्त हुआ है, और ऐसा परास्त हुआ है कि मानो उसको नगर के द्वार पर खड़ाकर दिया गया है और जो आता है, उसके मुंह पर थूक देता है।'' होरी टूट जरूर जाता है, उसकी जैजात लेकिन बच जाती है। प्रेमचन्द फिर लिखते हैं—''हारे हुए महीप की भाँति उसने अपने को इस तीन बीधे के किले में बन्द कर लिया था और उसे प्राणों की तरह बचा रहा था। फाके सहे, बदनाम हुआ, मजदूरी की, पर किले को हाथ से न जाने दिया।''

'जैजात' के मोह-जैसा ही मोह 'मरजाद' के बचाये रहने का भी है। सवाल है कि जो फाके सहते हुए जी रहा हो, जिसके घर-परिवार के भरण-पोषण के लिए जिसके खलिहान में एक दाना अनाज भी नहीं है, कर्ज के लिए जो साहूकारों के दरवाजे पर घिघिया रहा हो, उस किसान की कैसी 'मरजाद'। लेकिन किसान अपनी खोखली मरजाद को बचाने के लिए सब-कुछ दांव पर लगाने के लिए तैयार रहता है। हीरा के घर पर पुलिस-दरोगा की तलाशी को रोकने के लिए वह झिंगुरी सिंह से कर्ज लेता है, धनिया के उसके हाथ से रुपया छीन लेने पर सरे आम उसे पीटता और बेइज्जत करता है, फिर भी, पता नहीं कौन-सी, और कैसी 'मरजाद' बचाने के लिए वह सब कुछ होम देने को तत्पर है। प्रेमचन्द ने 'गोदान' के इन कथा-प्रसंगों में, वे होरी की मृत्यु पर गोदान कराने का प्रसंग हो, अथवा हीरा के घर पुलिस की तलाशी रोकने के लिए धनिया को सरे आम बेइज्जत करते हुए भी 'मरजाद' बचाने की कोशिश हो, बड़े धारदार व्यंग्य का सहारा लिया है। जो विडम्बना कथा के इन प्रसंगों में मूर्त होती है, प्रेमचन्द की चित्रण-कला की खूबियों का ही एक आयाम है। धनिया कदम-कदम पर उसकी इस तथाकथित मरजाद की बखिया उधेड़ती है, उसके बिरादरी मोह को लानत देती है, किन्तु किसान है कि बावजूद सच को सुनने और शक्ति भर सहते हुए भी न तो मरजाद के इस भूत से मुक्त हो पाता है, और न बिरादरी के छद्म सम्मोहन से। जैसे बन्दरिया उस समय तक अपने मृत बच्चे को अपनी छाती से चिपकाये रहती है, जब तक कि वह सड़-गलकर उससे अलग न होने लगे, उसी तरह 'मरजाद' का मोह भी किसान को अन्त तक उससे बांधे रखता है।

कथा की अपनी स्थितियों से उपजे प्रसंग पर प्रसंग उभारते हुए प्रेमचन्द ने ऋण या कर्ज की इस समस्या को गाढ़ा किया है ताकि जो त्रासदी अन्ततः अपने समूचे भयावहता में उद्‌घाटित हो, उसके तर्क और उसके कारणों की पहचान में कोई शक न हो।

कर्ज की समस्या का सम्बन्ध इतने से ही नहीं है, उसके और भी आयाम हैं। प्रारम्भ में हमने होरी की उस चिन्ता का संकेत दिया है रायसाहब से मिलने के बाद धनुषयज्ञ के सगुन का बोझ बनकर जो उसके दिमाग पर छा गयी थी। ये सगुन और नजराना दूसरे आयाम हैं जो किसान के सिर पर आये दिन मालिकों की ओर से उसके कर्ज का कारण बनकर आते और उभरते रहते हैं। भोला से बातचीत के क्रम में होरी सगुन देने की इस चिन्ता को व्यक्त करता है—"उसी की चिन्ता तो मारे डालती है, दादा। अनाज तो सब का सब खलिहान में ही तुल गया। जमींदार ने अपना लिया, महाजन ने अपना लिया। मेरे लिए पांच सेर अनाज बच रहा।... जमींदार तो एक है, पर महाजन तीन-तीन हैं। सहुआइन अलग और मंगरू अलग और दातादीन पण्डित अलग। किसी का भी ब्याज पूरा न चुका। जमींदार के भी आधे रुपये बाकी पड़ गये। सहुआइन से फिर रुपये उधार लिए तो काम चला। सब तरह से किफायत करके देख लिया। 'भैया, कुछ नहीं होता। हमारा जनम इसीलिए हुआ है कि अपना रक्त बहाएँ और बड़ों का घर भरें। मूल का दुगना सूद भर चुका, पर मूल ज्यों-का- त्यों सिर पर सवार है।"

यह है ऋण का भयानक दुश्चक्र, जिसकी गिरफ्त में भारतीय किसान फँसा हुआ सदियों से छटपटा रहा है, परन्तु उसे मुक्ति नहीं मिल रही। इस ऋण तन्त्र का अपना कोई विधान नहीं है। उसमें पूरा स्वेच्छाचार है। मनमाना सूद और उसकी मनमानी उगाही। इस तन्त्र में किसान की मजदूरी ही महाजन की बरक्कत है। मूल ज्यों-का-त्यों बरकरार रहता है और सूद की चक्रवृद्धि मूल से दुगुनी, तिगुनी, चौगुनी होती हुई अजगर की तरह किसान को अपनी लपेट में लेती जाती है। जितना वह छूटने का उपक्रम करता है, गुंजलक उतना ही कसती जाती है, जब तक कि किसान बेदम नहीं हो जाता। अनाज ख़लिहान से उसके घर में पहुँचने से पहले खलिहान में ही तुल जाता है। अनाज की जरूरत फिर उसे कर्ज लेने पर मजबूर करती है बाल-बच्चों का पेट पालने के लिए। कर्ज न चुकाने पर बेदखली और कुर्की। उसके बैल दरवाजे से खोल लिए जाते हैं। वह घर से बेघर होता है। थाना और पुलिस, कचहरी और कानून सब उसे बरबाद और बेदम करके छोड़ते हैं। वह किसान से खेत-मजूर बनता है, खेत-मजूर से सड़क का मजूर और अन्ततः या तो मर जाता है, या शहर छोड़कर एक अधिक निर्मम तन्त्र में शहर में मरने के लिए पहुँचता है। 'गोदान' की कथा कृषि के निर्मम महाजनी तन्त्र में फँसे किसान की त्रासद नियति की कथा है, जो प्रेमचन्द ने पूरे यथार्थ और संवेदनागत लगाव के साथ कही है।

जिस कृषि-तन्त्र का चित्रण 'गोदान' में हुआ है, उसमें अपनी जमीन और उसकी उपज पर आत्मनिर्भर हो सकना किसान के लिए सम्भव ही नहीं है। उसके अपने पुरातन संस्कार, चले आ रहे सामाजिक विधि-विधान एवं धार्मिक निष्ठाओं और अनुष्ठानों के प्रति उसकी अन्ध आस्थाएँ, जैसा हम बता आये हैं, मरजाद बचाये रहने तथा बिरादरी में अपनी नाक ऊँची रखने का उसका मोह, दान-दहेज, तीर्थ-व्रत, बच्चों के मुण्डन-छेदन, बिरादरी का भोज-भात, सब उसे ऋण की तरफ ही ढकेलते हैं। सब कुछ जानते-समझते हुए भी वह ऋण के महाजाल में फंसता है। जमीन का मोह उसे कभी विद्रोही नहीं बना पाता। विद्रोह तो दूर की बात है, अस्वीकार और असहमति तक व्यक्त करने का साहस उसमें नहीं आता। बरबादी और तबाही के बावजूद वह उन कुछ जीवन मूल्यों को कसकर पकड़े रहता है, जो उसे वंश-परम्परा से, संस्कारों के रूप में मिले हैं—ईमानदारी और सच्चाई, धर्म-भीरुता और नीति के प्रति निष्ठा। होरी को रायसाहब और महाजनों से उतना भय नहीं है, जितना पं. दातादीन से। वे महाजन होने के साथ-साथ पुरोहित भी हैं, ब्राह्मण हैं, वे भू-सुर हैं, धरती के देवता। और किसी के सूद को मारने और उससे बेईमानी करने की बात किसान सोच भी ले, ब्राह्मण का पैसा मारना रौरव नरक में जाना है। सारे परिवार पर विपत्ति बुलाना है। ब्राह्मण तो परलोक में भी अपना सूद वसूल कर लेगा। परलोक के देवता भी उसके साथ होंगे। क्योंकि देवता भी तो आखिर ब्राह्मण हैं। 'सवा सेर गेहूँ' के शंकर को पुरोहित महाराज ऐसी ही धमकी देते हैं, और शंकर ही नहीं, उसकी पीढ़ियाँ पुरोहित की बँधुवा बन जाती हैं।

पं. दातादीन होरी को अपना ब्रह्म तेज दिखाते हैं। गोबर द्वारा सूद देने से इंकार करने पर दातादीन होरी से कहते हैं—"सुनते हो होरी, गोबर का फैसला। मैं अपने दो सौ छोड़कर सत्तर रुपये ले लूं, नहीं अदालत करूँ। इस तरह का व्यवहार हुआ तो कै दिन संसार चलेगा? और तुम बैठे सुन रहे हो। मगर यह समझ लो, मैं ब्राह्मण हूँ। मेरे रुपये हजमकर तुम चैन न पाओगे। मैंने अपने सत्तर रुपये भी छोड़े। अदालत भी न जाऊँगा। जाओ। अगर मैं ब्राह्मण हूँ तो पूरे दो सौ लेकर दिखा दूंगा। और तुम मेरे द्वार पर आओगे और हाथ बांधकर दोगे।"

होरी पं. दातादीन के ब्रह्मतेज के सामने घुटने टेक देता है। प्रेमचन्द लिखते हैं—"होरी के पेट में धर्म की क्रान्ति मची हुई थी। अगर ठाकुर या बनिये के रुपये होते तो उसे ज्यादा चिन्ता न होती, लेकिन ब्राह्मण के रुपए। उसकी एक पायी भी दब गयी तो हड्डी तोड़कर निकलेगी। भगवान न करे कि

ब्राह्मण का कोप किसी पर गिरे। बंस में कोई चुल्लू भर पानी देने वाला, घर में दिया जलानेवाला भी नहीं रहता। उसका धर्म भीरू मन त्रस्त हो उठा। उसने दौड़कर पण्डित जी के चरण पकड़ लिए और आर्त स्वर में बोला—महाराज, जब तक मैं जीता हूँ, तुम्हारी एक-एक पाई चुकाऊँगा।''

यह तो ब्रह्मतेज की बात हुई। दूसरे महाजनों के अतिचार और बेईमानी के खिलाफ उठने का साहस भी होरी में नहीं है। उसके संस्कार उसे इस बात की इजाजत नहीं देते कि वह अपने वायदे या वचन से मुकर जाय।

आत्मनिर्भर ग्राम-व्यवस्था के परम्परागत जीवन-मूल्य, जो उसे विरासत में मिले हैं, उन्हें झंझावातों के बीच भी वह समेटे हुए है। ये मूल्य ही तमाम मूल्यहीनता के बीच उसे मनुष्य बनाये हुए हैं। उसमें दयार्द्रता है, करुणा है, किसी के दुःख को बांटने तथा उसमें सहभागी बनने का भाव है, पर-दुःख-कातरता के साथ-साथ सचाई के प्रति निष्ठा, भाईचारा, सद्भाव, स्नेह, वात्सल्य एवं मन और चरित्र की निश्छलता है। वह मुसीबत उठाकर भी, बरबादी के चक्र में फंसकर भी अपनी इस बुनियादी पहचान की रक्षा करता है। अपनी मनुष्यता पर आँच नहीं आने देता। विष उसकी गाय को हीरा देता है, भोगता होरी है, उसकी अनुपस्थिति में उसके घर-परिवार की रक्षा करके। झुनिया के आश्रय की बात हो, या सिलिया के आश्रय की, विपदाएँ सहकर भी वह उन्हें आश्रय देता है।

प्रेमचन्द ने दिखाया है कि ऋण की इस जोंक से जन्म-जन्मान्तर तक किसान की मुक्ति नहीं है। किसान के लिए वह जोंक है, किन्तु एक संक्रामक रोग की तरह वह समूचे समाज को अपनी लपेट में लेती है। यह ऐसा संक्रामक रोग है जो कर्ज से दबे किसान को भी महाजन बनने के लिए प्रेरित करता है। प्रेमचन्द ने बताया है कि ऋण की मार से आहत होरी ने भी कभी चार पैसे पाकर महाजनी की थी। होरी का बेटा शहर जाकर थोड़ा बहुत कमाने के बाद सूद पर पैसा उठाने का धन्धा शुरू करता है। अपने आश्रयदाता मिर्जा खुर्शेद को शराब की तलब लगने पर भले ही दो रुपये न दे, किसी जरूरतमन्द को सूद पर तत्काल रुपये दे देता है।

वस्तुतः ऋण का एक भयानक जाल है, जो सबको अपने में लपेटे हुए है। इस जाल में घिरी हर बड़ी मछली छोटी मछली को निगलने को तत्पर है। गाँव के जमींदार लगान, नजराना, सगुन, तरह-तरह के तरीकों से अपने असामियों पर दबाव डालते हैं और उन्हें कर्ज के दुश्चक्र में फंसने को प्रेरित करते हैं, किन्तु यही रायसाहब अपनी 'मरजाद' बचाये रखने के लिए अपनी जमीन-जायदाद को बेचने और गिरवी रखने के लिए शहर के उद्योगपतियों

और दलालों की शरण में जाते हैं, उनकी चापलूसी करते हैं। वस्तुतः 'गोदान' शनैः-शनैः शहर द्वारा गाँव को लीले जाने का आख्यान भी है। वह ढहते हुए सामन्तवाद और उभरते हुए पूँजीवादी औद्योगिक व्यवस्था की वह कथा है, जो 'रंगभूमि' से शुरू हुई थी और 'गोदान- में आकर परवान चढ़ी है।

सन् 1936 ई. में ही लिखा गया प्रेमचन्द का 'हंस' का अन्तिम सम्पादकीय 'महाजनी सभ्यता' अपनी अन्तर्वस्तु और प्रेमचन्द की अपनी अग्रगामी सोच के नाते बहुत ख्यात है। अमृतराय ने उसे नयी पीढ़ी को प्रेमचन्द की वसीयत कहा है। इस सम्पादकीय में प्रेमचन्द ने सामन्तवादी सभ्यता के बरक्स महाजनी या पूंजीवादी सभ्यता को पेश करते हुए उसका बेलौस तरीके से खुलासा किया है। इस महाजनी सभ्यता को उन्होंने व्यक्तिवादी हृदयहीन एवं अत्यन्त निर्मम कहा है जिसके तहत सारे सामाजिक, पारिवारिक, मानवीय सम्बन्ध महज लाभ-हानि और रुपए-पैसों के सम्बन्ध में सीमित होकर रह जाते हैं। 'बिजनेस इज बिजनेस' तथा 'टाइम इज मनी' इस सभ्यता के, उनके अनुसार, मुख्य सिद्धान्त हैं। भाई-बहन, माँ-बेटे, पति-पत्नी, मित्र-मित्र सबके बीच के सम्बन्ध व्यावसायिक प्रयोजनों और लाभ-हानि के पैमाने पर तय होते हैं। धनुषयज्ञ की लीला में नगर की जो मण्डली सेमरी में रायसाहब का आतिथ्य पाती है पारस्परिक मैत्री के आधार पर बनी हुई दिखायी पड़ती हैं, उसकी व्यावसायिक मानसिकता उस समय उजागर होती है, जब रायसाहब की निजी परेशानियों की कतई अनदेखी कर खन्ना उन्हें बैंक से कर्ज दिलाने में असमर्थता प्रकट करते हैं और तन्खा भी रायसाहब से किनारा कर लेते हैं। 'बिजली'—सम्पादक पं. ओंकारनाथ रायसाहब के खिलाफ लिखा गया गाँव वालों का पक्ष इस शर्त पर छापने से रोक देते हैं कि रायसाहब उनके पत्र के सौ ग्राहकों का वार्षिक चन्दा देने को तैयार हो जाते हैं। महाजनी व्यवस्था की इस हृदयहीनता की छाप ग्रामीण समाज में भी विद्यमान हैं, जहाँ दूसरों की परेशानियों का लाभ उठाकर महाजन मनमाना सूद लेते हैं, किन्तु बावजूद इसके ग्रामीण और नागर-मानसिकता में जो अन्तर है, प्रेमचन्द उससे भी परिचित हैं, और उसे उन्होंने अपने कथा-सूत्र में गूंथा-पिरोया भी है।

'महाजनी सभ्यता' शीर्षक अपने उपर्युक्त सम्पादकीय के प्रारम्भ में प्रेमचन्द ने जागीरदारी (सामन्ती) और महाजनी (पूँजीवादी) सभ्यताओं की तुलना करते हुए बताया है कि जन का आर्थिक-सामाजिक शोषण दोनों व्यवस्थाएँ करती हैं, किन्तु सामन्ती सभ्यता में शोषण के कठोर और निर्मम तन्त्र के बावजूद मानवीयता और हृदय तत्व का सर्वथा लोप नहीं होता।

नृशंस-से-नृशंस जागीरदार और जमींदार भी द्रवित होकर अपने असामियों का जुर्माना माफ कर सकते हैं, उनके दुःख-दर्द पर पसीज सकते हैं। किन्तु जहाँ तक महाजनी या पूँजीवादी सभ्यता का सम्बन्ध है, वह नितान्त हृदयहीन है। दया, क्षमा, करुणा-जैसी मानवीय भावनाओं के लिए उसमें कहीं कोई स्थान नहीं है। रायसाहब की बरबादी पर उनके भिन्न प्रसंग होते हैं, उनकी तनिक भी सहायता नहीं करते, किन्तु ग्रामीण समाज का महाजनी दुश्चक्र निर्मम होते हुए भी नितान्त हृदयहीन नहीं है। दुलारी सहुआइन से चिकनी-चुपड़ी बातें करके होरी अपना काम निकाल लेता है। अपने स्वार्थ के लिए ही सही, विपत्ति आने पर दातादीन होरी का खेत जोत देते हैं, और सोना के विवाह के समय नोहरी रुपयों से होरी की मदद करती है। उसे विश्वास है कि होरी उसकी रकम उसे वापस कर देगा।

तात्पर्य यह कि ऋण के दुश्चक्र, उससे जुड़ी मानसिकता और उसके त्रासद परिणामों को 'गोदान' में प्रेमचन्द ने मुख्यता के साथ चित्रित किया है। ग्राम केन्द्रित 'गोदान' की कथा में आनुषंगिक रूप से ग्रामीण जीवन के अनेक प्रश्न भले ही विन्यस्त हो, ऋण या कर्ज अथवा महाजनी दुश्चक्र की समस्या ही 'गोदान' की केन्द्रीय समस्या है, जिसे प्रेमचन्द ने उसकी पूरी सघनता और प्रभाव के साथ 'गोदान' में चित्रित किया है।

होरी के घर-परिवार, उसके जीवन-संघर्ष और होरी के अपने जीवन-चक्र से सम्बन्धित मुख्य और मूलवर्ती कथानक के अलावा, एक स्तर पर इनसे जुड़ी हुई तथा दूसरे स्तर पर अपनी कुछ अलग अहमियत रखनेवाली दो-तीन अन्य कथाएँ भी हैं, जो अपने ढंग से ग्रामीण जीवन से जुडे कुछ महत्त्वपूर्ण और मार्मिक प्रसंगों को सामने लाती हैं। ऋण अथवा महाजनी दुश्चक्र के चलते किसान से मजदूर बनने की होरी या भारतीय किसान की त्रासदी और उसकी संघर्ष-गाथा भी जिनकी अपनी चमक को मद्धिम नहीं करने पायी है। उल्टे ये कथाएँ होरी या भारतीय किसान के अस्तित्व संघर्ष को और भी गाढ़ा और प्रभावी बनाकर प्रस्तुत करती हैं, उसमें कुछ ऐसे आयाम जोड़ती हैं जो इस त्रासदी के प्रभाव को सघन तो करते ही हैं, इस त्रासदी की वार्त्ताओं की अमानवीयता और उसके भोक्ताओं की मनुष्यता के साथ कुछ विडम्बनाओं को भी उभारते और मूर्त करते हैं। हम मूल कथानक से जुड़ी, किन्तु अपनी अलग अहमियत रखनेवाली इन कथाओं के महत्व पर संक्षेप में कुछ कहना चाहेंगे।

होरी के जीवन-संघर्ष की मूल कथा से जुड़ी कुछ महत्त्वपूर्ण गौण कथाएँ और उनका विवेचन :

1. गोबर और झुनिया की कथा—गोबर होरी का पुत्र है, नयी पीढ़ी, नये खून और बाप के दब्बूपन तथा समझौता और खुशामदपरस्ती का हर कदम पर विरोध करने के बावजूद, जो होरी के समूचे जीवन-संघर्ष में, जब तक वह संयुक्त परिवार का अंग है, होरी का साथ देता है। भोला को मुफ्त में भूसा दिये जाने के होरी के निर्णय का विरोध करते हुए भी वह होरी और भोला के साथ भूसे की भरी खांची को सिर पर उठाकर भोला के घर तक पहुँचाता है। इसी अवसर पर उसकी भेंट भोला की युवती-विधवा कन्या झुनिया से होती है और दोनों थोड़े से वार्तालाप के बाद ही एक-दूसरे के आकर्षण पाश में बन्ध जाते हैं। गोबर हृष्ट-पुष्ट किशोरावस्था पारकर युवावस्था की दहलीज पर पैर रख चुका था। होरी का एकलौता पुत्र होने के नाते वह उसकी तमाम भावी आशाओं का केन्द्र था। झुनिया से उसकी भेंट और पारस्परिक आकर्षण का पहला दौर पूराकर आगे परवान चढ़ती है। वह चोरी-छिपे झुनिया से मिलने के लिए उसके गाँव जाने लगता है और झुनिया के प्रेम-पाश में इतनी गहराई तक जकड़ जाता है कि उसे अपना कौमार्य सौंप देता है। झुनिया गर्भवती हो जाती है। बावजूद अपने प्रेम में इस सीमा तक बढ़ आने के गोबर लम्पट नहीं था। वह होरी का बेटा था। वह झुनिया को अपनाना और अपने घर लाना चाहता है। उससे वैवाहिक सम्बन्ध स्थापित कर उसे अपनी पत्नी के रूप में मान के साथ अपने घर पर रखना चाहता है। झुनिया तथा गोबर, दोनों के परिवार अभी तक उनके इस प्रेम-सम्बन्ध से अपरिचित थे। यह प्रेम-सम्बन्ध सरल न होकर जटिल था। जटिलता का कारण था झुनिया का वैधव्य और इससे भी अधिक दोनों की बिरादरी का एक न होना। प्रेमचन्द ने 'गोदान' में भोला की जाति तो बतायी है कि वह अहीर या ग्वाला था, किन्तु होरी की जाति का स्पष्ट उल्लेख उन्होंने नहीं किया है। 4-5 बीघे का किसान होने के नाते लोग उसे महतो सम्बोधन से पुकारते तो हैं, किन्तु ठीक-ठीक उसकी जाति का पता नहीं चलता। पं. दातादीन एक अवसर पर उससे बातें करने के दौरान उसके शूद्र होने की बात जरूर करते हैं, किन्तु उसकी जाति का खुलासा फिर भी नहीं होता। समूची कथा से इतना अवश्य ध्वनित होता है कि शूद्र होने के बावजूद होरी अस्पृश्य नहीं है। भारतीय वर्ण-व्यवस्था में भी शूद्र अस्पृश्य नहीं है। किसान और शिल्पी उसके तहत शूद्र जरूर माने गये हैं, अस्पृश्य नहीं। अहीर भी इस वर्ण-व्यवस्था में शूद्र ही ठहरेंगे, अस्पृश्य तो वे नहीं ही हैं। आजकल, जिन्हें पिछड़ी जाति का कहा जाता है, भोला और होरी वस्तुतः इसी तथाकथित पिछड़ी जाति से सम्बद्ध है, किन्तु दोनों की बिरादरी भिन्न है। भिन्न बिरादरी में, भले ही उसका सम्बन्ध पिछड़ी जाति से हो, विवाह-सम्बन्ध सरल नहीं

होते। हर बिरादरी के अपने मान-मूल्य और हर बिरादरी का उसका अपना अहं होता है। गोबर को, झुनिया को अपने घर ले जाते हुए, और झुनिया को अपने बाप का घर छोड़कर एक भिन्न बिरादरी के युवक के घर जाते हुए, वस्तुतः इसी बात का भय अधिक है। क्या दोनों बिरादरियों को उनका यह प्रेम सम्बन्ध स्वीकार होगा? क्या झुनिया को गोबर के माँ-बाप स्वीकारकर सकेंगे अथवा क्या भोला गोबर को अपना दामाद मानने को सहमत हो सकेगा? चोरी-छिपे पल्लवित और पुष्पित (झुनिया की गर्भावस्था) होनेवाले उनके प्रेम-सम्बन्धों की बात दूसरी जटिल ग्रन्थि है, जो पहली से कमजोर होने के बावजूद समस्या तो है तो ही झुनिया का विधवा होना अथवा गोबर का एक विधवा के साथ प्रेम या विवाह-सम्बन्ध स्थापित करना उतनी बड़ी समस्या नहीं है, कारण दोनों बिरादरियों में इस प्रकार के सम्बन्ध—विवाह-सम्बन्ध—मान्य और स्वीकृत हैं।

झुनिया को अपने साथ लेकर गोबर अपने गाँव की ओर जब चलता है, तब तक काफी रात हो चुकी होती है। होरी से उसे उतना भय न था। उसे विश्वास था कि वह दादा को मना लेगा, उसे भय था धनिया माँ की विपरीत प्रतिक्रिया का, कारण वह उसका स्वभाव जानता था। घर के पास पहुँचकर वह झुनिया को समझा-बुझाकर आगे जाने को कहता है। उसमें इतनी हिम्मत न थी कि वह अपने माँ-बाप का सामना कर सके। वह देखता है कि होरी घर से निकलकर बाहर कदाचित् खेतों की ओर जा रहा है। होरी के जाते ही धनिया द्वार बन्द कर लेती है। गोबर झुनिया को उकसाता है। वह डरते हुए आगे बढ़ती है। झुनिया और धनिया में क्या वार्त्तालाप हुआ, वह नहीं जान पाता, झुनिया के भीतर चले जाने पर बन्द दरवाजे की सांस से वह इतना जरूर देख लेता है कि झुनिया जमीन पर बैठी सिसक रही है, और धनिया उसे सान्त्वना दे रही है। गोबर गद्‌गद हो उठता है। उसे विश्वास हो जाता है कि झुनिया को घर में शरण मिल गयी है। वह निश्चित हो जाता है और निर्णय करता है कि अब वह घर न जायेगा, शहर जाकर कुछ कमा-धमाकर वापस लौटेगा और सबको समझा लेगा। गोबर शहर निकल जाता है। अपने स्वभाववश तमाम कुछ बक-झककर भी धनिया का झुनिया को अपने घर पर इस नाते पनाह देना कि उसके बेटे ने उसका हाथ पकड़ा है तो अब वह कहाँ जाय, और यह कि जो जीव उसके उदर में पल रहा है, आखिर उसी का एक अंश है, धनिया के मातृ-हृदय को पारदर्शी तरीके से उद्‌घाटित कर देता है। होरी भी सम्भावित उद्वेलन तथा आपदाओं की परवाह न करते हुए झुनिया को बहू के रूप में स्वीकार करता है। दोनों द्वार के सामने पहुँच गये। सहसा

धनिया ने होरी के गले में हाथ डालकर कहा, "देखो, तुम्हें मेरी सौंह, उस पर हाथ न उठाना। वह तो आप ही रो रही है। भाग की खोटी न होती तो यह दिन ही क्यों आता?"

होरी की आँखें आर्द्र हो गयीं। धनिया का यह मातृ-स्नेह उस अंधेरे में भी जैसे दीपक के समान उसकी चिंता-जर्जर आकृति को शोभा प्रदान करने लगा। दोनों ही के हृदय में जैसे अतीत यौवन सजग हो उठा। होरी को इस बीत-यौवना में भी वही कोमल हृदय बालिका नजर आयी, जिसने पच्चीस साल पहले उसके जीवन में प्रवेश किया था। उस आलिंगन में कितना अथाह वात्सल्य था, जो सारे कलंक, सारी बाधाओं और सारी मूलबद्ध परम्पराओं को अपने अन्दर समेटे लेता था।

दोनों ने द्वार पर आकर किवाड़ों के दराज से अन्दर झांका। दीवार पर तेल की कुप्पी जल रही थी, और उसके मद्धिम प्रकाश में झुनिया घुटने पर सिर रखे, द्वार की ओर मुँह किये, अन्धकार में उस आनन्द को खोज रही थी, जो एक क्षण पहले अपनी मोहिनी छवि दिखाकर विलीन हो गया था। वह आफत की मारी, व्यंग्य-बाणों से आहत और जीवन के आघातों से व्यथित किसी वृक्ष की छाँह खोजती-फिरती थी, और उसे एक भवन मिल गया था जिसके आश्रय में वह अपने को सुरक्षित और सुखी समझ रही थी। पर आज वह भवन अपना सारा सुख-विलास लिए अलादीन के राजमहल की भाँति गायब हो गया था और भविष्य एक विकराल दानव के समान उसे निगल जाने को खड़ा था। होरी के घर के भीतर आते ही झुनिया उसके पैरों पर गिर पड़ती है। होरी उसके सिर पर हाथ फेरते हुए कहता है—

"डर मत बेटी, डर मत। तेरा घर है, तेरा द्वार है। तेरे हम हैं। आराम से रह। जैसी तू भोला की बेटी है, वैसी ही मेरी बेटी है। जब तक हम जीते हैं, किसी बात की चिंता मत कर। हमारे रहते कोई तुझे तिरछी आँखों न देख सकेगा। भोज-भात जो लगेगा, वह हम सब दे लेंगे। तू खातिर-जमा रख।" झुनिया धनिया की ओर मुड़ती है। धनिया अपनी करुणा के आवेश को अब न रोक सकी। बोली, 'तू चल, घर में बैठ। मैं देख लूँगी (तेरे) काका और भैया को। संसार में उन्हीं का राज नहीं है। बहुत करेंगे, अपने गहने ले लेंगे। फेंक देना उतारकर।" कुछ क्षणों पहले काल बनी धनिया का यह नया रूप झुनिया को अपनी सुरक्षा का ऐसा कवच लगा कि वह अपने भावी के प्रति निश्चिंत हो गयी।

गोबर और झुनिया की यह संक्षिप्त प्रेम-कथा अकारण मूल कथा का हिस्सा नहीं बनती। मूल कथा को वह सबसे अधिक प्रभावित करती है। गोबर

का गाँव छोड़कर शहर की ओर भाग जाना होरी को एकदम अकेला कर देता है। झुनिया को घर में रखने के परिणामस्वरूप भात-भोज के अलावा उसका घर गिरवी हो जाता है। भोला से जुड़े उसके पूर्ववर्ती सम्बन्ध समाप्त हो जाते हैं और उसे अपने बैलों से हाथ धोना पड़ता है। दातादीन उसका खेत जोतते हैं, आधी क्या, उसे उपज का एक अंश भी नहीं मिलता। सारी ऊख कटकर महाजनों के पेट में समा जाती है। गोबर के घर लौटने के बाद झुनिया उसके साथ सारे परिवार में कलह का माहौल बनाकर शहर चली जाती है। होरी के हृदय का सबसे बड़ा मोह संयुक्त परिवार व्यवस्था से उसका लगाव क्षत-विक्षत हो जाता है। गोबर उसे गहरा आघात देकर उससे अलग होता है। जो घाव उसे लगता है, गोबर-झुनिया के दुबारा आने के बावजूद वह पूरी तरह नहीं भर पाता। होरी-धनिया जीवन-संघर्ष में अकेले लड़ते हुए अन्ततः परास्त हो जाते हैं। होरी की अकाल मृत्यु इस प्रसंग की सबसे त्रासद परिणति है। वह शरीर और मन से, गोबर-झुनिया के जाने के उपरान्त जो आहत होता है फिर सम्भल नहीं पाता।

गोबर-झुनिया की प्रेम-कथा, उपन्यास के समूचे कथानक में जो प्रायः एकायामी है, एक सरस संवृद्धि भी है। प्रेमचन्द ने अपने रचना-काल में इतना कुछ लिखते हुए भी प्रेम को जीवन की ऊर्जा और अनिवार्यता मानते हुए भी, प्रेम को मुख्यता देते हुए न तो कोई उपन्यास लिखा और कदाचित् न ही कोई कहानी। वे जीवन के दूसरे बड़े सरोकारों में ज्यादा उलझे रहे, फिर भी प्रणय को जब-तब आनुषंगिक रूप में वे अपनी रचनाओं में बराबर लाते और उभारते रहे हैं, और कुशलता के साथ उसके ताने-बाने बुनते रहे हैं। 'गोदान में ही, जैसा हमने कहा, ऐसी दो-तीन कथाएँ हैं। झुनिया तथा गोबर की प्रेमचर्या को उन्होंने, भले ही बहुत संक्षेप में, किन्तु पूरी मनोवैज्ञानिक और सामाजिक पीठिका में बड़े सलीके से प्रस्तुत किया है। वह मूल कथा से आत्यन्तिक रूप में जुड़ी होकर भी रसांतरण के नाते उपन्यास की पठनीयता को समृद्ध ही करती है। झुनिया और गोबर का दाम्पत्य शहर में आपद्ग्रस्त होता है, किन्तु झटके खाकर अन्ततः समरस हो जाता है।

2. मातादीन और सिलिया की प्रेम-कथा—गोबर और झुनिया की प्रेम-कथा के समान ही उपन्यास में मातादीन और सिलिया की प्रेम-कथा भी है। यह प्रेम-कथा भी उपन्यास की मुख्य ग्राम केन्द्रित कथा से जुड़ी होते हुए भी कुछ आयामों पर अपनी अलग अहमियत रखती है। गोबर और झुनिया के प्रेम-सम्बन्धों की असंगति उनकी अपनी बिरादरी के भिन्न होने के नाते थी,

परम्परागत वर्ण-व्यवस्था के ढाँचे से इस असंगति का सम्बन्ध नहीं था। भात-भोज, पंचायत का दण्ड-विधान उस असंगति को दूर करने में समर्थ था और ऐसा होता भी है। होरी सारा दण्ड सहन करके झुनिया को अपने घर में बहू के रूप में रखने और बिरादरी तथा समाज की मान्यता पाने में सफल हो जाता है। अपने वैयक्तिक, पारिवारिक जीवन-सन्दर्भों में गोबर-झुनिया प्रसंग के नाते भले ही वह आहत हुआ हो, टूटा हो, समाज को दण्ड-भुगतान के उपरान्त वह अपने साथ ले पाने में सफल होता है। किन्तु मातादीन और सिलिया की प्रेम-कथा में पेंच और गुत्थियाँ न केवल अधिक हैं, वह परम्परागत वर्ण-व्यवस्था, सामाजिक आचार-विचार और विश्वासों-मान्यताओं की जड़ पर ही प्रहार करती है और उसे क्षतिग्रस्त करती है। गोबर का आचरण, भिन्न बिरादरी की युवा-विधवा से प्रेम करना अधिक से अधिक रूढ़िगत सोच के तहत उसका दुस्साहस, नासमझी, उतावलापन माना जा सकता है, किन्तु मातादीन-सिलिया प्रेम-कथा और उसकी परिणति तो एक विद्रोह है, जिससे रूढ़िवादी समाज की चूलें हिल जाती हैं। प्रेमचन्द ने 'गोदान' की मूल कथा के अन्तर्गत इस प्रेम-कथा के सूत्रों को भी सावधानी से पिरोया है। यह सही है कि गोबर-झुनिया की कथा की भाँति यह कथा मुख्य कथा में अन्तःस्यूत नहीं है, उस पर अपने कुछ प्रभाव भर छोड़ती है, किन्तु इस कथा की अपनी अहमियत है—मूल कथा को और भी चमकाने-उभारने के नाते (झुनिया की ही भाँति निराश्रित सिलिया को आश्रय होरी ही देता है, और वह होरी के घर में ही रहती है) और अपनी विशिष्ट पहचान के नाते, जिसे हमने परम्परागत वर्ण-व्यवस्था के खिलाफ उसके विद्रोह के रूप में रेखांकित किया है। आइये, चली आ रही धर्म और वर्णगत सोच के खिलाफ विद्रोह के अंकुरों को लेकर उन्हें पल्लवित करनेवाली इस प्रेम-कथा की कुछ अन्तर्यात्रा करें।

मातादीन, पं. दातादीन, उन्हीं पं. दातादीन पुरोहित का बेटा है जो अपने ब्रह्मतेज का भय दिखाकर होरी से मनमाना सूद वसूलते हैं। गाँव में धर्म-कर्म, नीति और न्याय की बातें करने और उनका पालन न करने वालों के खिलाफ फैसले देने में जो सबसे आगे रहते हैं। समूचे गाँव में वे भू-सुर के समान पूज्य हैं, सारे गाँव पर उनका दबदबा है। गोबर-झुनिया प्रसंग में वे काफी दिलचस्पी लेते हैं, और झुनिया को कुलटा बताते हुए धनिया को उसके खिलाफ उकसाते हैं। इसी क्रम में सबसे पहले उपन्यास में मातादीन और सिलिया के अपने प्रेम-प्रसंग का उद्घाटन होता है, जब धनिया उनकी बातों से उत्तेजित होकर उन्हीं को फटकार लगाती है।

"हमको कुल-परतिष्ठा इतनी प्यारी नहीं है महाराज, कि उसके पीछे एक जीव की हत्या कर डालते।—वही काम बड़े-बड़े करते हैं, मुदा उनसे कोई नहीं बोलता, उन्हें कलंक ही नहीं लगता। वही काम छोटे आदमी करते हैं, उनकी मरजाद बिगड़ जाती है, नाक कट जाती है। बड़े आदमियों को अपनी नाक दूसरों की जान से प्यारी होगी, हमें तो अपनी नाक इतनी प्यारी नहीं।"

मातादीन (मतई) के प्रसंग की दूसरी चर्चा झिंगुरी सिंह और दातादीन के बीच होती है जब बातों के क्रम में झिंगुरी सिंह दातादीन से पूछते हैं—"हाँ, मतई के ब्याह का क्या हुआ? हमारी सलाह तो है कि उसका ब्याहकर डालो, अब तो बड़ी बदनामी हो रही है।" दातादीन पहले तो बहुत बिगड़ते और लाल-पीले होते हैं किन्तु कुछ समय बाद नरम पड़ते हैं और कहते हैं—"सिलिया हमारी चौखट नहीं लांघने पाती, चौखट, बरतन-भांड़े छूना तो दूसरी बात है। मैं यह नहीं कहता कि मतई यह बहुत अच्छा काम कर रहा है, लेकिन जब एक बात हो गयी तो यह पाजी का काम है कि औरत को छोड़ दे। मैं तो खुल्लमखुल्ला कहता हूँ। इसमें छिपाने की कोई बात नहीं। स्त्री-जाति पवित्र है।" दातादीन अपने बेटे के हित में यहाँ तक तर्क देते हैं कि आज के सारे ब्राह्मण वस्तुतः ऋषि-मुनियों की नीची जाति की स्त्रियों से उत्पन्न सन्तानें हैं। सिलिया दातादीन के खेत में मजूरी करती थी और उसे रोके रहने में दातादीन का अपना निजी स्वार्थ भी था। वे झिंगुरी सिंह से कहते हैं—"मेरा तो सिलिया से जितना उबार होता है, उतना ब्राह्मण की कन्या से क्या होगा ? वह तो बहुरिया बनी बैठी रहेगी। बहुत होगा रोटियाँ पका देगी। यहाँ सिलिया अकेली तीन आदमियों का काम करती है। और मैं उसे रोटी के सिवा क्या देता हूँ। बहुत हुआ तो साल में एक धोती दे दी।"

प्रेमचन्द सिलिया का परिचय साँवली, सलोनी, छरहरी बालिका के रूप में कराते हैं जो रूपवती न होकर भी आकर्षक थी। 'उसके हास में, चितवन में, अंगों के विलास में हर्ष का उन्माद था, जिससे उसकी बोटी-बोटी नाचती रहती थी। सिर से पांव तक भूसे के अणुओं में सनी, पसीने से तर, सिर के बाल आधे खुले...।" अपनी इसी मजदूरनी पर दातादीन का लम्पट बेटा मातादीन रीझता है। उसे अपने जाल में फाँसता है, उससे यौन-सम्बन्ध स्थापित करता है। सहुआइन को अनाज दे देने के प्रसंग में जब मातादीन उससे बेरुखी से बोलता है, सिलिया को गहरा आघात लगता है। वह सोचती है—"अभी दो साल भी तो नहीं हुए, जब यही मातादीन उसके तलवे सहलाता था, जब उसने जनेऊ हाथ में लेकर कहा था- सिलिया, जब तक दम में दम है, तुझे ब्याहता की तरह रखूंगा, जब वह प्रेमातुर होकर हार में

और बाग में और नदी के तट पर उसके पीछे-पीछे पागलों की भाँति फिरा करता था। और आज उसका यह निष्ठुर व्यवहार।'' वह तो मातादीन पर अपना सर्वस्व लुटा चुकी थी। उसे और कोई अवलम्ब भी न था। किसी भी रूप में सही, वह मातादीन की होकर ही रहना चाहती थी। मातादीन का व्यवहार उसे मर्माहत कर देता है।

गाँव भर में ख्यात, लोगों की कानाफूसी का सबसे प्रिय विषय, मातादीन और सिलिया का यह चोरी-छिपे का सम्बन्ध उस समय एकदम नया मोड़ ले लेता है, जब दातादीन के खलिहान पर ही उसके माँ-बाप, दो भाई, अपनी बिरादरी के कुछ अन्य लोगों के साथ आ धमकते हैं और मातादीन को घेर लेते हैं। सिलिया अपने काम में लगी थी। उसकी माँ उसके हाथ की अनाज की टोकरी छीनकर फेंक देती है और उसे लथाड़ती है—''रांड़, जब तुझे मजूरी ही करनी थी तो घर की मजूरी छोड़कर यहाँ क्या करने आयी? जब बांभन के साथ रहती है तो बांभन की तरह रह। सारी बिरादरी की नाक कटवाकर भी चमारिन ही बनना था तो यहाँ क्या घी का लोंदा लेने आयी थी? चुल्लू भर पानी में डूब नहीं मरती।''

देखते-देखते लोग जमा हो जाते हैं। दातादीन और झिंगुरी सिंह मातादीन को चमारों से घिरा देखकर उसकी ओर दौड़ते हैं। सिलिया का बाप बूढ़ा हरखू झिंगुरी सिंह से कहता है—''झगड़ा कुछ नहीं है ठाकुर। हम आज या तो मातादीन को चमार बनाकर छोड़ेंगे या उनका और अपना रक्त एक कर देंगे। सिलिया कन्याजात है। किसी न किसी के घर तो जायेगी ही। इस पर हमें कुछ नहीं कहना है। मगर उसे जो कोई रखे, हमारा होकर रहे। तुम हमें बांभन नहीं बना सकते मुदा हम तुम्हें चमार बना सकते हैं। हमें बांभन बना दो, हमारी सारी बिरादरी बनने को तैयार है। जब यह समरथ नहीं है, तब तुम भी चमार बनो। हमारे साथ खाओ-पीओ, हमारे साथ उठो-बैठो। हमारी इज्जत लेते हो तो अपना धरम हमें दो।'' दातादीन कहते हैं कि सिलिया को उसके माँ-बाप जहाँ चाहें ले जायं, उन्हें एतराज नहीं है किन्तु सिलिया की माँ सिलिया के साथ मातादीन को ले जाने पर अड़ जाती है। दातादीन से वह कहती है—''तुम बड़े नेमी-धर्मी हो। उसके साथ सोओगे। लेकिन उसके हाथ का पानी न पिओगे।'' हरखू अपने आदमियों को ललकारता है और चमार मातादीन को पकड़कर बलपूर्वक उसके मुहँ में हड्डी का एक बड़ा टुकड़ा डालकर उसे भ्रष्ट कर देते हैं। कोई भी चमारों के इस कृत्य का विरोध नहीं करता। भीतर ही भीतर सब, जो वहाँ उपस्थित थे, मातादीन की दुर्गति से प्रसन्न थे। होरी भी वहाँ उपस्थित था। वह हरखू को समझाना चाहता है।

अपना काम करके चमार वहाँ से चले जाते हैं। मातादीन की विलक्षण दशा थी। नीची आँखें किये वह कै कर रहा था। दातादीन उसकी पीठ सहलाते हुए हरखू को जेलखाने भिजवाने की धमकी दे रहे थे। चमार इस धमकी से डरनेवाले नहीं थे। दातादीन हतबुद्धि हो चुका था। अपनी दुर्गति पर रो रहा था। सिलिया की माँ सिलिया से साथ चलने को कहती है, किन्तु वह दृढ़तापूर्वक मनाकर देती है। वह मातादीन के प्रति पसीज उठती है। उसे जबरन वहाँ से ले जाने की कोशिश होती है, परन्तु सिलिया जाने के लिए तैयार नहीं होती। मातादीन का धरम भ्रष्ट करने के लिए वह अपने बाप को फटकारती है और मातादीन के साथ ही रहने के अपने संकल्प को दुहराती है। "मर जाऊँगी, पर हरजाई न बनूंगी, एक बार जिसने बांह पक़ड़ ली, उसी की रहूँगी।" दातादीन उबल पड़ते हैं—"मेरे घर पांव रखा तो लातों से बात करूँगा" सिलिया को मातादीन पर भरोसा था। मातादीन को अपने प्रायश्चित की चिन्ता थी। दातादीन उसे आश्वस्त करते हैं। मातादीन वचन देता है कि प्रायश्चित होने के बाद वह सिलिया का मुंह भी न देखेगा। सिलिया आहत होती है, किन्तु मातादीन से कहती है कि जो रस्सी उसके गले में पड़ गयी है, वह उससे मुक्त नहीं हो सकता। वह हर विपदा सहने को तैयार होती है। भीख भी माँगनी पड़े तो माँगेगी, किन्तु मातादीन को छोड़ नहीं सकती। मातादीन चला जाता है। होरी सिलिया से पूछता है तो वह मातादीन की बेरुखी के बारे में उसे बता देती है। धनिया का नारी हृदय निराश्रिता सिलिया के लिए पिघल उठता है—"जगह की कौन कमी है, बेटी! तू चल मेरे घर रहा।" होरी पं., दातादीन की नाराजगी के प्रति धनिया को सावधान करता है। धनिया जवाब देती है— "बिगड़ेंगे तो एक रोटी बेसी खा लेंगे। और क्या करेंगे? कोई उनकी दबैल हूँ? उसकी इज्जत ली, बिरादरी से निकलवाया। अब कहते हैं—मेरा तुझसे कोई वास्ता नहीं। आदमी है कि कसाई?" होरी पुनः धनिया को समझाता और रोकता है? उसका धर्म-भीरु, संस्कारबद्ध मन मातादीन के धर्मभ्रष्ट किये जाने की घटना को पचा नहीं पा रहा था। धनिया होरी को झाड़ते हुए कहती है—"अच्छा रहने दो। बड़े न्यायी बने हो। मरद-मरद सब एक होते हैं। इसको मतई ने बेधरम किया, तब तो किसी को बुरा न लगा। अब जब मतई बेधरम हो गये तब क्यों बुरा लगता है? क्या सिलिया का धरम धरम ही नहीं। रखी तो चमारिन। उस पर नेमी-धर्मी बनते हैं। बड़ा अच्छा किया हरखू चौधरी ने। ऐसे गुण्डों की यही सजा है। तू चल सिलिया मेरे घर। कैसे बेदरद माँ-बाप हैं कि बेचारी की सारी पीठ लहूलुहान कर दी।"

सिलिया होरी के घर पर रहने लगती है, सोना की सहेली बनकर। एक दिन मातादीन होरी के पास आता है। एक माह ज्वराक्रान्त रहने और मृत्यु के मुंह तक पहुँच जाने के नाते उसके विचार बदल गये थे। उसे लगता है कि उसे सिलिया के साथ किये गये दुर्व्यवहार का दण्ड मिला है। वह धर्मभीरु होने के नाते यह तो मानता है कि धर्म बिगड़ जाने पर ब्राह्मण कहीं का नहीं रहता। तीन-सौ रुपये प्रायश्चित में खर्च हुए किन्तु धर्म-भ्रष्ट होने का दाग, उसे लगता है, अभी मिटा नहीं। वह मिटेगा भी नहीं। वह होरी के हाथों दो रुपये सिलिया तक पहुँचा देने की याचना करता है, कारण उसकी हिम्मत सिलिया का सामना करने की न थी। वह होरी से कहता है—"जब बेधरम होकर ही रहना है तो फिर जो कुछ करना है परतच्छ ही करूँगा।" होरी रुपये सिलिया को देता है, तो वह-जैसे अपना सारा पिछला अपमान भूल जाती है, और मातादीन के प्रति वैसी ही अनुरक्त हो उठती है।

मातादीन ने जब सिलिया को छोड़ा था, वह गर्भवती थी। होरी के घर ही वह पुत्र को जन्म देती है। दो बरस उसे होरी के साथ रहते हो जाते हैं। सिलिया का बेटा किसी के पूछने पर अपने बाप का नाम मातादीन बताता था। दातादीन को अपनी तुतली बोली में वह अपना 'छाला' बताता था। मातादीन पुत्र के जन्म के समय से ही सिलिया से मिलने और पुत्र का मुंह देखने को तरस रहा था। काशी के पण्डितों ने शुद्ध गोबर और गोमूत्र खिला-पिलाकर उसे शुद्ध क्या किया, जैसे उसके मन की सारी कालिमा धुल गयी हो। वह जब-तब धनिया या रूपा से कह-सुनकर बालक को देख आता, सिलिया का सामना करने का साहस अब तक न बटोर पाया था। असमय की वृष्टि और ओलों ने सिलिया के पुत्र के. प्राण ले लिए, जो अब तक सिलिया के जीवन का एकमात्र केन्द्र बन चुका था। सिलिया एक बार पुनः एकदम असहाय हो उठी। किन्तु इसी बिन्दु पर मातादीन ने अपने नये जन्म के साथ सहारा दिया। मातादीन ने न केवल सिलिया से अपने पूर्व अपराधों की क्षमा माँगी, उसने सिलिया के समझ अपना यह संकल्प भी दुहराया कि अब वह उससे कभी अलग नहीं होगा। अब वह सिलिया के साथ ही रहेगा। सिलिया-जैसे अपना खोया सब कुछ पा चुकी थी। वह परिहास करते हुए मातादीन से पूछती है—"और तुम्हारा खाना कौन पकायेगा?

मेरी रानी सिलिया।

तो बांभन कैसे रहोगे ?

मैं बांभन नहीं, चमार ही रहना चाहता हूँ। जो अपना धरम पाले, वही ब्राह्मन है,

जो धरम से मुँह मोड़े, वही चमार है।

सिलिया ने उसके गले में बाहें डाल दीं।''

मातादीन-सिलिया की प्रेम-कथा 'गोदान' की मुख्य कथा का संक्षिप्त, किन्तु बहुत जीवन्त हिस्सा है। बड़े कहे जाने वालों के छोटेपन और छोटे माने जाने वालों के बड़प्पन को प्रेमचन्द अनेक कहानियों में चित्रित कर चुके हैं, मातादीन-सिलिया की प्रेम-कथा उनमें एक इजाफा होने के अलावा गोदान की मूलवर्ती कथा से मिलकर होरी और धनिया के जीवन-मूल्यों तथा उनके अपने जीवन-संघर्ष में नयी कड़ियाँ जोड़ती है। धनिया के चरित्र में एक और ज्वलन्त उत्कर्ष तो वह बनती ही है, होरी की बेटी सोना के विवाह में सिलिया के सकारात्मक योगदान को बरबस सिलिया के चरित्र को भी निखारते हुए सामने लाती है। इस तरह के प्रेम-प्रसंग ग्राम्य-जीवन का अभिन्न अंग है जो ठहरे-थिराये और लगभग रूढ़ि-जर्जर ग्रामीण मानसिकता के बीच स्फुलिंगों की तरह चमककर सारे वातावरण को रोशन कर देते हैं।

'गोदान' में मातादीन और सिलिया की प्रेम-कहानी जब प्रेमचन्द लिख रहे होंगे, सम्भवतः उनके जेहन में ऐसा ही कोई प्रेम-प्रसंग हो जो उनकी जानकारी के पास-पड़ोस के गाँवों में घटा हो। इस प्रकार के प्रेम-प्रसंग तब के ग्रामीण जीवन का हिस्सा तो थे ही, आज के ग्राम्य-जीवन की सच्चाई भी वे हैं, भले ही ऐसे प्रेम-प्रसंग तब या अब महज अपवाद ही हों, अपनी लम्पटता से मातादीन का उबरना और प्रायश्चित हो जाने के बावजूद अपने समाज से विद्रोह कर उसका खुल्लमखुल्ला अपने को चमार घोषित करते हुए सिलिया के साथ रहने लगना, कुछ लोगों के लिए भले ही प्रेमचन्द की ब्राह्मण-विद्वेषी मानसिकता (इस प्रकार के आरोप प्रेमचन्द पर उनके जीवन काल में डॉ. श्रीनाथसिंह और ज्योतिप्रसाद मिश्र 'निर्मल' द्वारा लगाये भी गये थे) की अभिव्यक्ति अथवा प्रेमचन्द के प्रगतिशील सामाजिक विचारों का अतिरेकी प्रदर्शन लगे, वस्तुतः बात ऐसी नहीं है। ग्रामीण जीवन के एक यथार्थ पहलू के रूप में ही यह प्रसंग 'गोदान' में आया है जो मूलवर्ती कथा की प्रभाव-सघनता को बढ़ाता और गाढ़ा करता है। इस तरह के प्रसंग ग्रामीण जीवन का यथार्थ हैं।

3. होरी और धनिया की दाम्पत्य-प्रेम-कथा—परकीया प्रेम से भरे-पूरे भारतीय साहित्य और हिन्दी साहित्य में भी दाम्पत्य प्रेम की स्वतन्त्र शिनाख्त और चर्चा कम ही हुई है। सम्प्रति स्वकीया और परकीया प्रेम के तुलनात्मक विवेचन और महत्त्व-निर्णय में न पड़कर होरी-धनिया के पति-पत्नी रूप के सम्बन्ध को एक स्वतन्त्र चर्चा के तहत हम इसलिए लाना चाहते हैं

कि 'गोदान' में भले ही प्रेमचन्द के अनचाहे, अनजाने में ही वह एक नितान्त मानवीय और सधन सम्बन्ध बनता हुआ एक कथा का सा आकार पा गया है। 'मानववाद और साहित्य' शीर्षक अपनी पुस्तक में नवलकिशोर ने इस ओर हमारा ध्यान आकर्षित किया है। वस्तुतः 'गोदान' में एक किसान और किसान के रूप में होरी के अस्तित्व-संघर्ष की जो गाथा कही गयी है, और जो प्रेमचन्द का प्रधान उद्देश्य भी रही है, पाठक उसमें इतना रम जाता है कि होरी का मानवीय रूप उसे उतना नहीं दिखायी पड़ता। वह होरी, जो एक स्त्री का पति, एक पुत्र का और दो बेटियों का पिता है, पत्नी तथा अपनी सन्तान के प्रति उसकी भावनाओं, उसके आचरण और व्यवहार की जो झांकियाँ उपन्यास में उभरी हैं, उन्हें हम देखते जरूर हैं, उनसे प्रभावित भी होते हैं, किन्तु अन्ततः होरी के किसान के रूप में चलनेवाला संघर्ष का महत् आख्यान, उसमें उसकी जय-पराजय, और उससे जुड़ी त्रासदी इन झांकियों के कहीं हाशिए में छोड़ देती है। जैसा हमने कहा, हम फिलहाल होरी और धनिया के दाम्पत्य-सम्बन्धों की चर्चा नहीं करना चाहते, किन्तु उन सूत्रों को और उन सन्दर्भों को अवश्य अलग से रेखांकित करना चाहेंगे। जिनके चलते ये सूत्र और ये सन्दर्भ, अनजाने में ही एक कथा का रूप प्राप्त कर गये हैं।

नवलकिशोर ने सही लिखा है कि "'गोदान' एक अनूठे किस्म की प्रेम-कहानी भी है। ... इस प्रेम-कथा के नायक-नायिका प्रेम के किसी उद्दाम दौर से नहीं गुजरते। हिन्दुस्तानी देहात में पति-पत्नी बनानेवाली एक सामाजिक प्रथा उन दोनों को एक साझा जिन्दगी देती है। वे स्त्री-पुरुष के रूप में जीते हैं। मुखर प्यार भी वे नहीं जानते, वे लड़ते-झगड़ते भी खूब हैं, लेकिन एक-दूसरे के लिए उनकी आत्मीयता स्वातिक्रामी है। इस रूप में यह उपन्यास प्रेम की एक प्रतीक-कथा बन गया है।... देशकाल के एक विशेष फलक पर कही गयी यह प्रणय-कहानी इंसानी रिश्तों की उस महागाथा में बदल जाती है, जिसे आदमी हमेशा से अपने को ही सुनाता आ रहा है। इस प्रणय-कथा का अनूठापन यह है कि यह रोमांस कथा नहीं है, पति-पत्नी के सम्बन्धों की दास्तान है, और जो अपने साथ एक सम्पूर्ण पारिवारिक और सामाजिक परिवेश लिए हुए है।"

आइए, हम अनूठी प्रेम-कथा की कुछ दूरियाँ नापें।

होरी और धनिया के साथ पाठक का परिचय प्रेमचन्द ने उपन्यास के पहले पृष्ठ की पहली पंक्ति में ही करा दिया है। उपन्यास की शुरुआत ही पति-पत्नी के रूप में होरी और धनिया की बातचीत से होती है। होरी कहीं जाने को तैयार है। वह धनिया से अपनी लाठी माँगता है। धनिया होरी से

रुककर कुछ रस-पानी कर लेने के लिए कहती है, किन्तु होरी को जाने की जल्दी है। मालिक ने बुलाया है। धनिया के हठ पर वह खीझता है। होरी उसके समक्ष अपने जीवन का यथार्थ रख देता है कि जिन पावों के तले गर्दन दबी हो, उन्हें सहलाने में ही कुशल है। इसी बिन्दु पर कुछ ठहरकर प्रेमचन्द धनिया के बारे में विस्तार से पाठक को परिचित कराते हैं। बीस वर्षों के वैवाहिक जीवन के संघर्ष में धनिया ने पाया था असमय का बुढ़ापा, चेहरे की झुर्रियाँ और विपन्नता की जिंदगी। उसने खोयी थी अपनी जवानी, अपनी उमंगें, आशाएँ और अपनी पांच सन्तानें। प्रेमचन्द लिखते हैं—"छत्तीसवां ही साल तो था, पर सारे बाल पक गये थे, चेहरे पर झुर्रियाँ पड़ गयी थीं, सारी देह ढल गयी थी। वह सुन्दर गेहुंआँ रंग सांवला गया था और आँखों से भी कम सूझने लगा था।... कभी तो जीवन का सुख न मिला"

प्रेमचन्द प्रकृतिस्थ होकर जैसे पुनः सचेत रूप से कही जा रही अपनी कथा की ओर लौटते हैं। धनिया होरी की लाठी, मिरजई, पगड़ी आदि निकालकर होरी को देती है। होरी परिहास की मनःस्थिति में आ जाता है, किन्तु आँखें तरेरकर धनिया से कहता है—"क्या ससुराल जाना है जो पांचों पोशाक लायी है। ससुराल में भी तो कोई जवान साली-सरहज नहीं बैठी है जिसे जाकर दिखाऊँ।" होरी के गहरे सांवले और पिचके हुए चेहरे पर मुस्कुराहट आ जाती है। धनिया परिहास का उत्तर परिहास में देती है—"ऐसे ही तो बढ़े सजीले जवान हो कि साली सलहजें तुम्हें देखकर रीझ जायेंगी।" होरी परिहास को आगे बढ़ाता है—"अभी तो चालीस भी नहीं हुए । मर्द साठे पर पाठे होता है।" धनिया बात को आगे परिहास-वृत्ति से बढ़ाती है, किन्तु जैसे उसमें उसे अपने जीवन-यथार्थ का प्रतिबिम्ब दिखायी पड़ गया हो। "जाकर सीसे में मुंह देखो। तुम-जैसे मर्द साठे पर पाठे नहीं होते। दूध-घी अंजन लगाने तक को तो मिलता नहीं, पाठे होंगे।" होरी भी जैसे इस यथार्थ की आँच का अनुभव करता है। परिहास में शुरू की गयी बात उनके जीवन की सम्भावित त्रासदी का जैसे स्पष्ट संकेत दे देती हैं। "(होरी) लकड़ी सम्भालता हुआ, बोला—"साठे तक पहुँचने की नौबत न आने पायेगी, धनिया। इसके पहले ही चल देंगे।

धनिया आशंकित हो उठती है। प्रेमचन्द लिखते हैं—"वह जैसे अपने नारीत्त्व के सम्पूर्ण तप और व्रत से अपने पति को अभयदान दे रही थी। उसके अन्तःकरण से जैसे आशीर्वादों का व्यूह-सा निकलकर होरी को अपने अन्दर छिपाये लेता था। विपन्नता के इस अथाह सागर में सोहाग ही वह तृण था जिसे पकड़े हुए वह सागर को पारकर रही थी। इन असंगत शब्दों ने

यथार्थ के निकट होने पर भी मानों झटका देकर उसके हाथ से वह तिनके का सहारा छीन लेना चाहा।"

उपन्यास के पहले ही दो पृष्ठों में प्रेमचन्द होरी-धनिया के दाम्पत्य-सम्बन्धों की प्रगाढ़ता जीवन के भयानक संघर्षों के बीच भी उनकी स्थिरता एवं आगत की उस त्रासदी का संकेत कर देते हैं, जो उपन्यास के अन्तिम पृष्ठों में मूर्त हुई है। उपन्यास के प्रारम्भिक इन दो पृष्ठों के उपरान्त अब उपन्यास के अन्त के दो पृष्ठों में मूर्त हुई इस त्रासदी का जायजा लें।

होरी का दुर्बल शरीर सड़क की मजदूरी में यूं ही बेदम हो चुका था, ऊपर से लू के थपेड़े। वह बरदाश्त नहीं कर पाता। उसे कै होती है और उसके हाथ-पांव ठण्डे होने लगते हैं। शनैः-शनैः वह संज्ञाहीन हो जाता है। प्रेमचन्द लिखते हैं—"उसकी आँखें बन्द हो गयीं और जीवन की सारी स्मृतियाँ सजीव हो-होकर हृदय-पट पर आने लगीं। लेकिन बेक्रम। आगे-पीछे, पीछे की आगे, स्वप्न-चित्रों की भाँति बेमेल, विकृत और असम्बद्ध। वह सुखद बालपन आया जब वह गुल्लियाँ खेलता था और माँ की गोद में सोता था। फिर देखा, जैसे गोबर आया है और उसके पैरों पर गिर रहा है। फिर दृश्य बदला। धनिया दुलहन बनी हुई, लाल चुंदरी पहने हुए उसको भोजन करा रही थी। फिर एक गाय का चित्र सामने आया, बिल्कुल कामधेनु-सी। उसने उसका दूध दुहा और मंगल को पिला रहा था कि गाय एक देवी बन गयी, और...।" यह होरी के जीवन-चक्र का सबसे आखिरी फेरा है। उसकी हालत बिगड़ती देख साथी मजदूर उसके घर आदमी दौड़ाते हैं। सबसे पहले दौड़ती हुई धनिया आती है। उसके पीछे डोली लिए हुए उसके भाई शोभा और हीरा, वह हीरा जिसने होरी की गाय को विष दिया था और जो कुछ क्षण पहले ही होरी के चरणों में गिरकर पश्चाताप कर चुका था, और होरी जिसे अपने कलेजे से लगा चुका था। प्रेमचन्द लिखते हैं—"धनिया ने मौत की सूरत देखी थी। उसे पहचानती थी। उसे दबे पांव आते भी देखा था, आँधी की तरह आते भी देखा था।... प्राण में एक धक्का-सा लगा। वह आधार जिस पर जीवन टिका हुआ था, जैसे खिसका जा रहा था।" वह अचेत होरी को चेत में लाने का प्रयास करती है। होरी की चेतना लौटती है। "मृत्यु समीप आ गयी थी। आग दहकनेवाली थी। धुआँ शांत हो गया था। धनिया को दीन आँखों से देखा। दोनों कोयों से आँसू की दो बूंदे ढुलक पड़ीं। क्षीण स्वर में बोला—"मेरा कहा-सुना माफ करना धनिया। अब जाता हूँ। गाय की लालसा मन में ही रह गयी। अब तो यहाँ के रुपये क्रिया-करम में जायेंगे। रो मत धनिया! अब कब तक जिलायेगी। सब दुर्दशा तो हो गयी।

अब मरने दे।'' होरी की आँखें बन्द हो चुकी थीं। ''उसकी आँखों से बहुत हुए आँसू बतला रहे थे, मोह का बन्धन तोड़ना कितना कठिन हो रहा है। जो कुछ अपने से नहीं बन पड़ा उसी के दुःख का नाम तो मोह है। पाले हुए कर्त्तव्य और निपटाये हुए कामों का क्या मोह? मोह तो उन अनाथों को छोड़ जाने में है, जिनके साथ हम अपना कर्त्तव्य न निभा सके, उन अधूरे मंसूबों में है, जिन्हें हम पूरा न कर सके।''

गोदान करा देने की बात होती है। दिनभर काती गयी सुतली के बीस आने पं. दातादीन या कहें धर्म के हाथों में रखती हुई, उन्हें ही पति का गोदान मानती हुई धनिया पछाड़ खाकर गिर पड़ती है। होरी का एकदम प्रारम्भ में कहा कि 'साठे होने की नौबत ही न आयेगी, उसके पहले ही चल देंगे', सच साबित होता है। धनिया आगत की जिस आशंका से उपन्यास के प्रारम्भ में कांपी थी, वह साक्षात् घटित होती है।

उपन्यास के प्रारम्भ और अन्त में यह जो एकतानता है, होरी और धनिया की यह उपस्थिति है, अनजाने में ही सही, क्या होरी और धनिया के दाम्पत्य-सम्बन्ध को एक सघन, मानवीय ओर नितान्त कोमल करुण-कथा का रूप नहीं देती? प्रारम्भ और अन्त के मध्य में जो है, उसमें इस प्रगाढ़ दाम्पत्य के न जाने कितने सूत्र और सन्दर्भ बिखरे हैं। हम उनके विवरणों में या उनके विस्तार में नहीं जाना चाहेंगे, फिर भी उनके कुछ निहायत मार्मिक पक्षों को जरूर रेखांकित करना चाहेंगे।

होरी का भाई ईर्ष्या और द्वेष-वश अपने भाई की गाय को विष दे देता है। गाय के मर जाने पर होरी का पक्का सन्देह हीरा पर ही था। वह धनिया से अपने मन के सन्देह को व्यक्त कर देता है, फिर भी भाई के मोह में उससे चुप रहने को कहता है। धनिया चुप नहीं रहती। सारे गाँव के सामने खुलकर हीरा का नाम लेती है। होरी को इकलौते बेटे की कसम देती है। होरी हीरा को बचाने के लिए बेटे की झूठी कसम खा जाता है। सारे गाँव के सामने धनिया को पीटता और बेइज्जत करता है। धनिया भी विकराल रूप धारण करती है। होरी को अपशब्द कहती है। होरी और धनिया के पचीस साल के सम्बन्ध इस हादसे में क्षत-विक्षत हो उठते हैं। दोनों में बातचीत बन्द हो जाती है। धनिया को अपना सरे-आम हुआ अपमान रह-रहकर सालता है।

इस घटना के बाद होरी बीमार पड़ जाता है। उसे ज्वर आने लगता है। होरी की दशा को देखकर धनिया पसीजती है। आत्ममंथन का सिलसिला चलता है। धनिया सारा अपमान भूलकर जैसे दूनी निष्ठा और भावना से होरी के प्रति समर्पित हो गयी हो। होरी के ठीक होते ही, धनिया अपने व्यवहार में

उसके प्रति सामान्य हो जाती है। एक दिन उससे पूछती है—"तुम्हें इतना गुस्सा कैसे आ गया ? मुझे तो तुम्हारे ऊपर कितना ही गुस्सा आये, मगर हाथ न उठाऊँगी।"

होरी लजाता हुआ बोला—"अब उसकी चर्चा न कर धनिया। मेरे ऊपर कोई भूत सवार था। इसका मुझे कितना दुःख हुआ है, मैं ही जानता हूँ।

और जो मैं भी उसी क्रोध में डूब मरी होती?

तो क्या मैं रोने के लिए बैठा रहता? मेरी लाश भी तेरे साथ चिता पर जाती।"

धनिया झुनिया की दशा पर पसीजकर उसे घर में शरण देती है। होरी से सारा वृत्तान्त कहती है। होरी धनिया के साथ खेत से घर लौटता है। झुनिया घर के भीतर थी। धनिया होरी को समझाते हुए कहती है—"तुम्हें मेरी सौंह, उस पर हाथ न उठाना।

होरी की आँखें आर्द्र हो गयीं। धनिया का यह मातृस्नेह उस अंधेरे में भी जैसे दीपक के समान उसकी चिंता-जर्जर आकृति को शोभा प्रदान करने लगा। दोनों में ही जैसे अतीत यौवन सजग हो उठा। होरी को इस बीत-यौवना में भी वही कोमल-हृदय बालिका नजर आयी जिसने पचीस साल पहले उसके जीवन में प्रवेश किया था। उस आलिंगन में कितना अथाह वात्सल्य था जो सारे कलंक, सारी बाधाओं और सारी मूलबद्ध परम्पराओं को अपने अन्दर समेटे लेता था।"

इस तरह के ढेरों प्रसंग हैं जो होरी और धनिया के पचीस वर्षों के अविच्छिन्न साहचर्य, अन्तःसमर्पण और उनकी आत्मा के मिलन के साक्ष्य हैं। इन सम्बन्धों में उफान भी आते हैं, वे ढहते-टूटते भी दिखायी पड़ते हैं, पुरुष के अहं और नारी के हठ का टकराव भी होता है, किन्तु जिस मजबूत आधार पर होरी और धनिया का दाम्पत्य अवस्थित है, वह नहीं हिलता। पति की हर मुसीबत, हर आपदा में धनिया छांह की तरह उसके साथ रहती है। उसके साथ कंधे-से-कंधा मिलाकर हाड़तोड़ मेहनत करती है, घर-गृहस्थी चलाती है। विपन्नता के महासागर को सोहाग के जिस तृण को थामे, वह पारकर जाने का हौसला रखती थी, अन्ततः वह तृण भी उसके हाथ से छूट जाता है। 'अब कितना जिलायेगी? सब दुर्दशा तो हो गयी", होरी के ये अन्तिम शब्द दाम्पत्य की इस विराट त्रासदी के गवाह बनकर पाठक के समक्ष प्रस्तुत होते हैं। होरी का गोदान धनिया की मेहनत की कमायी से होता है, जिसे वही सम्पन्न करती है।

दाम्पत्य की यह त्रासद प्रणय-कथा बड़े मानवीय फलक पर 'गोदान' में उभरकर आयी है। यह प्रेमचन्द के अपने जीवनानुभवों के निचोड़ के रूप में 'गोदान' में अपनी उपस्थिति दर्ज करती है। किसान होरी के संघर्ष की विराट गाथा के साथ मनुष्य होरी के जीवन का यह आख्यान भी अपने में अत्यन्त मार्मिक और प्रभावी है।

'गोदान' की ग्राम-केन्द्रित कथा के कुछ महत्त्वपूर्ण बिन्दुओं को उभारने के उपरान्त अब हम उस नागर-कथा की अन्तर्यात्रा भी करना चाहेंगे, जिसे लेकर 'गोदान' के वस्तु-विन्यास पर शंकाएँ उठी हैं, विवाद हुए हैं। ग्राम और नगर-कथाओं को एक साथ, एक-दूसरे के बरक्स रखकर उनके अन्तरायोजन पर विचार करने के पहले हम स्वतन्त्र रूप से नगर की कथा के कुछ खास पहलुओं पर चर्चा करेंगे।

गोदान की नगर-कथा के औचित्य एवं ग्राम-कथा के साथ उसके अन्तरायोजन का सवाल—गोदान की मूलवर्ती ग्राम-कथा के समानान्तर उसमें एक नगर-कथा भी है, जो ग्राम-कथा की शुरुआत से लेकर उसके अन्त तक चलती है। इस नगर-कथा का सम्बन्ध अवध-अंचल के नवाबों के प्रसिद्ध शहर लखनऊ से हैं। सवाल है कि एक ग्राम-केन्द्रित उपन्यास में नगर की इस कथा को विन्यस्त करने का औचित्य क्या है? इस औचित्य पर जब तक कुछ सवाल भी उठे और उठाये गये हैं, अतएव जरूरी है कि हम इस सवाल से मुखातिब हों।

वस्तुतः उपन्यास के अन्तर्गत मुख्य तथा प्रासंगिक कथाओं की योजना में उपन्यासकार का उद्देश्य ऐसे कुछ समस्याओं को उठाना होता है, जो रचना में उसके संवेदनात्मक उद्देश्य की पूर्ति करते हों, अथवा उसमें सहभागी हों। कदाचित् इन सवालों या समस्याओं के दबावों के चलते ही वह रचना में प्रवृत्त होता है, ताकि रचना के अन्तर्गत उनका कलात्मक रूपायन वह कर सके। मात्र किस्सागोई को रचना समझनेवाले रचनाकारों की बात यहाँ हम नहीं कर रहे हैं, हमारी चर्चा के केन्द्र में प्रेमचन्द हैं, जिनके रचनात्मक सरोकारों से हम परिचित हैं। सवाल हमारे सामने यह है कि नगर की जो कथा काफी कुछ विस्तार से 'गोदान' में कहीं गयी है, उसके माध्यम से प्रेमचन्द क्या कुछ अपने पाठकों तक सम्प्रेषित करना चाहते थे। यद्यपि इस सवाल का सम्बन्ध प्रेमचन्द की रचना दृष्टि से है, जिसके दायरे में उपन्यास की ग्राम तथा नगर, दोनों कथाएँ आती हैं, यह भी कि 'गोदान' में प्रेमचन्द की रचना-दृष्टि के बारे में हम स्वतन्त्र रूप से कुछ कहना चाहेंगे, सम्प्रति,

भले ही संक्षेप में, हम 'गोदान' में नगर-कथा के औचित्य पर कुछ चर्चा जरूर करेंगे।

गोदान प्रेमचन्द की अन्तिम रचना है, जो सन् 1936 में प्रकाशित हुई। प्रेमचन्द का रचनाकार-मानस सदी के इस चौथे दशक के काफी कुछ पहले से 'गोदान' में समायोजित होनेवाली अन्तर्वस्तु और उससे जुड़े सवालों के प्रति चिन्ताशील होगा, यह कहने की बात नहीं है। ऐसा लगता है कि प्रेमचन्द 'गोदान' के रचना-पट को इतना विस्तार देना चाहते थे कि उसमें एक बड़े परिप्रेक्ष्य को लेकर वे अपने समय के बिगड़ते-बनते चेहरे को उसकी विद्यमान वास्तविकता तथा भावी सम्भावनाओं के साथ बुन सकें। भारतीय सन्दर्भ में यह समय चली आ रही सामन्ती व्यवस्था अथवा सामन्तवाद के ढहने और औद्योगिक-पूँजीवादी व्यवस्था के उदय होने और क्रमशः मजबूत होने का समय था। गाँव हर दृष्टि से तबाह-बरबाद हो रहे थे, कृषि तंत्र ढीला और जर्जर होता जा रहा था और उसके स्थान पर औद्योगिक-पूँजीवादी सभ्यता उभर रही थी, नगरों को आबाद और रोशन कर रही थी। प्रेमचन्द कदाचित् इसी परिदृश्य को अपने इस अन्तिम उपन्यास में समेटना चाहते थे। सामन्ती-व्यवस्था किस प्रकार ढहती-कमजोर होती हुई, नगर की औद्योगिक पूँजीवादी व्यवस्था के लिए जगह छोड़ रही है, इस तथ्य का कुछ संकेत वे 'गोदान' के पूर्ववर्ती 'रंगभूमि' शीर्षक अपने उपन्यास में कर चुके थे, जिसमें अन्ततः जमीन के अपने टुकड़े को बचाने की निर्णायक तथा प्रायः इकतरफा लड़ाई में अपनी सारी निष्ठा और सारी सामर्थ्य के बावजूद सूरदास हारा था और उस जमीन के टुकड़े पर सिगरेट का एक कारखाना खोलनेवाले शहरी उद्योगपतियों की विजय हुई थी। 'गोदान' में किसान के क्रमशः मजदूर बनने की जो त्रासदी चित्रित हुई है, नगर को कथा की परिधि में समेटे बिना वह पूरी नहीं हो सकती थी। शहर किस तरह गाँव पर हाबी हो रहा है, 'गोदान' में इसके प्रभूत चित्र हैं, संकेत हैं। 'गोदान' के किसान या होरी अपने जमींदार रायसाहब अमरपाल सिंह को अपना देवता, रक्षक या अन्नदाता मानते हैं, वे रायसाहब किस तरह बैंकरों और उद्योगपतियों के आश्रित हैं 'गोदान' में प्रेभचन्द ने बड़ी स्पष्टता से इस तथ्य को उजागर किया है। किसान और होरी अस्तित्व-रक्षा के अपने संघर्ष में अथवा 'मरजाद' बचाने के अपने प्रयास में जिस प्रकार महाजनों के जाल में फंसते हैं और कर्ज पर कर्ज लेते हुए घर-द्वार, खेल-खलिहान से बेदखल होकर खेत-मजदूर बनते हैं या सड़क में गिट्टियाँ तोड़ने की मजदूरी के लिए विवश होते हैं, या फिर गोबर की तरह गाँव छोड़कर शहर में मेहनत-मजदूरी करने के लिए प्रयाण करते हैं, उनके

अन्नदाता और त्राता रायसाहब अमरपाल सिंह की अपनी स्थिति भी कुछ इसी प्रकार की है। होरी से जब वे अपनी निजी परेशानियों का दुःखड़ा रोते हैं तो उसमें सारा का सारा नाटक नहीं, काफी कुछ सच्चाई भी है। उनकी चिन्ता भी अस्तित्व-रक्षा की ही चिन्ता है। वे अपने और अपने वर्ग की तबाही और बरबादी के प्रति आशंकित हैं। अपने अस्तित्व, अपनी चली आ रही मान-प्रतिष्ठा, रोब-दाब और अपनी ढहती-मिटती साख को बनाये और बचाये रखने की चिन्ता उन्हें नगर के उद्योगपतियों, दलालों और बैंकरों के सामने झुकने को बाध्य करती है। अपनी जायदाद, कोठियाँ उनके पास गिरवी रखकर वे भी उनके कर्जदार बनते हैं, उन्हीं की शर्तों पर जैसा कि गाँव के किसानों या होरी के जीवन की वह सच्चाई है। यदि चांदी कटती है तो सिर्फ महाजनों की, वे गाँव के महाजन हों, या नगर के महाजन। रायसाहब अपनी ढहती इमारत को लाख कोशिशों के बाद भी भले ही न बचा पायें, कारण समय और इतिहास उनके साथ नहीं है, किन्तु मिल जल जाने और दिवालिया हो जाने के बाद भी खन्ना का विश्वास है कि वह अपनी मिल खड़ी कर लेगा, क्योंकि समय और इतिहास उसके साथ हैं।

किसान, अछूत कहे जानेवाले लोग और स्त्री, भारतीय समाज के सर्वाधिक शोषित तबकों के रूप में प्रेमचन्द ने इन तीन तबकों की पहचान की थी। उनकी कहानियाँ हों या उपन्यास, अधिकांश में उन्होंने किसी-न-किसी रूप में इन्हीं तीन तबकों से जुड़े सवालों और समस्याओं को उठाया है, और उन पर रोशनी डाली है। 'गोदान' में किसान केन्द्र में है। उसकी जिन्दगी से जुड़े दीगर सवालों को हाशिये पर डालते हुए या उनका महज संकेत करते हुए 'गोदान' ने उसके अस्तित्व या अस्तित्व बनाये रखने की मजबूरी से जुड़ी कर्ज की समस्या को केन्द्रीय समस्या के रूप में प्रस्तुत किया है। आनुषंगिक रूप में मातादीन-सिलिया प्रसंग के जरिए वे अछूतों को और अछूत-समस्या को एक खास तेवर में एक खास कोण के साथ इस उपन्यास में लाये हैं। स्त्री की समस्या, स्त्री-पुरुष सम्बन्धों की समस्या, भारतीय समाज-व्यवसथा में स्त्री की अस्मिता, उसकी मुक्ति और पुरुष के साथ उसके साहचर्य या सहभागिता की समस्या को कदाचित इस उपन्यास में वे एक बड़े और व्यापक फल पर उठाना चाहते थे। उनकी कहानियों तथा उपन्यासों में स्त्री की समस्या, पुरुष वर्चस्व वाले समाज में उसके मान-सम्मान के साथ जीने की समस्या के अनेक रूप सामने आये हैं, लेखक के अपने विचारों के अनुरूप उनमें स्त्री से जुड़ी समस्याओं के यथार्थ और आदर्श समाधान भी सुझाये गये हैं 'गोदान' में जैसा हमने कहा, स्त्री या स्त्री-पुरुष सम्बन्धों, प्रेम या विवाह

जैसे सवालों पर भारतीय समाज में नारी की स्थिति तथा हैसियत पर, स्त्री-पुरुष सहयोग पर प्रेमचन्द अनेक नये कोणों से विचार करते हुए देख पड़ते हैं। इस उपन्यास में पहली बार वे बहुत खुलकर अपनी सोच और अपनी परिकल्पना का इजहार कर सके हैं कदाचित यह सब करने के लिए ही उन्होंने नगर-कथा के अन्तर्गत मालती-मेहता के पारस्परिक सम्बन्धों को इतना विस्तार दिया है, और उन्हें विस्तृत व्याख्या का विषय बनाया है। मालती के बरक्स खन्ना की पत्नी गोविन्दी को लाने में भी उनका विशिष्ट प्रयोजन रहा है कि वे नारी-सम्बन्धी, स्त्री-पुरुष सम्बन्धी, अपनी सोच को उसकी पूरी पारदर्शिता तथा स्पष्टता के साथ पाठकों के समक्ष रख सकें। अन्यथा मालती मेहता सम्बन्धों को नगर-कथा में इतने विस्तार और अहमियत के साथ पेश करने की और कोई तार्किकता समझ में नहीं आती।

नगर कथा के तहत शहरी पात्रों की पारस्परिक बहस और बातचीत के जो लम्बे-लम्बे विवरण दिये गये हैं, उनके औचित्य के पीछे भी यही तर्क समझ में आता है कि इस बातचीत और इन बहसों के जरिये प्रेमचन्द राजनीति, समाज, साहित्य आदि विविध विषयों पर जिन पर उस सयम नगर के बौद्धिक वर्ग में तेज बहसें चल रही थीं, अपने कुछ विचार पाठकों तक सम्प्रेषित करना चाहते थे, ग्रामीण-कथा के तहत ग्रामीण पात्रों के जरिये सामने लाना न तो सम्भव था और न स्वाभाविक। 'गोदान' में जो नगर-कथा आयी है, उसका औचित्य इन्हीं कुछ बातों के जरिये प्रतिपादित किया जा सकता है।

'गोदान' की ग्राम-कथा और नगर-कथा के अंतरायोजन का सवाल—मत्त्वपूर्ण सवाल यह है कि 'गोदान' की नगर-कथा का अना औचित्य जो भी हो, उपन्यास रचना-विन्यास में ग्राम-कथा के साथ उसके समायोजन या अन्तरायोजन में प्रेमचन्द को कितनी और कैसी सफलता मिली है। दूसरा सवाल यह भी है कि यह समायोजन या अन्तरायोजन कितने कलात्मक रूप में सम्भव हो सका है। उपन्यास एक कला-विधा है, घटनाओं, स्थितियों और सूचनाओं का दस्तावेज नहीं। जरूरी है कि उपन्यास की अन्तर्वस्तु की कलात्मक या रचनात्मक प्रस्तुति हो, मुख्य और प्रासंगिक कथाओं में तालमेल हो, दोनों उपन्यास के कलात्मक ढांचे में सुविन्यस्त हों। प्रभावशाली सम्प्रेषण के लिए भी यह जरूरी है और उपन्यास को एक रचना या कलात्मक विधा बनाये रखने के लिए भी इसकी जरूरत है। सवाल नगर-कथा के औचित्य के बारे में भी उठाये गये हैं और ग्राम-कथा के साथ उसके कलात्मक समायोजन के बारे में भी। इस तरह के सवाल आचार्य नन्ददुलारे बाजपेयी-जैसे प्रेमचन्द के समकालीन और ख्यात समीक्षकों ने भी उठाये हैं, और हमारे अपने समय

के समीक्षकों ने भी, जिन्होने प्रेमचन्द के बारे में गम्भीरता से लिखा है।

आचार्य नन्ददुलारे बाजपेयी ने लिखा है कि 'गोदान' उपन्यास के नागरिक और ग्रामीण पात्र एक बड़े मकान के दो खण्डों में रहनेवाले दो परिवारों के समान हैं जिनका एक-दूसरे के जीवन-क्रम से बहुत कम सम्पर्क है। वे कभी आते-जाते मिल लेते हैं और कभी किसी बात पर झगड़ा भी कर लेते हैं परन्तु न तो उनके मिलने में और न उनके झगड़े में ही कोई ऐसा सम्बन्ध स्थापित होता है जिसे स्थायी कहा जा सके।'' यह तो नगर और ग्रामीण पात्रों की बात है, आचार्य बाजपेयी ने नगर और ग्राम-कहानियों में भी किसी भी महत्त्वपूर्ण सम्बन्ध या तालमेल न होने की बात भी कही है।

नवलकिशोर 'गोदान' के महाकाव्यात्मक चरित्र के पक्ष में सबल तर्क देते हुए भी उसके विधा-विधान पर टिप्पणी करते हुए कहते हैं—''उसमें बहुत-कुछ ऐसा है जो अप्रामाणिक अनुभव के कारण कलात्मक रूपान्तरण नहीं ग्रहणकर सका है। गाँव की कथा के साथ की शहरी कथा एक बड़ी सीमा तक निष्प्राण है, सिर्फ इसलिए नहीं कि उसमें लेखक की 'आदर्शमूलक जीवन-दृष्टि का अवशेष' है, बल्कि इस कारण कि वह बहुत कुछ बनावटी-सी ज्ञान पड़ती है।''

परमानन्द श्रीवास्तव 'एक विशेष समय के सामाजिक संक्रमण से सम्बद्ध करके स्थितियों के परीक्षण की बात जरूर करते हैं (यद्यपि वे यह परीक्षण स्वतः नहीं करते), फिर भी इतना तो स्वीकार ही करते हैं कि 'गोदान' का रूपबन्ध 'ढीला-ढाला' है, उसमें 'संरचनात्मक खामियाँ' हैं, कई प्रसंगों में 'फिल्मी लटकों का-सा उपयोग' है तथा कई स्थलों पर 'मूलकथा पर अवान्तर प्रसंगों का दबाव है।'' ढीले-ढाले रूपबन्ध की बात हम आगे करेंगे, ये कुछ मत इस बात की ओर तो संकेत करते ही हैं कि ग्राम और नगर-कथाएँ न केवल एक जैसी विन्यस्त नहीं हैं, उनमें अन्तरायोजन या कलात्मक अन्तरायोजन की कमी है, कि नगर-कथा में घटनाओं और स्थितियों का कलात्मक रूपायन भी नहीं हो पाया है। यह 'गोदान के कथा-विन्यास की एक कमी है, जिसे स्वीकार करना चाहिए, ना कि भारी-भरकम बौद्धिक तर्कों से इस कमी को एक विशेषता बताने का प्रयास करना चाहिए। 'गोदान' के समग्र मूल्यांकन में एक सीमा के रूप में भले ही इस कमी का उल्लेख हो, उसके महत्त्व या प्रभाव पर वह कोई निशान नहीं डालती। नगर-कथा की स्थिति के बावजूद 'गोदान' अपनी ग्राम-कथा के नाते, भारतीय किसान की महत् संघर्ष-गाथा होने के नाते ही और भारतीय किसान की एक बेधक त्रासदी बन पाने के नाते ही याद किया जाता है, और याद किया जाता रहेगा।

वस्तुतः 'गोदान' की ग्राम-कथा और नगर-कथा में समायोजन की कमी है। ग्राम-कथा अपने ढंग से, अपनी गति से चलती है और नगर-कथा उससे अलग-थलग अपने ढंग से, और अपनी गति से। दो या तीन प्रसंग ही समूचे उपन्यास में ऐसे हैं जहाँ गाँव और नगर परस्पर मिलते हैं—पहला धनुषयज्ञ के अवसर पर नगर की मित्र-मण्डली का गाँव में एकत्र होना, शिकार-चर्या आदि। यहाँ भी, सिवा होरी के, कोई भी ग्रामीण पात्र शहरी पात्रों से मुखातिब नहीं होता। शहरी पात्रों की बातचीत के अपने प्रसंग हैं, गाँव का उनमें कोई जिक्र नहीं है। शिकार के प्रसंग में जरूर गाँव और उसके ग्राम-कथा से विच्छिन्न कुछ निवासी—(जंगली लड़की आदि) शहरी पात्रों पर अपनी छाप छोड़ते हैं। दूसरा अवसर गाँव और नगर के मिलने का, गोबर के लखनऊ पहुँचने पर आता है, जहाँ वह मिर्जा खुर्शेद के उपक्रम से पहले उनकी कबड्डी प्रतियोगिता में हिस्सेदारी करता है और बाद में उन्हीं के साथ रहने लगता है। यही गोबर आगे चलकर अपनी पत्नी झुनिया के साथ मालती के घर पर माली का काम करते हुए, उसके साथ रहने लगता है, और मालती को घनिष्ठता पाता है। इस सारे प्रसंग में भी गोबर की उपस्थिति के अलावा शहरी पात्रों की संगति में उसके होने के नाते गाँव या गाँव की समस्याएँ कहीं नहीं हैं। एक तीसरा अवसर उस समय आता है, जब मालती और मेहता अपने सेवा-कार्य के सिलसिले में बेलारी जाते हैं और वह रात भर रुकते हैं। मालती का व्यवहार गाँव वालों को मोह लेता है। इस अवसर पर अवश्य गाँवों और गाँव में रहने वालों, खासतौर से किसानों की स्थिति उनकी चर्चा का विषय बनती है। कुछ सलाह और कुछ सदिच्छाओं से आगे यह चर्चा भी नहीं जाती। इसके अलावा गाँव तथा नगर की कथाएँ अपनी-अपनी गति में अपना स्वतन्त्र जीवन जीती हैं। एक बुद्धिजीवी और समाजसेवी होने के नाते मेहता भले ही गाँव के प्रति बौद्धिक रूप से चिन्ताशील हो, शहर के शेष पात्रों के मन और जीवन में गाँव या किसान या उनकी दुर्गति कहीं नहीं है। रायसाहब अमरपाल सिंह की शहरी उद्योगपतियों और महाजनों पर निर्भरता ढहते हुए सामन्तवाद और उभरते हुए औद्योगिक पूंजीवाद के संक्रमण पर जरूर तेज रोशनी डालती है, किन्तु गाँव या किसानों की बदहाली और बरबादी में शहर की हिस्सेदारी या शहर की भूमिका का कोई प्रभावी प्रस्तुतीकरण उपन्यास में नहीं है। अपने समय के बिगड़ते बनते चेहरे का जो रूपायन प्रेमचन्द 'गोदान' में करना चाहते थे, रायसाहब की जमीन के क्रमशः धसकते जाने के प्रसंगों से प्रेमचन्द अपने इस उद्देश्य की पूर्ति कर लेते हैं जो कुछ और शहरी या नगर-कथा के रूप में उन्होंने 'गोदान' में कहा-बुना है,

वह गाँव या गाँवों की कथा से स्वतन्त्र अहमियत रखता है। उसे भी, जैसा हमने कहा बहुत कलात्मक प्रस्तुति 'गोदान' में नहीं मिल पायी। वह विचार, बातचीत, बहस आदि के रूप में ही उभरा है।

कमियाँ ग्राम-कथा में भी हैं और ढूढ़ी जा सकती हैं। कतिपय गैर-जरूरी प्रसंगों की उपस्थिति, कतिपय प्रसंगों का अनावश्यक विस्तार, जैसी कुछ बातों की ओर जब तब संकेत भी किया गया है। किन्तु प्रायः ग्राम-कथा प्रभाव के साथ और सघनता से प्रेमचन्द के मूलवर्ती संवेदनात्मक उद्देश्य को पाठक के सामने रख सकी है। जिस नाते उसका विधान किया गया वह उस विधान में खरी उतरी है। उसमें न केवल हमारे समय का एक त्रासद यथार्थ पूरी सजीवता से मूर्त हुआ है, उसके बीच से ऐसे कुछ 'टाइप' उभर सके हैं जो हिन्दी कथा-साहित्य को प्रेमचन्द की महत् देन के रूप में सदा ही याद किये जायेंगे।

●

चरित्र-सृष्टि और चरित्रांकन

प्रेमचन्द ने अपने एक निबन्ध में उपन्यास को 'मानव-चरित्र का चित्र कहते हुए उपन्यास में चरित्रांकन के पहलू पर बल दिया है। उनके अपने उपन्यास उनके इस कथन का साक्ष्य है। कोरी किस्सागोई से अलग हटते हुए अपने समय से मुठभेड़ के क्रम में उसकी चुनौतियों के बरक्स जिस तरह अपने उपन्यासों में, उनके पश्चिमी रूपबन्ध के बावजूद उन्होंने नितान्त भारतीय अन्तर्वस्तु को नियोजित किया, उपन्यास को अपने समय के स्पन्दनों से जोड़ा, वैसा ही कुछ उनके द्वारा रचित चरित्रों और चरित्रांकन में देख पड़ता है। मानव-चरित्रों का एक बड़ा संसार मनुष्य के अनेक रूप अपने अन्तरंग और बहिरंग की खरी पहचान के साथ उनके उपन्यासों में मूर्त्त हुए हैं। वड़ी व्यापक और बड़ी वैविध्यपूर्ण है यह चरित्र-सृष्टि; उनके रचे चरित्रों से साक्षात्कार और उनका सहयात्री बनकर उनके साथ यात्रा करना अपने में एक अनूठा अनुभव है जिससे हर वह पाठक गुजरा है जो प्रेमचन्द की रचनाशीलता से मुखातिब हुआ है। ध्यान देने की बात है कि प्रेमचन्द द्वारा रचे गये थे चरित्र किताबी चरित्र नहीं हैं। इन्हें प्रेमचन्द ने अपने जीवन-क्रम में अपने समय और समाज से मुठभेड़ करते हुए, खुली आँखों से उन्हें देखते-परखते हुए उसी दुनिया से हासिल किया है, जो हमारी अपनी दुनिया है, जिसके अन्तर्गत मनुष्य के क्रिया-कलाप घटित होते हैं, राग-द्वेषमय जीवन बीतता है, सम्बन्ध बनते-बिगड़ते हैं, उसकी जय-पराजय के आख्यान निर्मित होते हैं। जीती-जागती, स्पन्दित इसी दुनिया के लोग प्रेमचन्द के उपन्यास-

कहानियों के पात्र के रूप में आये हैं, इसी नाते बड़ी सहजता से हम उन्हें पहचान लेते हैं, उनसे अपने राग-विरागमय सम्बन्ध बना लेते हैं।

जहाँ तक 'गोदान' का सवाल है, 'गोदान' तक आते-आते प्रेमचन्द अपनी रचनाशीलता का एक लम्बा दौर तय कर चुके थे और एक प्रकार से उसकी आखिरी मंजिल तक आ पहुँचे थे। अनुभव और विचार के द्वन्द्व में सम्पन्न की गयी इस यात्रा के दौरान प्रेमचन्द की सोच और उनके जीवन तथा समाज-बोध में काफी-कुछ इजाफा हुआ था, कई तरह के बदलाव भी आये थे। इस यात्रा ने जहाँ उनके मन में अनेक नये सवालों को जन्म दिया था वहीं कुछ पुरानी गुत्थियों को हल भी किया था। आदर्श और यथार्थ को लेकर, सुधार और परिवर्तनों को लेकर, आदमी के स्वरूप और चरित्र की पहचान को लेकर अब वे उतने द्वन्द्वग्रस्त नहीं थे, जैसा कि अपने पूर्ववर्ती उपन्यासों तथा कहानियों में वे दिखायी पड़ते हैं। राजनीति, समाज, धर्म और संस्कृति के शलाका पुरुषों के प्रति भी अब उनमें पहले-जैसी आसक्ति नहीं रह गयी थी कि उनके 'माडल' अपनी कहानियों या उपन्यासों में खड़े करें। समाज, दुनिया और उसमें कर्मरत लोगों के क्रिया-कलाप अब वे नंगी आँखों से देख रहे थे। बहुत पीछे छोड़ आये थे वे 'पंच परमेश्वर', 'सेवा-सदन' और 'प्रेमाश्रम' जैसी रचनाओं की दुनिया में जब वे यह भोला भ्रम पाले हुए थे कि हर आदमी के भीतर एक देवता का निवास होता है जो जाग सकता है, या जिसे जगाया जा सकता है। वे समझ चुके थे कि थूनियाँ लगाने से या ऊपरी रंग-रोगन से यह समाज अब न तो खड़ा हो सकता है, और न ही संवारा जा सकता है। जरूरत नयी, बुनियाद पर नया कुछ रचने और खड़ा करने की है। अब वे 'सद्गति', 'पूस की रात', 'कफन' और 'गोदान' की दुनिया तक आ पहुँचे थे। यही कारण है कि 'गोदान' में वे, उसके ग्राम केन्द्रित होते हुए भी वह सब नहीं ला सके, जो 'प्रेमाश्रम' की रचना के समय उनके जेहन में था। 'गोदान' के कथापट में इसीलिए पूरा-समूचा गाँव, या किसान या उसके जीवन से जुड़े सारे पहलू नहीं हैं। अपेक्षाकृत वह सीमित कथापट है, और जैसा हम बता चुके हैं, उनका प्रतिपाद्य भी यहाँ सीमित है, सीमित, किन्तु अपनी सीमा में किसान के जीवन की पूरी त्रासदी को समाविष्ट करने वाला। इसीलिए 'गोदान' अपने प्रभाव में अत्यन्त सघन है, और परिणाम में अत्यन्त बेधक।

'गोदान' में पात्रों का संसार भी इसी नाते बहुत व्यापक, बहुत बहुरंगी और वैसा भूरा-पूरा नहीं है, जैसा कि वह उनके कुछ अन्य उपन्यासों में है। फिर भी, वह जितना और जैसा है, उनके अपने संवेदनात्मक उद्देश्य की

संगति में है। इसलिए अधिक जीवन्त, अधिक प्रभावशाली और अधिक प्रामाणिक और विश्वसनीय है। ग्रहण और त्याग के जिस विवेक की बात प्रेमचन्द की रचना-दृष्टि को व्याख्यायित करते हुए हमने की है, वह विवेक जितना 'गोदान' की अन्तर्वस्तु के निर्धारण में सक्रिय है, उतना ही उसके चरित्र-निर्माण और चरित्रांकनवाले पहलू में। इन पात्रों को सार्थकता प्रदान करने के लिए काफी-कुछ लेना-छोड़ना पड़ा है, प्रेमचन्द को उनकी जीवन-गति ओर क्रिया-कलापों के बीच से, ताकि 'गोदान' की संरचना में वे अपनी उपस्थिति को चरितार्थ कर सकें।

'गोदान' में प्रेमचन्द की कला यथार्थवाद के उत्कर्ष पर पहुँची हुई है, इस बात की चर्चा हम आगे, स्वतन्त्र रूप से करेंगे। पात्रों के चयन और उनके चरित्रांकन में इस यथार्थवादी कला की अपनी कुछ जरूरतें होती हैं, जिनके प्रति महज 'गोदान' में ही नहीं यथार्थ की बुनियाद पर अवस्थित अपनी पूरी रचनाशीलता में प्रेमचन्द सजग रहे हैं। मसलन, यह तथ्य प्रायः सर्वमान्य है कि प्रेमचन्द के पात्र 'टाइप' पात्र हैं, वर्ग प्रतिनिधि पात्र। वे व्यक्ति-पात्र (INDIVIDUAL) नहीं हैं, अपनी समूची वैयक्तिक विशेषताओं के बावजूद। वे व्यक्ति-पात्रों की तरह अपनी वैयक्तिकता में ही सीमित नहीं हैं, उनके माध्यम से हम उनके पूरे वर्ग को जान और समझ सकते हैं। पात्रों का 'व्यक्ति' (INDIVIDUAL) और 'टाइप' प्रतिनिधि (TYPE) में यह विभाजन भ्रम तब पैदा करता है जब हम 'व्यक्ति' और 'प्रतिानिधि' को उनकी द्वन्द्वात्मकता में न देखकर यान्त्रिक तरीके से देखते और विश्लेषित करते हैं। यथार्थवादी कला 'प्रतिनिधि' या 'टाइप' को केन्द्र में रखती हुई भी पात्र की वैयक्तिकता को नकारती नहीं, 'प्रतिनिधि' और व्यक्ति के संश्लेष में चरित्रांकन की सार्थकता देखती है।

राल्फ फाक्स के अनुसार 'मनुष्य जो प्रतिनिधि (TYPE) होने के नाते अपना सामाजिक इतिहास रखता है, व्यक्ति होने के नाते अपना व्यक्तिगत इतिहास। ये दोनों भी, भले ही उनमें प्रत्यक्षतः एक द्वन्द्व दिखायी पड़े अन्ततः एक इकाई ही है। लुकाच भी इसी प्रकार 'प्रतिनिधि' और व्यक्ति की एकता की हिमायत करते हुए कहते हैं कि मनुष्य के निजी जीवन और उसके सामाजिक जीवन को अलगाया नहीं जा सकता। प्रतिनिधि में व्यक्ति के Fusion या संश्लेष को लुकाच भी अनुमोदित करते हैं।

यह सैद्धान्तिक चर्चा जरूरी थी इस बात को स्पष्ट करने के लिए कि प्रेमचन्द के पात्रों के 'टाइप' या प्रतिनिधि होने का आशय यह नहीं है कि उनके पात्रों की अपनी कोई वैयक्तिकता नहीं है। उनके पात्र अपनी विशिष्ट

वैयक्तिक हैसियत के बावजूद अपना अतिक्रमण करते हुए अपने पूरे वर्ग की पहचान बनते हैं। वे ऐसे नहीं हैं कि समाज में उन्हें चिराग लेकर ढूँढ़ने की जरूरत पड़े। दैनन्दिन जीवन के क्रम में वे हमारी आँखों के सामने आने वाले, हमारे अनुभवों के दायरे के भीतर के पात्र हैं। वे गढ़े हुए, सांचे में ढाले गये कृत्रिम पात्र नहीं हैं जो अपने स्रष्टा की जबान बोलते हैं। प्रेमचन्द के पात्रों का व्यवहार, बोली-बानी आचरण और सोच वही है, जिससे सामाजिक जीवन में अपनी सक्रियता और भागीदारी के बीच हम जानते-समझते हैं।

आइए 'गोदान' में पात्रों की जो दुनिया है, मनुष्य के जो रूप प्रतिबिम्बित हैं, इस दुनिया और उन रूपों को रचने-सिरजने और हमारे सामने रखने में प्रेमचन्द के जो इरादे हैं, उनका जो फन है, उससे हम नये सिरे से परिचित हों। 'गोदान' में प्रेमचन्द की रचि-सिरजी समानान्तर दुनिया में प्रवेश करें।

'गोदान' के पात्रों के बारे में लिखते हुए आचार्य नन्ददुलारे बाजपेयी ने कहा है कि 'गोदान' के ग्रामीण और शहरी पात्र एक बड़े मकान के दो खण्डों में अलग-अलग रहनेवाले ऐसे दो परिवारों की तरह हैं, जो कभी-कभी एक दूसरे से मिल लेते हैं, किन्तु जिनका एक-दूसरे से विशेष परिचय नहीं है। आचार्य बाजपेयी के इस कथन पर कुछ समीक्षकों की भिन्न प्रतिक्रियाएँ हैं, यद्यपि वह बहुत असंगत नहीं है। आचार्य बाजपेयी यदि उन ऐतिहासिक सन्दर्भों को देखते जिनके चलते प्रेमचन्द के समय तक शहरों का पढ़ा-लिखा सम्पन्न वर्ग गाँव और गाँवों के लोगों की समस्याओं से बँटा हुआ था, तो उन्हें 'गोदान' में गाँव और शहर के लोगों के बीच जो यह फर्क है, वह अस्वाभाविक न लगता। प्रेमचन्द वस्तुतः 'गोदान' में गाँव और नगर को साथ-साथ रखकर और उनमें विद्यमान इस फाँक को उभारकर यही तथ्य उजागर करना चाहते हैं। अपने तमाम सामाजिक-सुधारवादी कार्यक्रमों के बावजूद भारत की स्वतन्त्रता का आन्दोलन उस समय तक प्रायः एकायामी ही था, अर्थात् मात्र राजनीतिक स्वतन्त्रता की प्राप्ति, भारतीयों को राज की सत्ता सौंपने के लक्ष्य पर ही केन्द्रित था सामन्तवाद और पूंजीवाद के खिलाफ जबानी जमाखर्च ज्यादा था, व्यावहारिक सक्रियता लगभग नहीं थी। प्रेमचन्द ने बराबर अपने लेखों, सम्पादकीय वक्तव्यों आदि में स्वतन्त्रता आन्दोलन की इस खामी की आलोचना की थी और कहा था कि साम्राज्यवाद-विरोध के साथ सामन्तवाद और पूँजीवाद-विरोध को लिए बिना, आनेवाली या प्राप्त की जानेवाली राजनीतिक स्वतन्त्रता का कोई अर्थ नहीं है। कांग्रेस जो स्वतन्त्रता

आन्दोलन का नेतृत्व कर रही थी, उसके कार्यक्रमों में लगानबन्दी, किसानों के कर्ज तथा दूसरी समस्याएँ कभी व्यावहारिक सक्रियता के दायरे में नहीं आयीं। शहर के पढ़े-लिखे लोग हों, शहर का सम्पन्न वर्ग हो, गाँव और गाँवों की समस्याओं के प्रति उनका रुख या तो बौद्धिक सहानुभूति या फिर उदासीनता का था। मौके को भाँपकर गाँव के जमींदारों-ताल्लुकदारों तथा शहर के धनाढ्य वर्गों का एक बड़ा तबका अपने वर्ग-स्वार्थों की रक्षा के लिए स्वतः स्वतन्त्रता आन्दोलन में घुस आया था। उसके अपने प्रभाव के चलते भी स्वतन्त्रता आन्दोलन की धार किसान मजदूरों के हित में सामन्ती-पूंजीवादी शक्तियों के खिलाफ नहीं मुड़ पायी। यही मुख्य कारण है 'गोदान' में शहर और गाँव के पात्रों के बीच दिखायी पड़नेवाली इस फाँक का। बिना इस ऐतिहासिक सन्दर्भ को समझे 'गोदान' में गाँव और नगर के बीच के इस अन्तराल को नहीं समझा जा सकता।

बहरहाल, अब 'गोदान' के पात्रों और उनके चरित्रांकन की ओर हम मुड़े। जाहिर है कि कथावस्तु की एकाग्रता के नाते 'गोदान' में गाँव के हों या नगर के, पात्रों की कोई बड़ी भीड़ नहीं है। रायसाहब अमरपाल सिंह को छोड़ दें जो 'गोदान' में गाँव तथा नगर के पात्रों के बीच सम्बन्ध सेतु की तरह हैं तो गोदान के ग्रामीण पुरुष-पात्रों में सबसे मुख्य चरित्र होरी का ही है। होरी के अलावा उसका पुत्र गोबर, होरी को कर्ज देनेवाली महाजन मण्डली के पं. दातादीन, झिंगुरी सिंह, मंगरू, पटवारी लाला पटेश्वरी, होरी के घर गाय का खूंटा गड़वाने में अग्रिम भूमिका निभानेवाला भोला अहीर, शोभा और हीरा अलगौझा कर होरी के घर परिवार से अलग रहनेवाले उसके दो भाई, कारकुन नोखेराम और सिलिया से प्रेम-प्रसंग रचाकर 'गोदान' की कथा में एक नया मोड़ लानेवाला पं. दातादीन का बेटा मातादीन, अन्य पात्र हैं, जो संक्षिप्त या गौण रूप से 'गोदान' की ग्राम-कथा में अपनी भूमिकाएँ निभाते हैं। गाँव के स्त्री-पात्रों में सबसे मुख्य धनिया है। झुनिया तथा सिलिया के अलावा सोना और रूपा, नोहरी और दुलारी सहुआइन 'गोदान' के अन्य ग्रामीण नारी-पात्र हैं।

नगर-जीवन से जुड़े पात्रों में मुख्य रायसाहब की मित्र-मण्डली के लोग हैं, जिनके विविध विषयों पर अपने अलग-अलग विचार हैं। रायसाहब से निकटता उनके बीच विद्यमान समान तत्व हैं। इस मण्डली में मिल-मालिक श्री खन्ना, दर्शनशास्त्र के प्रोफेसर मि. मेहता, 'बिजली' सम्पादक पं. ओंकारनाथ, बैंकर और दलाल श्यामबिहारी तंखा तथा मस्तमौला मिर्जा खुर्शेद हैं। नगर के सभी पात्रों में मुख्य, रायसाहब की मित्र मण्डली में शामिल

विलायत में शिक्षित लेडी डाक्टर मिस मालती एवं मिल मालिक खन्ना की पत्नी गोविन्दी हैं।

गाँव और नगर दोनों में कथा के तहत अपनी संक्षिप्त भूमिकाओं के साथ कुछ स्त्री-पुरुष पात्र और उभरते हैं और अपनी संक्षिप्त भूमिकाओं के बावजूद प्रभावित करते हैं—मसलन, शिकार के अवसर पर मेहता से टकराती आदिवासी युवती, नगर में गोबर और झुनिया को अपने स्नेह की छाया में लेनेवाली चुहिया, मालती की बहन सरोज, रायसाहब की पुत्री मीनाक्षी और पुत्र रुद्रपाल सिंह, रायसाहब के प्रतिद्वन्द्वी राजासाहब एवं होरी के भाई हीरा की पत्नी पुनिया आदि। 'गोदान'-जैसी महत् सन्देशवाली रचना को देखते हुए ग्रामीण और नागर-पात्रों की यह संख्या बहुत बड़ी नहीं है।

चरित्रांकन—अब संक्षेप में इन पात्रों के चरित्रांकन पर दृष्टि डाली जाय और देखा जाय कि मानव-चरित्रों के पारखी ने अपने इन पात्रों के चरित्र की रेखाओं और रूपरंग को चुनने और उभारने में अपने निरीक्षण और अपने फन का कैसा क्या उपयोग किया है।

रायसाहब अमरपाल सिंह—रायसाहब का चरित्र, होरी के समकक्ष ही उपन्यास का सबसे महत्त्वपूर्ण चरित्र है और होरी के चरित्र की ही तरह प्रेमचन्द ने उसे बड़ी खूबी से अपने निरीक्षण तथा अपने अनुभवों की धार पर चढ़ाते हुए निखारा और चमकाया है। रायसाहब जिस वर्ग के, जिस ढंग और ढब के आदमी हैं, आजादी की लड़ाई के अपने समय के पूरे दौर में अपने निरीक्षण और अपने अनुभवों के क्रम में प्रेमचन्द उसकी असलियत को अच्छी तरह भाँप चुके थे। उपन्यास के एकदम प्रारम्भ में रायसाहब का कथा में प्रवेश कराते ही उनका जो परिचय प्रेमचन्द ने दिया है, वह उनके चरित्र की एक रेखा को उभार देता है। उसके उपरान्त रायसाहब के क्रियाकलाप, उनके लम्बे-चौड़े आत्मकथ्य, अन्य पात्रों की उनके बारे में की गयी टिप्पणियाँ प्रेमचन्द के इनके इस प्रारम्भिक परिचय पर भाष्य भर हैं।

"पिछले सत्याग्रह-संग्राम में रायसाहब ने बड़ा यश कमाया था। कौंसिल की मेम्बरी छोड़कर जेल चले गये थे। तब से उनके इलाके के असामियों को उनसे बड़ी श्रद्धा हो गयी थी। यह नहीं कि उनके इलाके में असामियों के साथ कोई खास रियायत की जाती हो या डांड़ या बेगार की कड़ाई कुछ कम हो। मगर यह सारी बदनामी मुख्तारों के सिर जाती थी। रायसाहब की कीर्ति पर कोई कलंक न लग सकता था। वह बेचारे भी तो उसी व्यवस्था के गुलाम थे। जाब्ते का काम तो जैसा होता चला आया है, वैसा ही होगा। रायसाहब की सज्जनता उस पर कोई असर न डाल सकती थी, इसलिए आमदनी और

अधिकार में जौ भर की भी कमी न होने पर भी उनका यश मानों बढ़ गया था। असामियों से वे हंसकर बोल लेते थे। यही क्या कम है ? सिंह का काम तो शिकार करना है। अगर वह गरजने और गुर्राने के बदले मीठी बोली बोल सकता तो उसे घर बैठे मनमाना शिकार मिल जाता, शिकार की खोज में जंगल में न भटकना पड़ता।

रायसाहब राष्ट्रवादी होने पर भी हुक्काम से मेल-जोल बनाये रखते थे। उनकी नजरें और डालियाँ और दस्तूरियाँ जैसी-की-तैसी चली आती थीं। साहित्य और संगीत के प्रेमी थे, ड्रामा के शौकीन, अच्छे वक्ता थे, अच्छे लेखक, अच्छे निशानेबाज।''

अपने उपन्यासों और कहानियों में प्रेमचन्द ने बहुतेरे शोषक वर्ग के चरित्र प्रस्तुत किये हैं। रायसाहब उन सबमें सिरमौर हैं। पूरे घाघ हैं। वे मीठी बोली बोलकर अपने असामियों का गला रेतते हैं, फिर भी उनके भले, उनके शुभचिन्तक बने रहते हैं। धूर्तता में वे माहिर हैं। होरी की समूची त्रासदी के पीछे उन्हीं का दुश्चक्र सबसे प्रधान है, यद्यपि होरी अन्त तक उन्हें अपना शुभचिंतक समझता है। रायसाहब अपने विचारों में जितने प्रगतिशील, आत्मालोचन में जितने सत्यनिष्ठ, वाणी में जितने मृदु, कर्म और व्यवहार में उतने ही दकियानूस, झूठे और ढोंगी हैं। वे छद्म के साक्षात् प्रतीक हैं। मेहता उनके इस छद्म को समझते हैं, उसी तरह जैसे गोबर और धनिया। मेहता के वे मित्र हैं, मेहता मित्र होते हुए भी उनके सबसे बड़े आलोचक हैं। वे कहते हैं—'' मैं तो केवल इतना जानता हूँ कि हम या तो साम्यवादी हैं या नहीं हैं। हैं तो उसका व्यवहार करें, नहीं हैं तो बकना छोड़ दें। मैं नकली जिन्दगी का विरोधी हूँ।'' और भी अनेक अवसरों पर वे रायसाहब के ढोंग का पर्दाफाश उन्हीं के सामने करते हैं, किन्तु मित्रों के प्रति अपने व्यवहार में मृदु वे सारे अपमान को पी जाते हैं।

गोबर और धनिया रायसाहब के असली रूप से परिचित हैं, होरी भी उन्हें समझाता है, किन्तु रायसाहब से अपनी निकटता का सम्मोहन उसे इतना बांधे हैं कि उनका बचाव न कर पाने के बावजूद वह बेटे और पत्नी को झिड़क देता है। गोबर के कहने पर कि यदि वे बहुत परेशान हैं ''तो फिर अपना इलाका हमें क्यों नहीं दे देते। हम अपने खेत, बैल, हल, कुदाल सब उन्हें देने को तैयार हैं। करेंगे बदला ? यह सब धूर्तता है। निरी मोटमरदी है''। ''अब तुमसे बहस कौन करे, भाई'', कहकर होरी बात तो टाल जाता है। ''तुम्हारी जबान में जितनी बुद्धि है, उसकी आधी भी तुम्हारे विचारों में आ

जाती,'' मेहता का रायसाहब के बारे में यह कथन रायसाहब के दुमुँहेपन की पोल खोल देता है।

होरी और रायसाहब के चरित्र 'गोदान' में समानान्तर हैं। होरी भी अपनी 'मरजाद' बचाने के संघर्ष में जुटा है और रायसाहब भी अपनी ढहती प्रतिष्ठा की रक्षा के लिए संलग्न हैं। वे जान रहे हैं कि उनका किला ढह रहा है और उसे बचाने के हेतु अपनी साख और नष्ट होते गौरव की रक्षा के लिए, इतिहास के विरुद्ध शहर में बैंकरों की शरण में जाते हैं, अवांछित उगाही करते हैं, कोठियाँ और जायदाद गिरवी रखते हैं, मित्रों की बेवफाई और अपमान के घूंट पीते हैं। पुत्र, होरी का भी बाप को छोड़कर शहर भागता है, पुत्र, रायसाहब का भी अपने बाप के स्वेच्छाचार और खोखले अहं का विरोध करता है, किन्तु गोबर और होरी के सम्बन्ध पुनः जुड़ते हैं, हीरा भी होरी से क्षमा माँग जैसे उसे नया जीवन दे देता है, किन्तु रायसाहब अपने पुत्र को फिर नहीं पाते। होरी मरते हुए भी अपनी विजय के आह्लाद से भर उठता है, रायसाहब जीते हुए भी मर जाते हैं। होरी बरबाद होकर भी अपनी पत्नी, बेटे, बहू, बेटियों और भाइयों को पाकर अपने को धनवान् और भाग्यशाली मानता है, सब अन्त तक उसके अपने बने रहते हैं, उसके अपने हो जाते हैं, रायसाहब सबसे कटकर अन्ततः अकेले हो जाते हैं। मित्र, बेटा, बेटी सबसे वंचित। उनकी त्रासदी उनके अपने कर्मों और उनके अपने छद्म तथा अहंकार का प्रतिफल है, होरी की त्रासदी ऐतिहासिक परिस्थितियों की उपज है, जो उस पर थोपी जाती है। होरी हारकर भी जीतता है और रायसाहब भग्न मन, अन्तर्मुखी होते जाते हैं, भक्ति में पनाह लेते हैं, परिवार जनों से अपमानित होते हैं, अपने दुहरेपन को जीने के लिए विवश होते हैं। ऊँचे विचार, किन्तु अपनी 'मर्यादा' को बरकरार रखने के लिए परपीड़ा, मक्कारी निर्लज्जता, अत्याचार को शान मानना, अपनी ताल्लुकेदारी की शोभा समझना, प्रेमचन्द के शब्दों में "यही उनकी सबसे बड़ी हार थी।"

रायसाहब के रूप में प्रेमचन्द ने ढहते हुए सामन्तवाद का एक प्रतिनिधि चरित्र हमें दिया है, गहराई में जाकर उसके अन्तर्विरोधों और दुरंगेपन को रेखांकित किया है। रायसाहब के चरित्रांकन में उन्होंने बड़ी वस्तुनिष्ठता से उनके और उनके वर्ग के यथार्थ को उभारा है। अस्तिव रक्षा के लिए किया गया विराट संघर्ष जहाँ होरी की त्रासदी को महान् बनाता है। होरी को नायक की गरिमा देता है, वहाँ रायसाहब की त्रासदी और उनका अन्त उन्हें पाठक के धिक्कार और दया का पात्र भर बना पाता है। प्रेमचन्द-रचित अविस्मरणीय चरित्रों में है, रायसाहब का चरित्र।

होरी—'गोदान' की त्रासदी का नायक होरी है जिसे भारतीय किसान के 'प्रतिनिधि' चरित्र के रूप में प्रेमचन्द ने 'गोदान' में अपनी पूरी रचनात्मक क्षमता एवं समूचे संवेदनात्मक एकात्म के साथ प्रस्तुत किया है। यह संवेदनात्मक एकात्म एक तरफ, होरी के चरित्रांकन में भी वे अपनी वस्तुनिष्ठता कायम रख सके हैं।

होरी भारतीय किसान का 'टाइप' इसी नाते बन सका है कि उसके चरित्र में भारतीय किसान के सकारात्मक और नकारात्मक दोनों पहलू समान रूप से प्रतिबिम्बित होते हैं। अपनी जमीन से किसान की बे-इन्तिहा सम्पृक्ति निर्विवाद है। उसे बरकरार रखने के लिए वह अपने प्राणों का उत्सर्ग तक करने के लिए तैयार रहता है। जायदाद या जैजात का यह मोह उसे जमीन के टुकड़े से बांधे रहता है। उसे बचाने के लिए वह समझौते करता है, जमींदार, महाजन तथा दूसरे बड़े लोगों की खुशामद-चापलूसी करता है, शगुन देता है, बेगार करता है, कर्ज लेता है, दण्ड भरता है, हर सम्भव तरीका अपनाता है ताकि उसकी यह सम्पत्ति, उसकी जायदाद उसके पास बनी और बची रहे। इसी जायदाद पर उसकी 'मरजाद' निर्भर होती है, उसी के बूते पर, उसी की कीमत पर उसका परिवार पलता है, बेटे-बेटियों के एवं उसके जन्म से मृत्यु तक के संस्कार होते हैं, उसी के नाते एक किसान के रूप में उसकी हैसियत बनती है। उसके लिए वह झूठ बोल सकता है। झूठी कसम खा सकता है, रिश्वत-घूस-नजराना सब-कुछ दे सकता है। वही उसके जीवन का आधार है, पूरे वर्ष खून-पसीना बहाते हुए, श्रम करते हुए, कष्ट सहते हुए, समस्त विघ्न-बाधाओं से लड़ते हुए वह उसी में अपने को होम किये रहता है। संस्कारबद्धता और रूढ़िबद्धता, धर्म-कर्म, गो-ब्राह्मण भक्ति, चले आ रहे सामाजिक-धार्मिक रीति-रिवाजों पर आस्था, भरे-पूरे संयुक्त परिवार का मोह, उसकी अन्य विशेषताएँ हैं। अपनी तथा पूरे परिवार की मान-प्रतिष्ठा के लिए वह बेतरह सजग होता है। छल-छद्म, चापलूसी-खुशामद, झूठ-फरेब का आसरा अपनी जायदाद-मरजाद बचाने के लिए वह भले ही निःशंक होकर ले, धर्म-भीरू और आधारतः नैतिक होने के नाते ईमानदारी, सच्चाई, दया, करुणा, क्षमा, दूसरे के सुख-दुःख में भागीदारी उसके चरित्र की बुनियादी विशेषताएँ हैं। सामन्ती व्यवस्था के इन मानव-मूल्यों से जो आदमी की आदमीयत की पहचान है, उसकी सम्पृक्ति उसके चरित्र का अनिवार्य हिस्सा है। बुनियादी तौर पर वह निश्छल होता है, निहायत नैतिक, एकदम पारदर्शी। किसान के चरित्र का यह अन्तर्विरोध और उसकी बुनियाद की यह मजबूती, 'गोदान' में होरी के चरित्र में अपनी सारी प्रातिनिधिकता (TYPICALITY) को

लिए हुए साकार हुई है।

होरी अपने को रायसाहब का खास असामी समझता है। उनकी खुशामद और चापलूसी में उसे रस मिलता है। उसका मानना है कि उनकी कृपादृष्टि के चलते ही वह अब तक बचा हुआ है नहीं गाँव में कौन है, जिस पर कुर्की-बेदखली नहीं आयी। रायसाहब उसे धनुषयज्ञ में माली की भूमिका देते हैं, उसे अपना मानकर अपना दुःख-दर्द उससे कहते हैं वह इसी नशे में रहता है। रायसाहब की असलियत अनेक मौकों पर उसके मन को आशंकित करती है, किन्तु वह उनसे चिपके रहने में ही अपना तथा परिवार का कल्याण देखता है। इस नाते दूसरे किसानों पर उसका रोब भी रहता है। गोबर और धनिया उसके इस स्वभाव से कतई सहमत नहीं हैं, किन्तु वह उन्हें झिड़क देता है। अपना काम निकालने के लिए वह महाजनों की भी चापलूसी-खुशामद करता है, उनके अन्याय और अनीति को जानते हुए भी चुप रहता है, समझौते करता है, झुक जाता है। विद्रोह उसके स्वभाव में ही नहीं है। समाज भीरु भी वह है। पंचायत के हर निर्णय को वह स्वीकार करता है। कर्ज लेकर जमीन और घर गिरवी रखकर भी दण्ड का पालन करता है, बिरादरी को भात-भोज देता है। उसकी आँखों के सामने उसके खलिहान की सारी फसल महाजन लूट लेते हैं, किन्तु विरोध करना तो दूर वह विनीत बना रहता है। अपनी मरजाद बचाने के लिए झूठी कसम खाता है, दरोगा को रिश्वत देने के लिए कर्ज लेता है धनिया को सरेआम पीटता और बेइज्जत करता है, अपने स्वार्थ के लिए छोटी-मोटी अनीति करने में भी नहीं हिचकता। भाइयों के साझों के बाँस दमड़ी बंसोर को बेचते हुए भाइयों से छिपाकर पांच-छः रुपये के लिए दमड़ी से बेईमानी का सौदा और साझीदारी करता है। अभाव, दरिद्रता और कर्ज के बोझ के कारण वह भीतर से इतना टूट चुका होता है कि ये दुर्बलताएँ सहज ही उसके स्वभाव और चरित्र का अंग बन जाती हैं।

किन्तु 'गोदान' के होरी के चरित्र का एक दूसरा पहलू भी है, जिसके नाते उपन्यास में उसे नायकत्व की गरिमा मिलती है और एक अजेय भारतीय किसान के रूप में, एक निहायत मानवीय चरित्र के रूप में उसकी पहचान उभरती और गाढ़ी होती है जो उसकी बुनियादी पहचान है। यह सही है कि होरी अन्याय के खिलाफ नहीं लड़ पाता, महज अपने अस्तित्व के लिए, जिन्दा रहने और अपने सारे परिवार को जिन्दा रखने के लिए जिन्दगी भर लड़ता और अन्ततः हार जाता है, किन्तु यह हार उसे भीतर से तोड़ नहीं पाती। होरी के अन्तिम क्षणों में प्रेमचन्द ने उसकी मन-स्थिति का जो चित्र

दिया है, वह उसके अपराजेय मन का साक्ष्य है। गोबर और झुनिया फिर उसके साथ आ गये हैं। उसकी दोनों बेटियाँ अपने घर में सुखी हैं। क्षोभ हीरा के, गाय को विष देकर घर से भाग जाने का था। अन्तिम क्षणों में हीरा आकर अपने अपराध के लिए उससे क्षमा माँगता है। होरी को जैसे सब कुछ मिल जाता है। प्रेमचन्द लिखते हैं—

"होरी प्रसन्न था। जीवन के सारे संकट, सारी निराशाएँ मानों उसके चरणों पर लोट रही थीं। कौन कहता है, जीवन-संग्राम में वह हारा है। यह उल्लास, यह गर्व, यह पुलक, क्या हार के लक्षण हैं? इन्हीं हारों में उसकी विजय है। उसके टूटे-फूटे अस्त्र उसकी विजय-पताकाएँ हैं उसकी छाती फूल उठी है, मुख पर तेज आ गया है। हीरा की कृतज्ञता में उसके जीवन की सारी सफलता मूर्तिमान हो गयी है। उसके बखार में सौ-दो-सौ मन अनाज भरा होता, उसकी हाँड़ी में हजार-पांच सौ गड़े होते पर उससे यह स्वर्ग का सुख क्या मिल सकता था।" पैसे के अभाव में, एक गाय तक न रख पानेवाले भीतर तक महाजनों के कर्ज से क्षत-विक्षत, खेत, घर और किसान की अस्मिता से वंचित दरिद्र होरी की यह सोच, अपनी आन्तरिक समृद्धि का उसका यह भाव, उसे मनुष्यता की वह ऊँचाई देता है, पैसेवाले, वे रायसाहब हों या होरी के महाजन, जिसे नहीं पा पाते।

उपन्यास में होरी की इस मनुष्यता के प्रभूत सन्दर्भ उसके आचरण और व्यवहार के भीतर से, स्थितियों के भीतर से उभरे और चमके हैं। अपने घर से भागी गर्भवती झुनिया उसी के घर में आश्रय और उसकी बहू की हैसियत पाती है, जिसके दण्डस्वरूप अपना घर गिरवी रखने के बावजूद होरी किंचित् मात्र भी झुनिया का दोष नहीं मानता। सिलिया को आश्रय भी वही देता है। हीरा-प्रसंग पर भाई और मरजाद के मोहवश झूठी-कसम खाकर, धनिया को सरेआम पीटकर और बेइज्जत कर वह अपनी स्वभावगत कमजोरी जरूर प्रकट करता है, किन्तु सच्चे हृदय से धनिया से माफी माँगता है, पश्चात्ताप करता है। धनिया के साथ उसका अटूट प्रेम है, धनिया के बिना वह मृत है। पिछले पृष्ठों में कथा-विवेचन के तहत हम धनिया और होरी के दाम्पत्य प्रेम की गहराई पर विचारकर चुके हैं। बांसों के बेचे जाने के मामले में वह अपने क्षुद्र स्वार्थ पर अपने को धिक्कारता है। गाय के लोभवश नहीं, दूसरों के कष्ट में साझेदारी निभाने की अपनी स्वाभाविक वृत्ति के तहत अभाव के बावजूद भोला को भूसा देता है। गोबर द्वारा उत्प्रेरित किये जाने के बावजूद और सारी अनीति को समझते हुए भी दातादीन के ऋण को स्वीकार करता है, तय किया हुआ सूद देने को प्रस्तुत होता है, झूठ नहीं बोलता। हीरा गाय को विष

देकर भाग जाता है तो उसके खेतों को जोतता है, उसकी बहू की हर सम्भव तरीके से मदद करता है। अपने व्यवहार में भाइयों के प्रति निश्छल है। अपने पुत्र को प्राणों से भी अधिक चाहता है और उसके द्वारा अपमानित होने पर भी उसे क्षमा ही करता है। उसकी इंसानियत का यह बुनियादी पहलू उसकी स्वाभावगत दुर्बलताओं से कहीं ऊँचा है।

जायदाद, मरजाद, संयुक्त परिवार व्यवस्था को बनाये और बचाये रखने का मोह, अस्तित्व-रक्षा के लिए आजीवन चलनेवाला उसका संघर्ष, कर्ज का भयानक दुश्चक्र ये सब धीरे-धीरे उसे तबाह और बरबादकर सड़क में गिट्टी पीटने की मजूरी करने को बाध्य कर देते हैं। वह अपना आकांक्षित कुछ भी नहीं बचा पाता, कुछ भी प्राप्त नहीं कर पाता। एक गाय रखने की उसकी छोटी-सी इच्छा भी पूरी नहीं हो पाती। वह टूटता और टूटता चला जाता है। उसके सारे भोले विश्वास खण्डित हो जाते हैं। अपने संघर्ष में वह बिल्कुल अकेला रह जाता है। अपनी इस बरबादी को वह फिर भी, अपने भाग्य का दोष मानता है। किसी भी अन्यायी या अत्याचारी की ओर उसकी उंगली नहीं उठती। उसकी सरलता उसे लील जाती है। धन के अभाव में, रुपये लेकर छोटी बेटी रूपा को वह एक अधेड़ के साथ ब्याहता जरूर है, किन्तु उसका यह अपराध जैसे उसे भीतर तक तोड़ देता है। अपने किये की ग्लानि और उससे पाये आघात से वह उबर नहीं पाता। प्रेमचन्द ने उसके आत्ममंथन को इस बिन्दु पर उभारकर उसकी बुनियादी मनुष्यता को जैसे उजागर कर दिया है। होरी जिन स्थितियों में अपनी अन्तिम सांसे लेता है, वे शोषण के उस निर्मम तन्त्र का पूरी तरह पर्दाफाश कर देती हैं जिनकी गिरफ्त में भारतीय किसान सदियों से अपने अस्तित्व की लड़ाई लड़ते हुए हार रहा है। होरी का चरित्रांकन 'गोदान' में प्रेमचन्द की सिद्धि है। होरी को नायकत्व की गरिमा देकर प्रेमचन्द ने उस परम्परा को तोड़ा है जिसके तहत महान और लोक-विश्रुत व्यक्ति ही नायकत्व के अधिकारी माने जाते रहे हैं।

गोबर—गोबर (धन) होरी और धनिया का बेटा है। जिसके स्वभाव और चरित्र में बाप की अपेक्षा माँ अधिक प्रतिबिम्बित है। वह अपने स्वभाव से विद्रोही है। होरी के दब्बूपन, समझौता और खुशामदपरस्ती को लेकर बार-बार वह अपने बाप से टकराता है, अन्ततः चुप हो जाता है। झुनिया के प्रेम-प्रसंग में जहाँ उसके युवामन का उतावलापन, अविवेक और एक हद तक भीरुता उजागर हुई है, वहाँ उसके चरित्र की यह विशेषता भी कि वह लम्पट नहीं है। उसमें होरी का यह गुण जीवित है। झुनिया को अपने घर में आश्रय पा लेने के बारे में आश्वस्त होकर ही वह गाँव छोड़ता है। गाँव से शहर की

ओर उसका प्रयाण गाँवों की जिन्दगी से उसके मोहभंग का सूचक भी है। वह एक नयी दुनिया में, भले ही वह अनजानी हो, अपने को आजमाना चाहता है, जहाँ वह उन बन्धनों और उन बेड़ियों से मुक्त हो सके जो उसके बाप को बांधे हुए उसके जीवन को दुर्वह बनाये हुए हैं। वह अपने को उन बेड़ियों में नहीं बांधना चाहता। अपने जीवट और श्रम के बूते पर नयी दुनिया में अपने मनोनुकूल नयी जिंदगी जीना चाहता है। गोबर का गाँव से शहर की ओर प्रयाण उस आगत का भी संकेत है, समय के पट पर जिसकी लिखावट प्रेमचन्द देख और पढ़ रहे थे। शहर अगर गोबर को पूरी तरह लील नहीं पाता और एकदम बेबुनियाद नहीं कर पाता तो इसका कारण एक तो गाँव तथा घर-परिवार के संस्कारों से उसका पूरी तरह विच्छिन्न न हो पाना है, दूसरे, संयोग ही कहें, अन्ततः उसे मेहता और मालती का आश्रय और प्रश्रय मिलना है। माँ-बाप से बेरुखाई करने के बाद भी अन्ततः वह उनसे जुड़ता है; किन्तु शहर में रहकर, नयी रोशनी में, जिन्दगी के कुछ नये अनुभव पाकर भी उसकी गाँव की पहचान में कुछ इजफा होता, कुछ नये आयाम जुड़ते, ऐसा न होकर शहर में उसकी वह पहचान कुछ मद्धिम ही होती है। किन्तु यह भी स्मरण रहे कि 'गोदान' होरी की जीवन-गाथा है गोबर की नहीं। बहरहाल, गोबर के चरित्र को गाँव और नगर दो आयामों पर एक दूसरे के बरक्स रखकर प्रेमचन्द ने समय के नये पाठ की ओर इशारा जरूर किया है।

अन्य पात्र—ग्रामीण जीवन के अन्य पात्र, जो जहाँ, जिस हैसियत और जिस भूमिका में हैं, अपना-अपना 'टाइप' है, एक मातादीन को छोड़कर जो प्रारम्भिक लम्पटता, संस्कारबद्धता और पुरोहिती के छद्म से उबरकर एक लम्बी छलांग लेती है, सिलिया की बिरादरी में अपने को अन्तर्भूत कर देता है। इस तरह का व्यक्तित्वान्तरण अपवाद होते हुए भी बदल रहे ग्रामीण तथा नगर-जीवन का यथार्थ है। 'गोदान' में उसका चरित्र आशातीत रूप से उठा है जो आरोपण नहीं, स्थितियों से उपजा यथार्थ है। पुरानी और नयी पीढ़ी की मानसिकता का अन्तर इस प्रसंग में भी द्रष्टव्य है। शेष पात्र, जैसा कहा, अपने-अपने टाइप हैं, वे भोला हों, बगुला-भगत दातादीन हों, पटवारी, महाजन या अन्य हो। हीरा का हृदय-परिवर्तन संयुक्त परिवार व्यवस्था के प्रति प्रेमचन्द के अपने मोह से भी सम्बन्ध रखता है और अपने अपराध के प्रति हीरा के मन में उदय होनेवाली प्रायश्चित की सहज इच्छा से भी। उसका पश्चात्ताप तनिक भी कृत्रिम नहीं है।

प्रो. मेहता—नगर की कथा से सम्बन्धित पात्रों में सबसे मुखर और तेजस्वी प्रो. मेहता हैं, अनेक मुद्दों पर, उपन्यास में, प्रेमचन्द के अपने विचारों

के, काफी कुछ दूर तक वाहक। डॉ. रामविलास शर्मा के अनुसार 'गोदान में किसी एक पात्र को प्रेमचन्द का प्रतिनिधि नहीं कहा जा सकता। लेकिन यदि मेहता को होरी से जोड़ा जा सके तो जो व्यक्ति बनेगा, वह बहुत-कुछ प्रेमचन्द से मिलता-जुलता होगा। मेहता को यदि उन्होंने अपने विचार दिये हैं तो होरी के बराबर परिश्रम करते रहने की दृढ़ इच्छा-शक्ति। लेकिन और बातों में होरी प्रेमचन्द से बहुत भिन्न है।'' हमारे समक्ष यहाँ मुद्दा प्रेमचन्द के किसी प्रतिरूप का नहीं है। हम यह कहना चाहते हैं कि मेहता के विविध विषयों पर विचार प्रेमचन्द के अपने विचार लगते हैं। डॉ. शर्मा ने इस बात की पुष्टि की है। मेहता कथनी और करनी में द्वित्व के प्रबल विरोधी हैं। छद्म से उन्हें बेहद चिढ़ है। वे रायसाहब के दुरंगे चरित्र को निर्ममता से उधेड़ते हैं तथा खन्ना के दुरंगेपन को भी लथाड़ते हैं। गोकि धनुषयज्ञ के प्रसंग में होरी उन्हें उनकी औकात भी बता देता है, किन्तु पठान के वेश में वे रायसाहब समेत अपनी शहरी मित्रमण्डली के तथाकथित पौरुष और बड़बोलेपन को उघाड़ कर रख देते हैं जब मिस मालती का अपहरण करने की धमकी पर उनकी रक्षा के हेतु कोई सामने नहीं आता, सब अपने प्राणों की रक्षा में दुबक जाते हैं। मेहता अविवाहित हैं, और अविवाहित के लिए मुक्त भोग को आदर्श मानते हैं। विवाहित व्यक्ति का छिछोरापन उन्हें कतई मंजूर नहीं। वे खन्ना से इसी नाते चिढ़ते हैं कि अपनी पत्नी के प्रति उदासीन वे जिस मालती को अपने जाल में फँसाने की टोह में हैं। खन्ना की पत्नी गोविन्दी पर उनकी श्रद्धा है, जिसे वे आदर्श नारी का प्रतीक मानते हैं—वत्सला माँ और पति के प्रति सम्पूर्णतः समर्पित। मालती को पहले वे मनोरंजन और विलास की नजरों से देखते हैं, तितली समझते हैं, किन्तु उससे घनिष्ठ होने पर उसके रूप से अधिक उसकी बौद्धिक शक्ति से प्रभावित होते हैं। मालती के प्रति उनका व्यवहार बदलता है। वे उसके अधिक निकट आना चाहते हैं, ताकि उसे सम्पूर्णतः जान और समझ सकें। मालती भी उनके व्यक्तित्व के प्रति आकष्ट होती है।

प्रेम, विवाह, स्त्री-पुरुष सम्बन्धों एवं नारी की अपनी अस्मिता तथा अधिकारों के बारे में मेहता के अपने विचार हैं। स्त्री का मूल आदर्श मेहता सेवा में मानते हैं। पश्चिम की नारी और नारी-मुक्ति की पश्चिमी अवधारणाओं के वे विरोधी हैं। राजनीति में नारियों का भाग लेकर कौंसिल की मेम्बरी पाने जैसी बातों को वे नारीत्व के आदर्श के अनुकूल नहीं समझते। मालती नारी सम्बन्धी उनकी धारणा से अपनी असहमति व्यक्त करती है। बावजूद इसके दोनों एक-दूसरे के अधिक निकट आकर एक दूसरे

को भली भाँति समझना चाहते हैं, एक-दूसरे से प्रभावित होते हैं और एक-दूसरे से प्रेरणा पाकर अपने जीवन की दिशा में परिवर्तन लाने की चेष्टा करते हैं। मेहता मालती को खन्ना की असलियत से वाकिफ कर खन्ना के नैकट्य से मालती को अलगकर खन्ना और गोविन्दी के दाम्पत्य को बिखरने से रोकना चाहते हैं। किन्तु बेलारी में मेहता और मालती का वार्तालाप मालती को मेहता के बारे में सिरे से सोचने को प्रेरित करता है। मालती जो मेहता की जीवन-संगिनी बनने का निश्चय कर चुकी थी मेहता के विचारों से आशंकित हो उठती है। बातचीत के क्रम में मालती अपने मन को मेहता के सामने खोलते हुए कहती है—"तुमने मुझे सदैव परीक्षा की आँखों से देखा, प्रेम की आँखों से नहीं।...नारी परीक्षा नहीं चाहती, प्रेम चाहती है।... मैंने तुमसे प्रेम किया, मैं कल्पना भी नहीं कर सकती कि तुममें कोई बुराई भी है, परन्तु तुमने मेरी परीक्षा ली।" मेहता मालती की बातों को काटते हुए अपने इस विचार को सामने रखते हैं कि परीक्षा नारी भी लेती है। वे मालती से पूछते हैं—"मान लो, मैं तुमसे विवाह करके कल तुमसे बेवफाई करूँ, तो तुम मुझे क्या सजा दोगी ?" मालती इस सम्भावना से इंकार करती है। मेहता के बहुत आग्रह करने पर कहती है—"मैं उसका कारण खोजूंगी और उसे दूर करूँगी।" मेहता पूछते हैं कि इस पर भी अगर उनकी आदत नहीं छूटी तो ? मालती का उत्तर था—'फिर मैं नहीं कह सकती, क्या करूँगी। शायद विष खाकर सो रहूँ ? मेहता इस स्थिति पर अपनी प्रतिक्रिया बताते हुए कहते हैं—मैं पहले तुम्हारा प्राणान्त कर दूंगा, फिर अपना।" मालती सिहर उठती है। मेहता अपनी बात को और स्पष्ट करते हुए कहते हैं कि आध्यात्मिक प्रेम, निःस्वार्थ प्रेम, त्यागमय प्रेम-जैसी बातों को वे निरर्थक मानते हैं। उनके अनुसार 'प्रेम सीधी-सादी गऊ नहीं, खूंखार शेर है, जो अपने शिकार पर किसी की आँख भी नहीं पड़ने देता।" मालती ऐसे प्रेम से अपने को दूर रखना चाहती है। प्रेम उसके लिए सन्देह से परे, देह की वस्तु न होकर आत्मा की वस्तु है। वह सम्पूर्ण आत्मसमर्पण है। मेहता से उसका कहना है—"उसके मन्दिर में तुम परीक्षक बनकर नहीं, उपासक बनकर ही बरदान पा सकते हो।" मालती को मेहता के विचारों से आघात लगता है। वह मेहता की बौद्धिकता और तेजस्विता को जानकर उनकी ओर आकृष्ट हुई थी। मेहता में उसे अपना रक्षक दिखायी पड़ा था। वह अपने को निरन्तर मेहता के आदर्शों के अनुरूप बनाते हुए, अपना संस्कार करते हुए उस दिन की प्रतीक्षा कर रही थी जब वे दोनों एकात्म हो जायेंगे। मेहता के इस नये रूप ने उसके विश्वास की जड़ें ही उखाड़ दीं। विवाह-जैसी किसी बात को अपने जीवन से निकालकर वह

आजीवन अविवाहित रहते हुए सेवा का व्रत लेती है। उसके मनोलोक के इस परिवर्तन से अपरिचित मेहता जब उसे अपने हृदय-मन्दिर की देवी बनने को कहते हैं, वह मेहता को अपने निर्णय से अवगत कर देती है। मेहता उसके निर्णय को स्वीकार करते हैं। दोनों अविवाहित रहते हुए, मित्रवत् एक सूत्र में बंधकर सेवा का व्रत ग्रहण करते हैं।

मेहता का चरित्र उतना रचा हुआ चरित्र नहीं है, जितना गढ़ा हुआ। अपने अनेक विचारों को सम्प्रेषित करने के लिए ही प्रेमचन्द ने उसकी उद्भावना की है। उसके अथवा उसके माध्यम से व्यक्त प्रेमचन्द के (यदि वे प्रेमचन्द के विचार हैं) ये विचार नये सन्दर्भों में विवादास्पद भी हुए हैं, खासतौर से नारी और नारी-मुक्ति सम्बन्धी विचार। प्रेमचन्द के अपने विचार-जगत की इस बिन्दु पर यह सीमा भी कही जा सकती है; किन्तु मालती और मेहता के अविवाहित दाम्पत्य, उनका एक ही छत के नीचे मित्रवत, एक-दूसरे के सुख-दुःख में सहयोगी बनते हुए, एक-दूसरे के प्रति सम्पूर्णतः समर्पित होकर साथ रहना, सदी के चौथे दशक में स्त्री-पुरुष सम्बन्धों की एक नयी उद्भावना माना जा सकता है। समग्रतः मेहता 'गोदान' का एक दिलचस्प चरित्र है, जो 'गोदान' को विचार-समृद्ध करता है।

मील-मालिक खन्ना—मील-मालिक खन्ना भी रायसाहब की तरह स्वतन्त्रता आन्दोलन में एक बार जेल जाकर यशस्वी हो चुके हैं और अब देशभक्त मील मालिक के रूप में मजदूरों के भरपूर शोषण में संलग्न हैं। वे बैंकों के डाइरेक्टर भी हैं और रायसाहब-जैसे अपने मित्रों को भी बेमुरौव्वत होकर मनमाने सूद पर कर्ज देते हैं। उनका विश्वास 'बिजनेस इज बिजनेस' के सिद्धान्त पर है, जो व्यावसायिक सम्बन्ध के अतिरिक्त कोई सम्बन्ध नहीं मानता। बातचीत के क्रम में उसके दोमुंहेपन को उजागर करते हुए मेहता उससे कहता है—"आपके मजूर बिलों में रहते हैं, गन्दे, बदबूदार बिलों में, जहाँ आप एक मिनट भी रह जायें तो आपको कै हो जाय। कपड़े, जो वह पहनते हैं, उनसे आप अपने जूते भी न पोछेंगे। खाना, जो वह खाते हैं, वह आपका कुत्ता भी न खायेगा।" वस्तुतः प्रेमचन्द ने खन्ना को रायसाहब की तरह देशी उद्योगपति का 'टिपिकल' चरित्र बनाकर प्रस्तुत किया है। उसके दोहरेपन को उजागर करते हुए प्रेमचन्द स्वतः लिखते हैं—"अन्य कितने ही प्राणियों की भाँति खन्ना का जीवन भी दोहरा या दोरुखी था। एक ओर वह त्याग और जनसेवा और उपकार के भक्त थे तो दूसरी ओर स्वार्थ और विलास और प्रभुता के।" उनका यह दूसरा रूप ही वस्तुतः उनका असली रूप था जिस पर पहला छद्म की तरह चढ़ा था। मजदूरों का गला काटने में

वे कोई रियायत नहीं करते। पुराने मजदूरों को निकालकर कम तनख्वाह में नये मजदूर भरती कर लेते हैं। उन्हें जितना ध्यान अपने डाइरेक्टरों के लाभ का है, मजदूरों के हक का नहीं। लम्पट और विलासी इतने हैं कि पत्नी के प्रति उदासीन और निर्मम होकर मालती को अपनी हृदयेश्वरी बनाये हुए हैं। मालती भी उनके प्रेम का नहीं विलास का साधन है। उसके लिए वे कुछ भी करने को तैयार हैं। प्रभुता का मद उन पर इतना है कि किसी भी कीमत पर उसे बचाये रखना चाहते हैं। मिल के जल जाने पर लगता है कि उनके जीवन की दिशा कुछ बदलेगी, किन्तु वे दूसरी मिल खड़ी करने का दावा करते हैं। मेहता के प्रयास से मालती जब उनके छद्म को पहचानकर उनसे दूर हो जाती है, वे पत्नी की ओर मुड़ते हैं, किन्तु मालती को अपने दिल से निकाल नहीं पाते।

रायसाहब और खन्ना के चरित्रों की योजना कर प्रेमचन्द ने प्रकारान्तर से स्वतन्त्रता आन्दोलन की सीमाओं की ओर हमारा ध्यान आकृष्ट किया है। जब बड़े-बड़े जमींदार और उद्योगपति स्वतन्त्रता-आन्दोलन में अपने स्वार्थ साधने के लिए शामिल होंगे, उसमें चन्दा देंगे तब स्वतन्त्रता के इस आन्दोलन का रूप जनोन्मुख कैसे हो सकता है। जो तथ्य स्वन्तत्रता की प्राप्ति के बाद देश के शासन की वास्तविकता बनकर आज सबके सामने उद्‌घाटित है, प्रेमचन्द उसे स्वतन्त्रता के पहले ही भांप चुके थे। 'गबन' में देवीदीन खटिक की आजाद भारत के राजनेताओं की चाल-ढाल के बारे में भविष्यवाणी जितनी सच साबित हुई है, 'गोदान' के मेहता का यह निष्कर्ष भी उतना ही सत्य है। मेहता चुटकियाँ लेते हुए खन्ना से कहता है—"आप अभी इस काम में शरीक नहीं होना चाहते, न सही, लेकिन कभी-न-कभी जरूर आयेंगे। लक्ष्मीपतियों की ही बदौलत हमारी बड़ी-बड़ी संस्थाएँ चलती हैं। राष्ट्रीय आन्दोलन को दो-तीन साल तक किसने इतनी धूम-धाम से चलाया? इतने धर्मशाले और पाठशाले कौन बनवा रहा है? आज संसार का शासन-सूत्र बैंकरों के हाथ में है। सरकारें उनके हाथ का खिलौना हैं।" राष्ट्रीय आन्दोलन का यही सच जादू की तरह आज समूचे देश के सिर पर चढ़कर बोल रहा है, इससे कौन इंकार कर सकता है।

खन्ना का चरित्र मेहता की ही तरह उपन्यास में सप्रयोजन लाया गया चरित्र है। उसके माध्यम से प्रेमचन्द अपने समय की उस लिखावट को प्रत्यक्ष करते हैं जो रायसाहब-जैसे सामन्ती व्यवस्था के अलम्बरदारों को अप्रासंगिक बनाती हुई खन्ना-जैसे उद्योगपतियों और उनके माध्यम से एक नयी औद्योगिक पूँजीवादी व्यवस्था के रूप में उभर रही थी। रायसाहब गत के

प्रतीक हैं जबकि खन्ना आगत का। क्या कहने की जरूरत है कि पिछड़े हुए, अर्द्ध-विकसित और विकासशील देशों की राजसत्ता की नकेल आज बैंकरों के हाथों में ही है, वे खन्ना हों, या वर्ल्ड बैंक या आई. एस. एफ.।

बिजली सम्पादक पं. ओंकारनाथ भी रायसाहब के मित्रों में हैं। निर्भीकता, सच्चाई, ईमानदारी और सिद्धान्तों पर अटल रहने की डींग मारने वाले, राष्ट्र सेवा के व्रती, हर प्रकार की समझौतापरस्ती को लानत माननेवाले ये पं. ओंकारनाथ अपने पत्र में विदेशी कम्पनियों के विज्ञापन छापने में परहेज नहीं करते। उनकी दलील है कि आखिर उनके पत्र को खड़ा होने के लिए कोई आधार तो चाहिए ही। धनुषयज्ञ के प्रसंग में रायसाहब की मित्रमण्डली शर्त लगाकर और साजिश करके पं. ओंकारनाथ को शराब पिलाती है। मालती के आग्रह को मानकर वे शराब पी लेते हैं, अपनी साफगोई, निर्भीकता और स्वाभिमान की बातें करते हुए वहीं फर्श पर लुढ़क जाते हैं। बड़े मनोरंजक प्रसंगों की योजना करते हुए प्रेमचन्द अपने पात्रों की असलियत का उद्घाटन करते हैं। यही सिद्धान्तवादी पं. ओंकारनाथ अपने पत्र में रायसाहब के खिलाफ आयी हुई चिट्ठी को रायसाहब के इस प्रलोभन पर छापना रोक देते हैं कि वे उनके पत्र के सौ स्थायी ग्राहकों का नकद चन्दा उन्हें खुद देंगे। खन्ना के मिल में आग लगाने की उत्तेजना मजदूरों में पैदा करने वालों में सम्पादक जी भी एक हैं। सम्पादक पं. ओंकारनाथ की भूमिका 'गोदान' में सीमित है। उनके रूप में प्रेमचन्द ने एक ऐसे सम्पादक का 'टाइप' रचा है जो सिद्धान्त और समझौते के बीच झूलता रहता है। अखबारों की दुनिया की यही हकीकत भी है, जिसे प्रेमचन्द अपने पत्रकार-जीवन के अनुभवों के बरक्स अच्छी तरह समझते थे।

श्यामबिहारी तंखा मूलतः दलाल हैं जो बड़े लोगों से रास-पाट रख, उनमें समझौते कराते-बिगाड़ते मुख्यतः दलाली का पैसा खाते हैं। मुसाहिबी उनका मूल स्वभाव है और अपना स्वार्थ साधन मुख्य लक्ष्य। नागर-संस्कृति की लाभ-लोभवाली मनोवृत्ति और मूल्यहीनता उनके चरित्र में उजागर होती है।

नागर-पात्रों में दिलचस्प व्यक्ति मिर्जा खुर्शेद हैं। 'गोदान' के अकेले मुसलमान पात्र वही है। किन्तु उपन्यास में उन्हें मुसलमान के रूप में नहीं एक बहिर्मुखी, खुले मन वाले, खुशामिजाज व्यक्ति के रूप में उतारा गया है। हर विषय की बहस में उनकी दखल और बेबाक राय है, वह राजनीति में डेमोक्रेसी हो, समाज-सुधार में नारी के अधिकारों तथा हैसियत का सवाल हो

या मजदूरों की हाली-बदहाली और अधिकारों का। बड़े मीठे तरीके से वे छद्म को उभारते और बेनकाब करते हैं। वे हर हाल में खुश रहनेवाले व्यक्ति हैं। कभी लाखों के आदमी थे, कभी इस हद तक बदहाल हो जाते हैं कि शराब की लत के दबाव में गोबर से दो रुपये उधार माँगते हैं। उन्हें शहर में अपने मित्रों की मण्डली जमाकर तरह-तरह के तमाशे करने का भी शौक है। टिकट लगाकर मजदूरों की कबड्डी करवाते हैं और मेहता तक को मैदान में उतार देते हैं। कभी वेश्याओं की नाटक मण्डली बनाते हैं कभी मजदूरों का पक्ष लेकर खन्ना के मील में हड़ताल करवाने में अपना सहयोग देते हैं। उनका खुलापन और उनकी मस्ती तथा हंसमुख स्वभाव, उनकी हाजिरजवाबी उनकी कमजोरियों को बहुत कुछ ढक लेती है। कम से कम दोमुंहें नहीं हैं। दिलचस्प चरित्र है उनका।

नारीपात्र : धनिया—'गोदान' के नारीपात्रों में सबसे उभरा हुआ और सबसे महत्त्वपूर्ण चरित्र होरी की पत्नी धनिया का है, जैसे प्रेमचन्द ने खराद पर चढ़ाकर उसे 'गोदान' में प्रस्तुत किया हो, फिर भी नितान्त स्वाभाविक, कहीं से भी गढ़ा हुआ जैसा नहीं, एकदम स्थितियों के भीतर से उपजा, एक निश्छल, स्वाभिमानी ग्राम-नारी या गृहिणी का चरित्र। धनिया के अपने मायके और माँ-बाप का कोई भी इतिवृत्त 'गोदान' में नहीं है, एकाध मौके पर मायके की चर्चा जरूर आयी है, किन्तु महज प्रसंगवश, धनिया का जो रूप और जो चरित्र उसके आचरण, व्यवहार, क्रियाकलापों और संवादों के माध्यम से उपन्यास में उभरा है, उसके स्वभाव का और उसकी सोच का जो परिचय हमें उपन्यास में मिलता है, उससे सूचित होता है कि उसमें यदि बहुत कुछ विवाहोपरान्त होरी के साथ के उसके जीवन-चक्र और स्थितियों के बीच से उपजे अनुभवों के रूप में उसका अर्जित है तो ऐसा भी उसमें थोड़ा कुछ है जो वंशानुगत, उसके संस्कारों के रूप में उसके रक्त में घुल-मिलकर आया है। उसका स्वाभिमान, उसका तेज, उसकी स्पष्टवादिता, उसकी निर्भीकता, और यही नहीं, उसका तरल मातृत्व, उसके प्रखर-तेजस्वी रूप की सात पर्तों के भीतर विद्यमान एक करुणाशील, क्षमाशील, परदुःखकातर सहज नारीत्व भी। विलक्षण रेखाओं से रचा गया धनिया का चरित्र है, जो अपने अन्तर्विरोधी गुणों में भी अन्ततः एक और अखण्ड है। वह विरुद्धों का सामंजस्य है, और ये विरुद्ध एक-दूसरे को काटते और कमजोर करनेवाले नहीं, एक-दूसरे को उभारने और निखारनेवाले हैं, अन्ततः एक सम पर स्थायी बननेवाले और समग्रता में उसके चरित्र को उपन्यास के समूचे प्रसार में एक प्रकाश-पुंज के समान उद्‌भासित करने वाले।

उपन्यास की पहली पंक्ति में धनिया है और उसकी अन्तिम पंक्ति में भी धनिया। 'गोदान' जितना होरी का उपन्यास है, उतना ही धनिया का। वह जितना होरी की त्रासदी है, उतना ही धनिया की त्रासदी भी। कारण होरी के बिना धनिया है कहाँ ? वह होरी में ही लय है, होरी में ही अन्तर्भूत है, उसका सुहाग ही तो वह तृण है जिसे पकड़े हुए विपन्नता के अथाह महासागर में वह तैर रही है, डूब और उतरा रही है। एक ग्यारह-बारह वर्ष की बालिका के रूप में उसने होरी के घर में प्रवेश किया था, और पचीस वर्षों के दाम्पत्य जीवन में ही वह बूढ़ी हो गयी थी। प्रेमचन्द के उपन्यास के प्रारम्भ में उसका एक रेखाचित्र दिया है। क्या मिला है उसे जिन्दगी के 35 साल जीवन के इस होम कुंड में जला करके और भस्म करके। दरिद्रता, अपमान, तबाही, बरबादी और अन्ततः वैधव्य पति के भीतर विद्यमान पुरुष की मार, सरे आम उसके द्वारा की गयी बेइज्जती, बहू की उपेक्षा और एकमात्र बेटे से पाया वह आघात जो पति की मार-पीट, बेइज्जती और गाली-गलौज से कहीं ज्यादा बेधक और पीड़क बनकर उसके कलेजे पर हुआ है। अपनी पत्नी और पुत्र को लेकर गाँव से शहर की ओर प्रस्थान करता हुआ गोबर अपनी माँ के पैर तक नहीं छूता। होरी के कहने पर कि—"बेटा तुमसे कुछ कहने का मुंह तो नहीं है, लेकिन कलेजा नहीं मानता। क्या जरा जाकर अपनी अभागिनी माता के पाँव छू लोगे तो कुछ बुरा होगा? जिस माता की कोख से जन्म लिया और जिसका रक्त पीकर पले हो, उसके साथ इतना भी नहीं कर सकते।" गोबर उत्तर देता है—"मैं उसे अपनी माता नहीं मानता" गोबर चला जाता है। "और धनिया बैठी रो रही थी। जैसे कोई उसके हृदय को आरे से चीर रहा हो। उसका मातृत्व उस घर के समान हो रहा था जिसमें आग लग गयी हो और सब कुछ भस्म हो गया हो। बैठकर रोने के लिए भी स्थान न बचा हो।" घर-परिवार के लिए खटने-मरने का यह पुरस्कार। धनिया की त्रासदी किसी कदर होरी से कम नहीं है। वह दुहरे चक्र में पिसी है और पिसती है—शहरी जीवन और बाहरी परिस्थितियों के चक्र में, विपत्ति, आपदा और क्लेश के हर क्षण होरी की सहभागिनी बनी, होरी के साथ भी और घर-परिवार के चक्र में, पति के पौरुष की प्रताड़ना से आहत अपमानित होती हुई, बहू की लांछना और झिड़कियों से क्षुब्ध और पीड़ित होती हुई और अन्ततः पुत्र की भर्त्सना और निष्ठुरता से लगभग क्षत-विक्षत होती हुई। और ये सब वे लोग हैं जिनके लिए उसने अपनी देह, अपनी देह का रक्त, अपनी सारी जवानी, अपनी सारी आकांक्षाएँ स्वेच्छा से अर्पित की हैं। यद्यपि धनिया इसे घर-परिवार के जीवन का सत्य मानकर, अपनी नियति मानकर सह लेती है और

भूल जाती है, कालान्तर में बिखरे सम्बन्ध-सूत्र पुनः जुड़ जाते हैं किन्तु कलेजे में गहरे लगे घाव कहीं विद्यमान रहते हैं और वह भीतर से कहीं टूट जरूर जाती है।

धनिया के चरित्र में विरुद्धों के जिस सामंजस्य की बात हमने कही है, समूचे उपन्यास में उसके साक्ष्य हैं। वह स्वभाव से प्रखर है, अनीति और अन्याय, अकारण की चापलूसी, खुशामद और समझौतापरस्ती उसे बरदाश्त नहीं। इस मायने में वह होरी का एकदम विलोम है। गोबर को उसके ये गुण उसके रक्त से मिले हैं। वह कदम-कदम पर अपने पति से टकराती है, बात रायसाहब की हो, या महाजनों की, बाहर वालों की हो या घर वालों की। होरी के जिन भाइयों को संयुक्त-परिवार में उसने अपने समूचे अन्तःकरण से पाला-पोसा और बड़ा किया, जिनकी बहुओं की डोली उसने अपने घर पर उतारी, अलगौझा करके उससे अलग रहकर यदि उस पर तोहमतें लगायें, होरी भले बरदाश्त करे, उनका यह व्यवहार उसकी बरदाश्त के बाहर है। होरी को उनके लिए मरता-खपता देखकर वह झझक उठती है। हीरा के गाय को विष देने के अपराध को वह होरी के मना करने पर भी, सरेआम कहती है और सरेआम की जानेवाली अपनी मार-पीट और बेइज्जती के बावजूद अन्त तक कहती रहती है। हीरा के घर में, मरजाद जाने के भय से, तलाशी रुकवाने के लिए किये गये होरी के प्रयास पर उसे लानत देते हुए रिश्वत के रुपये वह दरोगा से सबके सामने छीन लेती है। उसके चण्डी-रूप को प्रेमचन्द ने बड़ी सजीव रेखाओं में अंकित किया है—"सहसा धनिया झपटकर आगे आयी और अंगोछी एक झटके के साथ उसके हाथों से छीन ली। गांठ पक्की न थी। झटका खाते ही खुल गयी और सारे रुपये जमीन पर बिखर गये। नागिन की तरह फुंकारकर बोली—ये रुपये कहाँ लिए जा रहा है, बता। भला चाहता है तो सब रुपये लौटा दे, नहीं कहे देती हूँ। घर के परानी रात-दिन मरें और दाने-दाने को तरसें। लत्ता भी पहनने को मयस्सर न हो, और अंजुली भर रुपये लेकर चला है, इज्जत बचाने। ऐसी बड़ी है तेरी इज्जत जिसके घर में चूहे लोटें, वह भी इज्जतवाला है। दरोगा तलाशी ही तो लेगा। ले-ले जहाँ चाहे, तलाशी।" होरी खून का घूंट पीकर रह जाता है। धनिया ने आज सरेआम उसे पटकनी दी थी। धनिया दरोगा को भी फटकारती है। हमारी गाय थी, दे दिया विष। "पहना दो मेरे हाथ में हथकड़ियाँ। देख लिया तुम्हारा न्याय और तुम्हारे अक्कल की दौड़। गरीबों का गला काटना दूसरी बात है। दूध का दूध और पानी का पानी करना दूसरी बात।" होरी धनिया की तरफ बढ़ता है, किन्तु गोबर सामने आ जाता है। गोबर के तेवर देख,

हिम्मत पाकर धनिया फिर होरी को लथाड़ती है—"तू हट जा गोबर। देखूं तो क्या करता है मेरा।... घर में तलाशी होने से इसकी इज्जत जाती है। अपनी मेहरिया को सारे गाँव के सामने लतियाने में इसकी इज्जत नहीं जाती। यही तो वीरों का धरम है। बड़ा। वीर है तो किसी मर्द से लड़। जिसकी बांह पकड़कर लाया उसे मारकर बहादुर न कहलायेगा।"

होरी लगभग परास्त हो जाता है। धनिया का यह स्वाभिमान उस भारतीय नारी का स्वाभिमान है, जो पुरुष के प्रति समर्पित होकर भी अपनी अस्मिता बनाये रहती है। वह श्रमजीवी नारी का, आत्मनिर्भर नारी का स्वाभिमान है, जो पति के साथ खटते हुए जीवन की हर बाधा-विपत्ति में अपना रक्त तक अर्पित करती है। धनिया अपने इसी स्वाभिमान के चलते कहती है—"तू समझता होगा, मैं इसे रोटी-कपड़ा देता हूँ। आज से अपना घर सम्भाल। देख तो, इसी गाँव में तेरी छाती पर मूंग दलकर रहती हूँ कि नहीं और इससे अच्छा खाऊँ-पहनूंगी। इच्छा हो, देख लो।" उसे अपने श्रम पर, अपनी कर्मठता पर, भरोसा है। सारा रीतिकालीन नायिका भेद साहित्य की सारी परकीयाएँ, धनिया के, ग्रामीण श्रमजीवी नारी के, इस स्वाभिमान और इस रूप के आगे भस्म हैं। दरोगा स्तम्भित था, उसके चेहरे का रंग उड़ चुका था। "उनके मुंह पर झाडू सी फिरी थी।" गाँव के नेता वर्ग महाजन, पटवारी किसी को धनिया नहीं बख्शती। "मैं सब जानती हूँ। यहाँ तो बाँट-बखरा होनेवाला था। सभी के मुंह मीठे होते। ये हत्यारे गाँव के मुखिया हैं, गरीबों का खून चूसने वाले। सूद-ब्याज, डेढ़ी-सवाई, नजर-नजराना, घूस-घास, जैसी भी हो, गरीबों को लूटो। उस पर सुराज चाहिए। जेहल जाने से सुराज न मिलेगा। सुराज मिलेगा, धरम से, न्याय से।" भारतीय स्वतन्त्रता आन्दोलन पर और उसके छद्म भागीदारों पर धनिया की यह टिप्पणी कितनी तीखी, किन्तु कितनी सच है, इसे प्रेमचन्द की कलम से रेखांकित कर सकती थी।

धनिया का यह चण्डी-रूप उसे एक मिथ में भी बदलता है। दूर-दराज से लोग महज उसे देखने आते हैं। अनेक अवसरों पर अनीति और अन्याय का प्रतिकार करती हुई धनिया उपन्यास में विद्यमान है। होरी के हृदय में उसके प्रति कहीं सम्मान का गहरा भाव भी है। उसकी फटकार सहने की उसकी आदत सी बन चुकी है, क्योंकि उसके मूल में सच्चाई और सारे घर-परिवार का हित है। पंचायत होरी पर भोज-भात तथा दण्ड थोपती है, झुनिया को घर में शरण देने के अपराध में। होरी सिर झुकाकर दण्ड स्वीकार करता है, किन्तु धनिया नहीं। पंचों से कहती है—"मैं न एक दाना अनाज दूंगी

और न एक कौड़ी डाँड़। जिसमें बूता हो चलकर मुझसे ले।... धनिया के जीते जी, यह सब नहीं होने का, और तुम्हारी लालसा तुम्हारे मन में ही रहेगी। हमें नहीं रहना है बिरादरी में। बिरादरी में रहने पर हमारी मुकुत न हो जायेगी। अब भी अपने पसीने की कमायी खाते हैं, तब भी अपने पसीने की कमाई खायेंगे।'' 'मरजाद', बिरादरी इन सबकी असलियत धनिया समझती है। वह होरी से कहीं आगे की हैसियत बनकर उपन्यास में उभरी है। होरी से कहती है—''न हुक्का खुला तो हमारा क्या बिगड़ा जाता था। चार-पांच महीने नहीं किसी का हुक्का पिया तो क्या छोटे हो गये। मैं कहती हूँ तुम इतने भोंदू क्यों हो?'' झुनिया को घर में शरण देने को वह अपराध नहीं मानती। ''मेहरिया रख लेना पाप नहीं है, हाँ रख के छोड़ देना पाप है। आदमी का बहुत सीधा होना भी बुरा है। उसके सीधेपन का फल यही होता है कि कुत्ते भी मुंह चाटने लगते हैं।''

किन्तु धनिया सहज, सरल, तरल, कोमल-हृदय और करुणार्द्र भी है। क्रोध के आरम्भिक आवेग से उबर झुनिया को अपनी बहू के रूप में ससम्मान घर में रखती है। झुनिया के बेटे के जन्म पर बाधा-विपत्ति के बीच सोहर गाती है। सिलिया को बेटी का सम्बोधन देते हुए अपने घर में शरण देती है। अपने इस किये का खामियाजा भी भुगतती है, किन्तु उसे अपने किये पर कोई मलाल नहीं। उसे वह अपना धर्म मानकर करती है। बेटे-बेटियों पर उसका सहज-निश्छल स्नेह है। सोना का विवाह धूमधाम से करती है, कर्ज लेकर भी बेटी को खाली हाथ नहीं, दान-दहेज देकर उसके घर भेजती है। रूपा के अनमेल विवाह को लाचार होकर स्वीकार करती है, किन्तु उसे भारोसा है कि उसकी बेटी सुखी रहेगी। उसका भरोसा सच साबित होता है। गोबर-झुनिया के दुर्व्यवहार को क्षमा कर देती है।। गोबर के पुत्र पर अपने आशीर्वाद बिखेरती है। होरी को अपने अन्तःकरण से चाहती है। उसके लिए अपना सारा जीवन होम देती है। उसके हर सुख-दुःख में छाया की तरह उसके साथ रहती है। पति के रूप में उसे पाकर उद्वेगवश कुछ भी कह, अन्तरतम में उसकी प्रतिमा को सहेजकर रखती है। होरी-धनिया सम्बन्धों की विवेचना हम कर चुके हैं। उनके प्यार-दुलार, हंसी-मसखरी के क्षणों को भी उद्घाटित कर चुके हैं। धनिया के चरित्रांकन की चर्चा का समापन हम धनिया और होरी के बीच होनेवाले इस मृदुल वार्त्तालाप से करेंगे—

''ओ हो! ऐसे ही तो बड़े दरद वाले हो। अभी तक मार का दाग बना हुआ है। हीरा मारता है तो दुलारता भी है। तुमने खाली मारना सीखा। दुलार करना सीखा ही नहीं। मैं ही ऐसी हूँ कि तुम्मारे साथ निबाह हुआ।

अच्छा रहने दे, बहुत अपना बखान न कर! तू ही रूठ-रूठकर नैहर भागती थी। जब महीनों खुशामद करता था, तब जाकर आती थी।

जब अपनी गरज सताती थी, तब मनाने जाते थे, लाला! मेरे दुलार में नहीं जाते थे।

"इसी से तो मैं सवसे तेरा बखान करता हूँ।" 'गोदान' की होरी और धनिया की त्रासद कथा में प्यार-दुलार, मान-मनुहार के ऐसे क्षण बहुत कम हैं, किन्तु जो हैं, वे होरी और धनिया की त्रासदी को और भी करुण और क्लेशदायक बनाते हैं।

मिस मालती—मालती, धनिया के बाद 'गोदान' की दूसरी प्रमुख नारी-पात्र है, जिसकी उपस्थिति 'गोदान' की शहरी कथा को सरस और दिलचस्प बनाती है। पुरुष पात्रों में मातादीन यदि एक स्तर पर एक लम्बी छलांग लेता हुआ, अपने प्रारम्भिक से एकदम भिन्न नये रूप में उभरकर सामने आता है, तो नारी-पात्रों में मालती अकेली ऐसी स्त्री है जो ऐसी किसी अप्रत्याशित लम्बी छलांग के बिना और किसी बुनियादी बदलाव के न होने के बावजूद उपन्यास की परिसमाप्ति तक अपनी प्रारम्भिक पहचान को मिटाते हुए एक नयी पहचान के साथ जरूर उभरती है। उसके इस बदलाव के पीछे कहीं-न-कहीं प्रेमचन्द की अपनी नारी-सम्बन्धी आदर्श परिकल्पना की भी भूमिका है। मालती से पाठकों का पहला परिचय उपन्यास में, सेमरी के धनुषयज्ञ प्रसंग में, रायसाहब की शहरी मित्र-मण्डली की एक सदस्या के रूप में होता है। प्रेमचन्द स्वयं उसकी पहचान हमसे यूं कराते हैं—"दूसरी महिला जो ऊँची एड़ी का जूता पहने हुए है, और जिनकी मुख-छवि पर हंसी फूटी पड़ती है। मिस मालती हैं। आप इंग्लैण्ड से डाक्टरी पढ़ आयी हैं और अब प्रैक्टिस करती है। ताल्लुकेदारों के महलों में उनका बहुत प्रवेश है। आप नवयुग की साक्षात् प्रतिमा हैं। गात कोमल, पर चपलता कूट-कूटकर भरी हुई। झिझक या संकोच का कहीं नाम भी नहीं। मेक-अप में प्रवीण, बला की हाजिर-जवाब, पुरुष-मनोविज्ञान की अच्छी जानकार, आमोद-प्रमोद को जीवन का तत्त्व मानने वाली, लुभाने और रिझाने की कला में निपुण। जहाँ आत्मा का स्थान है वहाँ प्रदर्शन, जहाँ हृदय का स्थान है, वहाँ हाव-भाव, मनोद्‌गारों पर कठोर निग्रह जिसमें इच्छा या अभिलाषा का लोप-सा हो गया हो।" मालती का यह पहला परिचय उसे पाठकों की निगाह में पश्चिमी रंग में रंगी एक ऐसी आधुनिका के रूप में पेश करता है, पुरुषों की कमजोरियों से फायदा उठाकर मनोवांछित जिन्दगी जीना जिसका एकमात्र लक्ष्य हो। पुरुष वर्ग उसके कृपा-कटाक्ष चाहता भी है। खन्ना तो उसके उपासक हैं। उपन्यास

के लम्बे प्रसार में मालती अपने इसी रूप में स्थिर भी रहती है, जो उसकी मजबूरी भी है, जिसका खुलासा हम आगे करेंगे। पुरुष वर्ग उसे अपने विलास का खिलौना समझता है और वह पुरुष वर्ग को अपने आगे-पीछे नचाती है। प्रभावित होती है वह मात्र मि. मेहता से उसके बुद्धि-बल के नाते, ऐसे पुरुष के नाते जिसमें वह अपना रक्षक भी देखती है और प्रभावित मेहता भी उससे होते हैं, उसे चाहने-परखने की जिज्ञासा के साथ। स्थितियों ने मालती को अपने ढंग से जिन्दगी को समझना और जीना सिखाया है। वह पुरुषों की माँग-लिप्सा को उकसाती जरूर है, उसका साधन नहीं बनती, उन्हें अपने आकर्षण-पाश में फँसाये जरूर रखती है, उनके जाल में फँसती नहीं। मेहता के विचारों, उसके पौरुष और उसके सहज-प्रकृत जीवन का प्रभाव उस पर जरूर गाढ़ा चढ़ता जाता है। धनुषयज्ञ के अवसर पर शिकार-प्रसंग में वह मेहता के काफी करीब आती है। दोनों एक-दूसरे को चाहते-परखते हैं, आकर्षित-आशंकित होते हैं। उनका नैकट्य बढ़ता जाता है। मेहता के अनेक विचारों से प्रेम, विवाह, नारी-मुक्ति आदि से मतान्तर रखती हुई भी वह उनके खुलेपन और उनकी बौद्धिक प्रतिभा से प्रभावित होती है। खन्ना की लोलुपता से आशंकित, खन्ना भी पत्नी गोविन्दी के प्रति अपनी श्रद्धा और उसके टूटते-बिखरते घर-परिवार को बचाने की चिन्ता से प्रेरित अथवा मालती को सम्पूर्णतः अपने दायरे में ले लेने के अपने अवचेतन के दबाववश मेहता मालती को खन्ना के दायरे से काफी-कुछ खींच लाने में सफल तो होता है, किन्तु मालती खन्ना की गोविन्दी के प्रति अटूट भक्ति से खिन्न होते हुए भी मेहता को अपनी जिन्दगी में अधिक से अधिक ग्रहण करती जाती है।

मेहता की प्रेरणा से, अपने को मेहता की परिकल्पना के अनुरूप ढालने की उसकी चेष्टा उसमें बदलाव लाती है।। उसमें सेवा-भाव का उदय होता है। वह विपन्नों और असहायों के प्रति दयार्द्र और करुण होने लगती है। गोबर और झुनिया को अपने साथ रखती है, और गोबर के पुत्र मंगल को अपना नारी-सुलभ वात्सल्य देती है। उसकी बीमारी में रात-रातभर जागकर उसका उपचार करती है। मेहता के साथ बेलारी जाकर रातभर होरी के घर-परिवार के साथ रहती है। ग्रामीण महिलाओं को स्वास्थ्य-सम्बन्धी जानकारी देती है। अपने मिलनसार स्वभाव के कारण उनका हृदय जीत लेती है। मेहता अब उसे अपने जीवन में लाने के लिए व्यग्र हो उठते हैं। मालती के चरित्र के इस रूपान्तरण में कितनी मेहता की प्रेरणा या मार्ग-दर्शन है, कितना मालती की अपनी स्वतः की अन्तःप्रेरणाएँ और कितना उसकी पारिवारिक परिस्थिति और उसके तहत उसके चरित्र में मूलवर्ती रूप से विद्यमान उसका त्याग, उसकी

सेवा-भावना और उसकी चारित्रिक दृढ़ता (जो सतह पर न आने के कारण दूसरे लोगों के लिए अपरिचित बनी रहती है, और मालती के बारे में भ्रान्त धारणाएँ पैदा करती है), यह तो निश्चित रूप से नहीं कहा जा सकता, किन्तु मालती के चरित्र के रूपान्तरण में सबका अंशदान है।

मालती का एक रूप वह है जो उद्भासित है और एक वह जो वास्तविक है। प्रेमचन्द ने उसे भी स्पष्ट किया है। ''मालती बाहर से तितली है, भीतर से मधुमक्खी। उसके जीवन में हंसी ही हंसी नहीं है... वह हँसती है इसलिए कि उसे इसके भी दाम मिलते हैं।.... वह इसलिए चहकती और विनोद करती है कि इससे उसके कर्त्तव्य का भार कुछ हलका हो जाता है।'' कभी का अतिशय सम्पन्न, किन्तु अब एकदम बरबाद, शराब का व्यसन पाले फालिज लगा उसका एक बाप भी है, दो जवान बहनें हैं, और इसके रख-रखाव, शिक्षा-दीक्षा का भार उस पर है। जितनी योग्यता उसमें है, जितना रूप, समझदारी और व्यवहार उसमें है, वह आराम से मनोवांछित जिन्दगी बसर कर सकती थी। उसने विवाह नहीं किया; अपना घर अलग नहीं बसाया, अपनी जीवन-चर्या को एक खास तरह का बनाया तो इसलिए कि जो उस पर आश्रित हैं, उनके प्रति अपने दायित्वों का निर्वाह वह कर सके, उन सम्बन्धों को सार्थक बनाये रहे जो बुनियादी मानवीय सम्बन्ध हैं। इस दृष्टि से मालती पश्चिमी रंग में रंगी आधुनिक नहीं, परम्परागत सम्बन्धों और मानवीय मूल्यों पर आस्था रखने वाली, उन्हें बनाये और टिकाये रखनेवाली एक संस्कारी नवयुवती है, तथाकथित आधुनिक पैमाने पर दकियानूस और परम्परा का भार ढोनेवाली। प्रेमचन्द ने उसके इस रूप को इस नाते उजागर किया है कि इसके बरक्स उसके सतह पर दिखायी देनेवाले रूप के नाते ही उसकी निर्णायक पहचान की गलती न की जाय। मालती जिस समाज में विचरण करती है, उस समाज के लोलुप पुरुष वर्ग की हिंस्र-वासना से अपने को उसी तरह रहकर बचा सकती थी, जिस तरह का जीवन वह उनके बीच जीती है। मेहता से वह स्वतः अपने बाह्य-जीवन की विवशताओं का खुलासा करती है। वास्तविक जीवन-स्थितियों से उपजा मालती का यह चरित्र ही उसका बुनियादी चरित्र है। बाह्य-सम्मोहनों से अपने इस मूलवर्ती चरित्र के बिखरने का अंदेशा ही उसे मेहता के निकट से निकट आने को प्रेरित करता है और मेहता का साहचर्य-जैसे उसके बिखरते चरित्र-तन्तुओं को फिर से एकजुट कर देता है, उसे सम्भाल लेता है।

मेहता जब मालती को परखकर और पहचानकर उसे अपने जीवन के केंद्र में लाना चाहते हैं, बेलारी में मेहता के विचारों से आहत मालती उन्हें

अपने जीवन में एक दूसरा ही स्थान दे चुकी थी, जो मेहता के आकांक्षित से कहीं ऊँचा था। मेहता के प्रस्ताव पर संयत स्वरों में वह मेहता के समक्ष निवेदन करती है—"मैंने नदी के तटवाली तुम्हारी बातें गांठ बांध लीं। दुःख यही हुआ कि तुमने भी मुझे वही समझा जो कोई दूसरा पुरुष समझता, जिसकी मुझे तुमसे आशा न थी। उसका दायित्त्व मेरे ऊपर है, यह मैं जानती हूँ, लेकिन तुम्हारा अमूल्य प्रेम पाकर भी मैं वही बनी रहूँगी, ऐसा समझकर तुमने मेरे साथ अन्याय किया।... तुम्हारा प्रेम और विश्वास पाकर अब मेरे लिए कुछ भी शेष नहीं रह गया है। यह वरदान मेरे जीवन को सार्थक कर देने के लिए काफी है।" मेहता स्तब्ध होकर सोचते हैं—"यह नारी है, या मंगल की, पवित्रता की, त्याग की प्रतिमा।" मालती इतना ऊपर उठ चुकी थी कि मेहता को विवाह एक सीमित संसार में बांधकर न उन्हें छोटा करना चाहती थी और ना ही अपने लक्ष्य को सीमित। वह उनसे मित्रवत् सम्बन्ध में सदा-सदा के लिए बँधने का प्रस्ताव करती है। वह मेहता का उद्बाोधन करती है कि वे एक बड़े संसार में मनुष्यता की सेवा के लिए अपने को समर्पित कर दें। वह उनके पीछे चलने का वचन देती है। मेहता मालती के आदेश को स्वीकार कर लेते हैं। मेहता की आँखों में मधुर बाल-स्मृतियाँ सजीव हो उठीं जब वे अपनी विधवा माता की गोद में बैठकर महान् सुख का अनुभव किया करते थे। कहाँ है वह माता, आये और देखे अपने इस बालक की सुकीर्ति को। मुझे आशीर्वाद दो। तुम्हारा वह जिद्दी बालक आज एक नया जन्म ले रहा है।"

मालती और मेहता के चरित्रों का यह रूपान्तरण प्रेमचन्द के अपने मनुष्यादर्श का प्रतिरूप है। बड़े मनोयोग से उन्होंने यह रूपान्तरण किया है। जीवन के यथार्थ के प्रति उनकी अनुरक्ति मनुष्यता की उनकी आदर्श परिकल्पनाओं से संगति बिठाकर चली है। आदर्श का त्याग यथार्थवाद नहीं है। सच्चा यथार्थाद वह है, आदर्श जिसके गर्भ से फूटते हैं। मेहता और मालती के चरित्रों का रूपान्तरण उनके अपने जीवन के यथार्थ से उपजा है।

गोविन्दी—गोविन्दी मील-मालिक खन्ना की धर्म-पत्नी है संस्कारशील और शिक्षिता अपने पति के व्यवहार से आहत भी है क्योंकि खन्ना उसे अपनी जीवन-संगिनी का मान न देते हुए अपनी विलासी और ऐय्याश प्रकृति के चलते परायी स्त्रियों के प्रति अपने लोलुप आकर्षण का जाल फेंकते रहते हैं। मालती के वे उपासक हैं और मालती भी उन्हें अपने सम्मोहन पाश में बाँधे उन्हें नचाये हुए है। गोविन्दी के आत्मसम्मान के लिए यह स्थिति असह्य है। मेहता गोविन्दी के गाम्भीर्य, बुद्धि, घर-परिवार के प्रति उसके समर्पण और

उसकी सहिष्णुता की कद्र करते हैं। गोविन्दी में उन्हें एक आदर्श नारी का रूप दिखायी पड़ता है जिसके प्रति उनके मन में पूजा का भाव है। गोविन्दी पति की अवहेलना से आहत है। भोग और विलास के सारे साधनों के प्रति उसकी अरुचि है। मालती के प्रति कहीं उसके में शंका का एक बीज है कि उसके और उसके पति के बीच की फांक का कारण मालती ही है। अपनी व्यथा को जब तब वह कविताओं में व्यक्त करती है, खन्ना जिसका मजाक उड़ाते हैं। वह एक शान्त, समरस जीवन की आकांक्षी है जिसके तहत अपने पति, घर और परिवार के साथ वह निर्द्वन्द्व रह सके। खन्ना उसके इस स्वप्न को क्षत-विक्षत कर देते हैं। मालती को लेकर हुई बहस में खन्ना अपना पक्ष कमजोर पड़ते देख बिफर उठते हैं और उसे शारीरिक स्तर पर प्रताड़ित करते हैं। गोविन्दी के लिए यह नया अनुभव था। बीमार बच्चे को डाक्टर को दिखाकर वह आत्मलीन हो उठी। "जिस विपत्ति की कल्पना वह कर रही थी, आज वह उसके सिर आ गयी। खन्ना ने आज-जैसे उससे नाता तोड़ लिया"। और यह सब मालती को लेकर। उसका नारीत्व आहत हो उठता है और वह बच्चे को लेकर सदा-सदा के लिए खन्ना का घर छोड़ देने का संकल्प लेकर चल पड़ती है। मेहता से उसकी आकस्मिक भेंट होती है। मेहता उसे उसके स्वत्व से, उसके वास्तविक स्वरूप से, उसके दायित्व से नये सिरे से परिचित कराते हैं, उसके आवेग को शान्त करते हैं। उसके मातृ-रूप को उद्बोधित करते हुए उससे वापस घर लौट जाने की प्रार्थना करते हैं। गोविन्दी के यह कहने पर कि माता के अतिरिक्त वह एक नारी भी है, और उसे नारी का स्वरूप भी तो चाहिए, मेहता कहते हैं—"नारी, केवल माता है, और इसके उपरान्त वह जो कुछ है वह सब मातृत्व का उपक्रम मात्र है। मातृत्व संसार की सबसे बड़ी तपस्या, सबसे बड़ा त्याग और सबसे महान् विजय है।" वे गोविन्दी को आश्वस्त करते हैं कि जब खन्ना होश में आयेंगे, उससे पश्चात्ताप करेंगे। गोविन्दी मेहता को प्रेरणा से वापस घर लौट आती है। स्थितियाँ खन्ना को विवश करती हैं कि वे जागें और जीवन की सही राह पकड़ें। मालती से उनका मोहभंग होता है। गोविन्दी अब उनकी अवमानना की पात्र नहीं थी। वह उससे आवश्यक परामर्श लेते हैं। गोविन्दी अपनी कुण्ठाओं से मुक्त पति, घर-परिवार और पति की चिन्ताओं के प्रति अपने कर्त्तव्यों का पालन करते हुए अपनी सहजता को फिर से प्राप्त करती है।

मालती और गोविन्दी के चरित्रों को एक-दूसरे की स्पर्द्धा में रखकर प्रेमचन्द ने वस्तुतः दोनों की दुर्बलताओं को उभारा है, दोनों चरित्रों के शून्यों को भरा है। चूंकि अपनी बुनियाद में दोनों नारियों के चरित्र विकास का

अपनी सम्भावनाएँ लिए हैं, विपथित होने के बजाय दोनों उन सम्भावनाओं तक जाते हैं। गोविन्दी के जीवन में एक समय तक उठे उद्वेलनों का शमन उसके शान्त और सुखी गार्हस्थ्य में होता है और मालती के जीवन और मन के उद्वेलन उसे एक बड़े संसार में बड़े कर्त्तव्य-बोध और बड़ी गरिमा से युक्त कर परिशमित होते हैं।

अन्य नारी-पात्र—अन्य नारी-पात्रों में हम सबसे पहले झुनिया की चर्चा करेंगे, ग्रामीण पात्रों में गोबर के अलावा वही गाँव और शहर दोनों को नापती है, और फिर, उपन्यास के एक लम्बे प्रसार में उसकी उपस्थिति भी है। कुछ तो युवावस्था का तकाजा और कुछ बाल-विधवा की नियति लेकर जीवन की लम्बी दूरी को अकेले तयकर पाने, न कर पाने की आशंका और भय, उसे अपने को गोबर के साथ जीवन भर के लिए बांध देने को प्रेरित करते हैं। पहल वही करती है, और गोबर को उद्दीप्त करने में भी वही अगुआ होती है। परिणाम पांच महीने का पेट लेकर होरी और धनिया के घर उसके आश्रय माँगने के रूप में सामने आता है। वह आश्रय ही नहीं पाती, घर की बहू के रूप में स्वीकार की जाती है। वह कृतज्ञ होती है अपने सास-ससुर की। गोबर की अनुपस्थिति में परिवार के अभिन्न अंग के रूप में अपने सारे दायित्व निभाती है। पुत्र को जन्म देकर निहाल हो उठती है। कमा-धमाकर घर लौटे गोबर का नया रूप उसे अपनी नयी हैसियत के नये अभिमान से भर देता है और गोबर के घर छोड़ते-समय वह पिछला सब कुछ भूलकर गोबर का साथ देते हुए कृतज्ञता के बुनियादी भाव का हवन कर देती है। नगर के नये परिवेश में पहुँचते ही शुरुआत के सपने जल्दी ही ध्वस्त हो जाते हैं। गोबर का शहर की नयी हवा में, रोजाना ताड़ी पीकर घर आना, झुनिया को मारना-पीटना, अनियन्त्रित-यौन भोग, अपनी छोटी सी कोठरी में घुटती हुई झुनिया पूरी तरह टूट जाती है। बालक की मृत्यु उसे विक्षिप्तावस्था तक पहुँचा देती है। उस पर पेट में पल रहा नया बीज उसे और भी आशंकित कर देता है। गोबर से उसका कतई मोह भंग हो जाता है। उसे सहारा देती है चुहिया, जो उसके नवजात शिशु को अपना दूध पिलाकर पालती है, गोबर को धिक्कारती है और झुनिया को सहारा देती है। मालती के घर में अन्ततः गोबर और झुनिया दोनों को संरक्षण मिलता है। गोबर पश्चात्ताप करता है। उसका बेटा मालती के स्नेह-संरक्षण में आ जाता है। रूपा के विवाह में गोबर-झुनिया तथा बालक को लेकर गाँव जाता है। कहा-सुनी साफ होती है। झुनिया अब तक खरे अनुभवों से गुजर चुकी थी। संयुक्त परिवार से विच्छिन्न होकर भी उसका अंग बन जाती है। झुनिया के चरित्र की रेखाएँ प्रेमचन्द ने स्थितियों से उपजे

यथार्थ से रची हैं। इसी नाते उसका चरित्र सजीव और स्वाभाविक है। उसमें आये उतार-चढ़ाव भारतीय समाज में संयुक्त परिवार व्यवस्था तथा एकल परिवार दोनों की सम्मिलित देन हैं।

झुनिया के उपरान्त दूसरा चरित्र **सिलिया** का है जो अपनी बिरादरी से हटकर मातादीन के लम्पट आचरण की चपेट में आती है, उसकी वासना का शिकार बनती है, अपनी बिरादरी से व्यक्त होरी और धनिया के यहाँ आश्रम पाती है, किन्तु अपनी दृढ़ इच्छा शक्ति, एकनिष्ठता और साहस का परिचय देती हुई मातादीन की लम्पटता को ऐसे प्यार में बदल देती है कि मातादीन अपनी ऊँची जात छोड़कर उसके साथ एकात्म हो जाता है। मातादीन के व्यक्तित्वान्तरण में सिलिया की अनन्यता और दृढ़ता की महत्त्वपूर्ण भूमिका है।

सोना और **रूपा** के चरित्रों में उनके माँ-बाप के संस्कारों की छाप है। सोना में धनिया का प्रतिबिम्ब अधिक उभरता है, जबकि रूपा में होरी की सी सहिष्णुता। सोना में तेज है, रूपा में प्रशान्ति। सोना आवेग-प्रधान है और रूपा स्थिर। दोनों अपने-अपने घर में सुखी रहती हैं। होरी आजीवन गाय नहीं जे पाता। रूपा के घर गायें हैं। जब तक वह एक गाय बाप के घर भेजे, होरी का गोदान हो रहा होता है। नोहरी भोला के लिए भले एक विपत्ति का माध्यम हो, कठिन क्षणों में होरी की सहायता करती है। दुलारी सहुआइन का चरित्र भी टाइप चरित्र है। ये सारे ग्रामीण नारी-पात्र ग्रामीण जीवन के यथार्थ का हिस्सा है। बड़ी सजीव रेखाओं में वे 'गोदान' में अंकित हुए हैं। प्रेमचन्द की रचनात्मक क्षमता के ये सजीव प्रमाण हैं। नगर के सभी-पात्रों में चुहिया एक अंश में धनिया का छोटा प्रतिरूप है सहृदय और उदार, तेजस्वी और दृढ़। धनिया के अभाव में झुनिया गोबर के लिए वही धनिया का अवतार बनकर आती है। गोबर को धिक्कारते हुए सही रास्ते पर लाती है और झुनिया को अभयदान देती है। जिस वर्ग की पात्र चुहिया है, उस वर्ग के बुनियादी चरित्र को वह अपने सम्पूर्ण आचरण में प्रमाणित करती है।

समग्रतः 'गोदान' की चरित्र-सृष्टि और चरित्रांकन, दोनों में प्रेमचन्द की रचनात्मक क्षमता, मनुष्य के अन्तरंग और बहिरंग की उनकी पहचान, उनका गहरा निरीक्षण, यथार्थ की संगति में जीवन भर सहेजे गये उनके अनुभव, उनकी परिकल्पनाएँ, उनका देखा-भोगा सच और समय की लिखावट के अनुरूप उनका रचना और विचारगत व्यवहार, सबका सम्मिलित योग है। उनकी यथार्थवादी कला इस बिन्दु पर अपने पूरे उत्कर्ष के साथ मौजूद है।

रचना-दृष्टि

ग्रहण और त्याग का विवेक
यथार्थवाद और यथार्थ-विरोधी रचना-दृष्टियाँ

'गोदान' की कथा-वस्तु पर विचार करते हुए हमने उसके अन्तर्गत ग्राम-कथा तथा नगर-कथा की स्थिति तथा उनके अन्तरायोजन पर विचार किया है। हमने इंगित किया है और विशद भी किया है कि 'गोदान' की कथा मुख्यतः ग्राम-कथा होते हुए भी ग्राम-जीवन की समग्रता को प्रस्तुत करनेवाली कथा नहीं है। ग्राम-जीवन और खासतौर से किसान या किसान-जीवन की एक बड़ी महत्त्वपूर्ण और बुनियादी समस्या को ही उसमें विस्तार से उठाया गया है और उसी पर केन्द्रित भी रहा गया है। ग्राम-जीवन के दूसरे पहलू या तो उसमें आये ही नहीं या संकेतित भर हैं। जिसे ग्राम-चित्रण का भरा-पूरापन कहते हैं, 'गोदान' में वह नहीं है। यह बात अधिक दृढ़ता के साथ 'गोदान' की नगर-कथा के बारे में कही जा सकती है। नगर-कथा में नगर तो सजीव है ही नहीं, उससे जुड़े जो प्रसंग हैं, वे भी न तो किसी संक्षिप्त कथा का ही रूप पा सके हैं, और न सजीव हो सके हैं। वस्तुतः नगर या ग्राम-कथा की ये रिक्तियाँ और शून्य 'गोदान' के महत्त्व-निर्धारण में बाधा बने हैं, और अनेक समीक्षकों ने इनके आधार पर 'गोदान' की वस्तु-योजना पर काफी टीका-टिप्पणियाँ भी की हैं।

दिलचस्प बात यह है कि बावजूद इन रिक्तियों और शून्यों के प्रायः एक स्वर से 'गोदान' के महत्त्व का उद्घोष हुआ है। किसी ने उसे 'महाकाव्यात्मक उपन्यास' कहा है, किसी ने उसे 'कृषक-जीवन का महाकाव्य' माना है, किसी

ने किसान-जीवन की एक विराट त्रासदी के रूप में उसके महत्त्व की चर्चा की है, उसे एक महत् कृति, क्लासिक-रचना, प्रेमचन्द की रचनात्मक सिद्धि और हिन्दी कथा-साहित्य को उसके महत्तम प्रदेय के रूप में स्वीकार किया है। आखिर कौन-सा जादू है जो उपर्युक्त अनेक वास्तविक और अधिकतर आरोपित और मनगढ़ंत सीमाओं, रिक्तियों या शून्यों के बावजूद 'गोदान' के इस महत्त्व-आख्यान में सबके सिर पर चढ़कर बोला है ? 'गोदान' जो कुछ है, या बन सका है, और जो कुछ नहीं है और नहीं बन सका, या जान-बूझकर, सजग रहते हुए नहीं बनाया गया, उसका कारण क्या है ? सम्प्रति, हम इसी सवाल से रू-ब-रू होने का प्रयास करेंगे, और इसी क्रम में 'गोदान' की उस रचना-दृष्टि को प्रस्तुत करना चाहेंगे, 'गोदान' में जो कुछ है या जो कुछ नहीं आ सका है, उसके मूल में जिसकी स्थिति है।

नगर-कथा की सीमाएँ?—'गोदान' की ग्राम-कथा की चर्चा हमने विस्तार से की है, नगर-कथा पर जितना कहना चाहिए, नहीं कहा है अथवा 'गोदान' में वह जैसी और जिस रूप में है, उसमें उसके विषय में बहुत कहने का अवकाश नहीं रहा है। हम जानते हैं कि प्रेमचन्द मुख्यतः किसान-संवेदना के कथाकार हैं। नगर-जीवन पर, नगर-जीवन की समस्याओं पर, शहरी पात्रों के जीवन-सन्दर्भों और मनोवृत्तियों पर उन्होंने अपने दीगर उपन्यासों में काफी कुछ लिखा है, और प्रायः अधिकार के साथ लिखा है। मध्यवर्ग के चरित्र को और मध्यवर्ग की समस्याओं तथा मानसिकता पर उन्होंने विशेष गहराई से प्रकाश डाला है। किन्तु, इस सबके बावजूद प्रेमचन्द की मूलवर्ती पहचान ग्राम-जीवन या किसान-जीवन के, किसान-संवेदना के रचनाकार के रूप में ही विशेष उभरी है। हिन्दुस्तान की जो छवि उनकी समूची रचनाशीलता के बीच से उभरी है वह भी मुख्यतः ग्राम-बहुल देश, गाँवों के देश के रूप में ही उभरी है। ग्राम-जीवन की पेचीदा गणित को समझने, उसके उलझे समीकरणों को हल करने का जैसा माद्दा उनसे जूझने-टकराने के प्रति जैसी निष्ठा उनमें रही है, नगर-जीवन और नगर-जीवन की उभरती औद्योगिक-पूँजीवादी सभ्यता की जटिलताओं और विलक्षणताओं की गहराई में वे उतना नहीं गये हैं। वे नगर-जीवन में उभरती-पनपती नयी सभ्यता से आशंकित जरूर थे, उसकी भयावहता, उसके शोषणमूलक चरित्र, उसकी निर्ममता, व्यावसायिक मानसिकता, हृदयहीनता और जड़ व्यक्तिवाद के खतरों को भी पहचान रहे थे, किन्तु ग्राम-जीवन या गाँवों की सामन्ती व्यवस्था के तिलस्म को जिस तरह भेद सकने में वे सक्षम हुए थे, महाजनी-पूँजीवादी सभ्यता के उभरते तिलस्म से परिचित होते हुए भी वे गाँवों की तरह भेदना तो दूर, उसमें पूरी

तरह प्रविष्ट भी नहीं हुए थे। वस्तुतः औद्योगिक पूँजीवादी नगर-सभ्यता के बारे में उनका ज्ञान जितना अर्जित था, उतना अनुभूत नहीं। इसका जायज कारण भी है। यह अर्जन पश्चिम में औद्योगिक पूँजीवादी सभ्यता के अध्ययन से सम्बन्धित था, जो अपने शोषणमूलक चरित्र के सारे आयामों के साथ प्रेमचन्द के अपने समय में विद्यमान थी, और जिसके बारे में लिखा हुआ बहुत कुछ भारत में उपलब्ध था।

जहाँ तक भारत का सवाल है प्रेमचन्द के समय तक भारत में औद्योगिक-पूँजीवादी सभ्यता की दस्तक भर हुई थी, वह इतना उभरकर नहीं आ पायी थी कि उसके अपने स्वतः के किये गये अध्ययन और अनुभव के आधार पर प्रेमचन्द उस पर कोई आधिकारिक टिप्पणी करते। वे ग्रामीण अर्थ-तन्त्र का और उससे जुड़ी सामन्ती व्यवस्था का ढहना जरूर देख रहे थे, ग्राम-समाजों का बिखराव भी उनकी आँखों के सामने था, ऐसा क्यों हो रहा है, इसे भी वे समझ रहे थे, परन्तु उनकी आँखों के समक्ष वह औद्योगिक पूँजीवाद अपने पूरे वैभव और पूरी हिंस्र मानसिकता के साथ उपस्थित नहीं हुआ था कि वे उसका विशद वर्णन प्रस्तुत करते।

सन् 1936 ई. के, हंस के अपने अन्तिम सम्पादकीय 'महाजनी सभ्यता' में उन्होंने औद्योगिक पूँजीवादी सभ्यता के जिस हिंसक-रोमांचकारी चरित्र को पूरी विशदता से, उसके दांतों और नाखूनों के समूचे पैनेपन के साथ, उसके हृदयहीन स्वरूप, लाभ-लोभ-प्रधान मानसिकता, व्यावसायिक मनोवृत्ति और जीवन में जो कुछ उदात्त और मानवीय है, जो कुछ सुंदर और रक्षणीय है, उसे लीलने और हजम करने की पाशविक रुझान का जितने बेलौस तरीके से खुलासा किया है, वह सब पश्चिम की औद्योगिक-पूँजीवादी सभ्यता के उनके अध्ययन पर ही आधारित है। अपने अनेक ग्रन्थों, खासतौर से 'कम्युनिस्ट पार्टी के घोषणा पत्र (1848) में मार्क्स और एंगेल्स ने पूँजीवादी सभ्यता के हृदयहीन शोषक-चरित्र की जो विशद समीक्षा की है, प्रेमचन्द के उपर्युक्त वर्णन के साथ उसे देखें, तो पता चल जायेगा कि औद्योगिक-पूँजीवादी महाजनी सभ्यता की समझ का प्रेमचन्द का मूलवर्ती स्रोत क्या है? प्रेमचन्द के समय तक न तो यह सभ्यता भारत में अपने उत्कर्ष के साथ विद्यमान थी, और न ही एक संगठित शक्ति के रूप में मजदूर-वर्ग का उदय ही हो सका था। यही कारण है कि प्रेमचन्द की सर्जना में औद्योगिक मजदूर-वर्ग भी प्रायः अनुपस्थित है।

'गोदान' में नगर-कथा की भरी-पूरी उपस्थिति के न होने का यही मुख्य कारण है। फिर सब बातों में एक बात यह कि 'गोदान' में उनका मूलवर्ती

प्रतिपाद्य भी यह चित्रण न था। उसमें वे गाँव को भी उतना ही और उतनी ही दूर तक लाये हैं, जो उनकी संवेदनात्मक उद्देश्यपरकता के दायरे में हो। गाँव का भी उन्होंने 'गोदान' में बहुत-कुछ जानबूझकर छोड़ा है।

ग्रहण और त्याग का विवेक—अपनी दृष्टि के केन्द्र में उन्होंने गाँव को उतना ही रखा और रहने दिया है जो किसान-जीवन की उस त्रासदी को पूरे वेग और पूरे उभार में उद्घाटित कर सके उसके मूलवर्ती उत्स को, बिना किसी अवरोध या बाधा के हमारी आँखों के सामने ला सके, उसे ग्राम-जीवन के विशद अनुभवों के बीच वे पूरी तरह जान और पहचान सके थे। कुछ ग्रहण करने और कुछ छोड़ने, आवश्यक को ग्रहण करने और अनावश्यक और अप्रासंगिक का त्याग करने या छोड़ देने, इसके अलावा जो नहीं है, और उभर रहा है उसे जोड़ देने की रचना-दृष्टि या रचनात्मक विवेक ही, उस यथार्थवाद की रचना-दृष्टि और रचनात्मक विवेक है, जिसे 'गोदान' तक आकर और 'गोदान' में प्रेमचन्द पूरी तरह से अपना चुके थे, आत्मसात कर चुके थे।

'गोदान' में इस यथार्थवादी रचना-दृष्टि का प्रतिफलन किस रूप में हुआ है और प्रेमचन्द उसके प्रति कितने निष्ठावान रहे हैं, यह चर्चा हम आगे करेंगे। सम्प्रति इस यथार्थवाद और उसकी इस रचनादृष्टि को, ग्रहण और त्याग के उसके विवेक को हम कुछ और स्पष्ट करना चाहेंगे।

हमें जान लेना चाहिए कि यथार्थवाद या ग्रहण और त्याग के विवेक पर आधारित यथार्थवादी रचना-दृष्टि एक स्तर पर उस प्रकृतिवाद (Naturalism) और प्रकृतिवादी रचना-दृष्टि का निषेध करती है जिसमें सामाजिक मनुष्य के स्थान पर जैविक मनुष्य (Biological Man) या जैविक प्राणी के रूप में, अपनी नैसर्गिक प्रवृत्तियों से चालित मनुष्य की अवतारणा होती है, तथा चित्रण की यथातथ्यता के साथ यान्त्रिक रूप से मनुष्य के क्रियाकलापों का, एक-एक ब्योरे के साथ वर्णन किया जाता है, दूसरे स्तर पर उसमें उस तथाकथित मनोवैज्ञानिक-अन्तश्चेतनावादी यथार्थ का निषेध है, जिसमें अवचेतन के स्तर पर सक्रिय मनुष्य को लाया जाता है, उसके स्वप्न-चित्रों को स्वतः स्फूर्त शैली में प्रस्तुत किया जाता है। यथार्थवाद प्रकृतिवाद की छद्म वस्तुपरकता और मनोवैज्ञानिक यथार्थवाद की छद्म व्यक्तिपरकता से कतई भिन्न एक स्वतन्त्र जीवन-दृष्टि और रचना-दृष्टि है, जिसे उपर्युक्त दोनों यथार्थवाद-विरोधी रचनादृष्टियों से गड्डमड्ड नहीं करना चाहिए। यथार्थवाद की रचना-शैली यथातथ्यता की या फोटोग्राफिक चित्रण की रचना-शैली नहीं है। वह साहित्य को कोरमकोर समाज या जीवन का दर्पण मानकर चलनेवाली दृष्टि या शैली

नहीं है। कैमरे या दर्पण में यथार्थ का यथातथ्य या यान्त्रिक प्रस्तुतीकरण होता है, जबकि यथार्थवादी रचना-दृष्टि, जैसा हम कह चुके हैं, ग्रहण और त्याग की रचना-दृष्टि है, जो अपनी ओर से कुछ जोड़ती भी है।

यथार्थवाद, जैसा कि हम आगे देखेंगे, सार्वभौमिकता (Universality) पर, प्रतिनिधि या प्रातिनिधिकता (Typicality) पर, खण्ड की जगह समग्रता (Totality) पर बल देता है। वह विशिष्टिता पर नहीं सामान्यता पर आधारित है, जबकि दूसरी दृष्टियाँ, जिनकी हमने ऊपर चर्चा की है, विशिष्टता, विलक्षणता और असामान्यता को उभारती और गाढ़ा करती है।

यथार्थवाद और यथार्थवादी रचना-दृष्टि को जान और पहचान लेने के बाद जब हम 'गोदान' की ग्राम और नगर-कथा को देखेंगे, उसमें जो रिक्तियाँ या शून्य हैं, उनके कारण हमारी समझ में आ जायेंगे, हम उनके बारे में अधिक वस्तुनिष्ठ निष्कर्ष दे सकेंगे। कतिपय सीमाओं के बावजूद 'गोदान' में ग्राम-कथा अपनी समूची जीवन्तता के साथ चित्रित है, और नगर भी उसमें वहीं तक है, जहाँ तक उसे होना चाहिए था। बहुत एकाग्र होकर प्रेमचन्द 'गोदान' में ग्राम-जीवन के यथार्थ से रचनात्मक मुठभेड़ करते हुए अपने मूलवर्ती प्रतिपाद्य को उभारते हैं।

यथार्थवाद : आंचलिकता और आंचलिक रूपवाद—आइए, प्रेमचन्द की परम्परा, प्रेमचन्द की रचना-दृष्टि, उनकी सर्जना और 'गोदान' से जुड़े एक महत्त्वपूर्ण सवाल पर विचार करें। अधिकतर ग्राम-केन्द्रित होने के बावजूद प्रेमचन्द और उनकी सर्जना को आंचलिक कथा या आंचलिक कथा-साहित्य के दायरे में रखकर अब तक विचार क्यों नहीं किया गया या किया जा सका? इस सवाल का उत्तर ही प्रेमचन्द की रचना-दृष्टि और 'गोदान' के वैशिष्ट्य को प्रमाणित कर देगा। वस्तुतः जब से 'मैला आँचल' के प्रकाशन के साथ हिन्दी में आंचलिक उपन्यासों की बाढ़ आयी है, उनमें पाये जानेवाले ग्राम-जीवन के रंग-बिरंगे, तथाकथित भरे-पूरे चित्रणों के बरक्स 'गोदान' में गाँव तथा नगर-जीवन के चित्रण में भूरे-पूरेपन के अभाव, रिक्तियों या शून्यों की विशेष चर्चा होने लगी है। इस बात को जानने-समझने की कोशिश कम हुई है कि 'गोदान' में यदि ऐसा है, तो क्यों है?

हिन्दी कथा-समीक्षा में, जैसा हमने कहा है, प्रेमचन्द ग्राम-जीवन के रचनाकार के रूप में चर्चित होते हैं, आंचलिक रचनाकार के रूप में नहीं। बावजूद इसके कि प्रेमचन्द की सर्जना का अधिकांश ग्राम-केन्द्रित है, प्रेमचन्द की चर्चा में उसे आंचलिकता के दायरे की चीज नहीं माना गया।

'मैला आँचल' के प्रकाशित होते ही इसकी धूम मच गयी और रातों-रात उसके रचनाकार फणीश्वरनाथ रेणु हिन्दी कथाकारों की पहली पंक्ति में आ गये। रेणु की सर्जना में जो ताकत है, उसके चलते ही रेणु को यह प्रतिष्ठा मिली, इसमें दो मत नहीं है। 'मैला-आँचल' के प्रकाशन के साथ ही हिन्दी कथा-समीक्षा में आंचलिकता या आंचलिक प्रवृत्ति की चर्चा भी शुरू हुई और 'मैला-आँचल' की पूर्ववर्ती और परवर्ती, हिन्दी में आंचलिक रचनाओं की एक समृद्ध और आविच्छिन्न परम्परा भी खोज डाली गयी। 'मैला-आँचल' के प्रकाशन के पहले कथा-साहित्य में, ग्राम-जीवन प्रधान उपन्यास हों अथवा नगर-जीवन प्रधान, उनके परिवेश या वातावरण पर बात करते हुए अधिक से अधिक स्थानीय रंगत (Local Colour) का सवाल उठता था, आंचलिकता का नहीं। किन्तु, जैसा हमने अभी कहा 'मैला-आँचल' के प्रकाशन ने हिन्दी को एक समृद्ध आंचलिक उपन्यासों की परम्परा से भी परिचित कराया जिसमें 19वीं सदी उत्तरार्द्ध के भुवनेश्वर मिश्र (घराऊ घटना) से लेकर बाबू शिवपूजन सहाय (देहाती-दुनिया) वृन्दावनलाल वर्मा, उदयशंकर भट्ट, अमृतलाल नागर, नागार्जुन आदि, और रेणु के समकालीनों-परवर्तियों में श्रीलाल शुक्ल, राही मासूम रजा, शिवप्रसाद सिंह आदि-आदि अनेक ख्यात और अनेक अल्पख्यात कथाकारों को परिगणित किया गया। कथा-समीक्षा में चर्चा इनकी पहले भी होती थी, किन्तु नगर या ग्राम-जीवन के कथाकारों के रूप में, आंचलिक कथाकारों के रूप में नहीं। हम इस चर्चा के विस्तार में सम्प्रति नहीं जाना चाहेंगे। उसके माध्यम से यहाँ जो बात हम कहना चाहते हैं, वह यह कि आंचलिक कथाकारों की इस अत्यन्त 'समृद्ध' परम्परा में ग्राम-केन्द्रित तमाम कुछ लिखने के बावजूद प्रेमचन्द का नाम कहीं नहीं लिया गया। आखिर प्रेमचन्द में ऐसा क्या है, जिसके चलते वे और उनकी ग्राम-केन्द्रित सर्जना आंचलिकता के खाते में नहीं अँट पायी? प्रेमचन्द की रचना-दृष्टि को विवृत करते हुए हम इसका उत्तर दे चुके हैं। आइए, थोड़े विस्तार से, साक्ष्यों की रोशनी में बातें करें।

प्रेमचन्द में जैसी कल्पना, ग्राम-जीवन की जैसी गहरी अन्तरंग और बहिरंग पहचान, गाँवों के भूगोल-इतिहास का जैसा ज्ञान, तथा गाँवों की सांस्कृतिक सम्पदा ग्रामीण की बोली-बानी, वेश-भूषा, पूर्व-उत्सव, हाट-बाजार, मेले-ठेलों, लोक-गीतों लोकगाथाओं वार्त्ताओं, तिथि-त्योहारों, खान-पान, चाल-ढाल आदि का जितना सघन और अन्तरंग परिचय था, वे चाहते तो बड़ी आसानी से अपने उपन्यासों को आंचलिक रूप-रंग में प्रस्तुत कर सकते थे, और कदाचित् तब वे आचंलिक उपन्यासों की परम्परा में रेणु के

पूर्ववर्ती के रूप में बड़े मान और महत्त्व के साथ याद भी किये जाते। किन्तु प्रेमचन्द ने ऐसा कुछ भी नहीं किया, न 'गोदान' में और ना ही ग्राम-केन्द्रित अपने दीगर उपन्यासों और कहानियों में। वस्तुतः यथार्थवाद की जिस रचना-दृष्टि को लेकर सर्जना के क्षेत्र में वे आये थे, उसके तहत न तो ऐसा अवकाश उन्हें था और ना ही आवश्यकता। साहित्य-सर्जना के क्षेत्र में ही नहीं, ग्राम-जीवन में भी वे शौकिया नहीं गये थे, जैसा कि हम कह चुके हैं, एक रचनाकार के रूप में, और समाज के एक नागरिक के रूप में भी, रचना-कर्म को सामाजिक कर्म मानते हुए, अपने रचनात्मक तथा सामाजिक सरोकारों के दबाववश अपनी भूमिका को अंजाम देने के लिए गये थे। वे अपनी दृष्टि के वृत्त में महज उसी को और उतने को ही रखना चाहते थे, जो कहीं भीतर से बाहर आने के लिए उन्हें कुरेद रहा था। तमाम कुछ के समावेश से वे अपनी एकाग्रता और संवेदनात्मक ऊर्जा को खण्डित करना अथवा बिखेरना नहीं चाहते थे। अपने संवेदनात्मक उद्देश्य से वे किसी कीमत पर विपथित नहीं होना चाहते थे। वे लक्ष्य का सटीक वेधन करने का संकल्प लेकर ही 'गोदान' में उतरे और दृष्टि के वृत्त में महज उस किसान और उसके जीवन को नरक बनानेवाली उस समस्या को ही लाये, जिसके बरक्स ही उसके जीवन की वह त्रासदी अपने मूलवर्ती स्रोत और अपने सारे घातक परिणाम और प्रभाव के साथ चित्रित हो सकती थी। बड़े संयम और बड़े धैर्य की जरूरत होती है, इस संवेदनात्मक एकाग्रता को पाने और बनाये रखने के लिए। तिलस्म वही तोड़ सकता है जो तमाम तरह के अवरोधों, सम्मोहनों, उसे विपथित करनेवाले उपक्रमों से जूझता-टकराता, लक्ष्य के प्रति सम्पूर्ण निष्ठा के साथ आगे बढ़े और उसे तोड़ दे। विपथित होनेवाले, लक्ष्य से तो वंचित होते ही हैं, उस तिलस्म को भूल-भुलैया में भटकते-विचरते रह जाते हैं। जब फणीश्वर नाथ रेणु-जैसा समर्थ रचनाकार लक्ष्यनिष्ठ नहीं रह सका, अपनी दृष्टि को एकाग्र नहीं रख सका, तब उनकी बात क्या की जाय जो रेणु-जैसे-ग्राम-जीवन से अकुंठ एकात्म, सघन-परिचय, तथा वहाँ की मिट्टी और धरती के रग-रेशे से नैसर्गिक सम्पृक्ति के अभाव में, महज रेणु की लोकप्रियता से प्रभावित होकर, रातों-रात उनकी तरह ख्यात होने के लोभ से उनकी नकल करते हुए तथाकथित आंचलिक रचना में प्रवृत्त हुए थे।

रेणु की इस बिन्दु पर चूक और उनका विपथन एक बड़े रचनाकार की चूक और उसका विपथन है। रेणु के पास वह सब प्रभूत मात्रा में था, जो प्रेमचन्द के पास था। बदले हुए समय सन्दर्भों में रेणु के पास ऐसा भी कुछ था, जो प्रेमचन्द के पास नहीं था, और समय के अपने बिन्दु पर वे जिसे

हासिल भी नहीं कर सकते थे। रेणु के पास ग्राम-जीवन से गहरा एकात्म या ग्राम-जीवन से सघन परिचय ही नहीं था, उसे रचना में रूपायित करने की, उसे पूरे ऐतिहासिक और सामाजिक सन्दर्भों में विश्लेषित कर समूची धार के साथ चित्रित करने की दृष्टि भी थी। उनके पास एक समर्थ भाषा थी, उन्नत रचना-शिल्प था, सार्थक कला थी। सबसे बढ़कर उनके साथ देश-विदेश की ही नहीं, हिन्दी की एक समृद्ध उपन्यास परम्परा भी थी, आधी शताब्दी से भी अधिक के इस परम्परा को जन्म देने वालों और उसका विकास करने वालों के रचनात्मक अनुभव थे। आलोक के रूप में उनके पीछे प्रेमचन्द थे। प्रेमचन्द को यह सब कुछ कहाँ मिला था? रेणु को वह सब कुछ सहज उपलब्ध था। वे प्रेमचन्द के उपरान्त, 'गोदान' के आगे एक नये मील का पत्थर सहज ही गाड़ सकते थे, 'गोदान' के बाद का कीर्तिमान स्थापित कर सकते थे। 'मैला आँचल' की अन्तर्वस्तु में उसकी बुनियाद में वह सब था, जो उसे 'गोदान' के बाद उसके आगे के उससे भी महान उपलब्धि का गौरव देता। 'मैला आँचल' महत्त्वपूर्ण रचना तो बनी, रेणु बड़े रचनाकार भी रहे, किन्तु न तो 'मैला आँचल' 'गोदान' के आगे एक बड़ी लकीर खींच सका और ना ही रेणु प्रेमचन्द से आगे उनकी परम्परा के, या हिन्दी कथा-परम्परा के उनके कद को लांघ पाए। यह सब कुछ जिस कारण घटित हुआ, उसे पहचानना मुश्किल नहीं है। अपने लक्ष्य से भटकाव, अपनी रचना-दृष्टि की एकाग्रता को बनाये न रख पाना, अनावश्यक, अल्प आवश्यक और अप्रासंगिक में भटकाकर उसे क्षतिग्रस्त कर देना, उन रुझानों से, उन रचना-दृष्टियों से, उन तौर-तरीकों से सम्मोहित हो जाना, जो आधुनिकतावादी रूपवादी लिबास में अपनी सारी चमक-दमक के साथ सामने आकर यथार्थ के प्रति निष्ठावान सर्जकों को गुमराह करते रहे हैं, रचनाकार के रूप में रेणु के इस विपथन के कारण है। यह सारा उपक्रम, हमने जिसकी आधुनिकतावाद-रूपवाद के नाम से चर्चा की है, यथार्थ विरोधी और यथार्थवाद-विरोधी उपक्रम है। आंचलिक रुझान की अतिशयता, जो उसे आंचलिक रूपवाद में बदल देती है, इसी का एक पहलू है।

'मैला आँचल' की शुरुआत जिन रचनात्मक संकल्पों से हुई है, क्या उसकी परिसमाप्ति तक वे पूरे हो पाये हैं। मेरीगंज में प्रवेश करते ही डॉ. प्रशान्त उस सारे इलाके के रोग की बुनियाद को समझ लेता है। उसके अनुसार जेहालत (अज्ञान) और गरीबी इस रोग के दो मुख्य कीटाणु हैं। वह इनसे लड़ने का संकल्प लेता है। गाँव के भीतर उसकी पहचान मठों में चलते व्यभिचार से होती है, गाँव के भयानक जातिवाद से होती है, अपने स्वत्व के

लिए संघर्ष करते हुए सन्थालों से होती है। उसे अपने चारों ओर आग-ही-आग, लाल धधकती आग दिखायी पड़ती है। गुलमोहर के लाल-सुर्ख फूल। रक्त की तरह लाल क्रान्ति। उसकी जेहन में कविता की ये पंक्तियाँ टकराती हैं—'दुनिया फूस बटोर चुकी है, उसमें दो चिनगारी मैं दूंगा।' क्या उठान है 'मैला आँचल' में प्रारम्भ के सारे प्रसंगों की। किन्तु डॉ. प्रशान्त की भेंट जमींदार की मानसिक रोग से सन्तप्त बेटी कमली से होती है। वह कमली का उपचार प्रारम्भ करता है। कमली से उसकी निकटता बढती है। रेणु के दृष्टि-वृत्त में पहले मेरीगंज की बीमारी, उस इलाके का सामाजिक यथार्थ था, शनैः-शनैः उनकी दृष्टि के वृत्त में कमली और उसका रोग आ जाता है। पहलेवाली बातें हाशिये पर होती जाती हैं और उभरने लगता है गाँव का परिवेश, उसमें रहनेवाले और उनकी वेशभूषा, चाल-ढाल, बोली-बानी, बोलने का लहजा, गाँव की प्रकृति, पक्षी, पक्षियों की बोलियाँ, उनके पर्व, उनके लोक-गीत, लोक कथाएँ, और न जाने क्या-क्या? बीच-बीच में जब उन्हें याद आती है, वे अपने पूर्ववर्ती संकल्प की ओर दृष्टि केन्द्रित करते हैं, किन्तु उनके मूलवर्ती प्रतिपाद्य के सन्दर्भ में बहुत सारा अनावश्यक और अप्रासंगिक बार-बार उनकी दृष्टि में अवरोधक बनते हुए सामने आ जाता है, और वे उस पर केन्द्रित हो उठते हैं। उपन्यास का अन्त होते-न-होते, मूलवर्ती सारा पृष्ठभूमि में फिंक जाता है, उभरता है कमली और प्रशान्त का प्रेम, प्रशान्त द्वारा कमली का उपचार, जमींदार के मीलों फैले खेत। उपन्यास की परिसमाप्ति पर डॉ. प्रशान्त का संकल्प मेरीगंज तक सीमित हो जाता है। कमली उनके जीवन के केन्द्र में आ जाती है। सारे प्राणवान, शक्तिशाली कथा-प्रसंग गौण बन जाते हैं। उनकी आंचलिक रुझान आंचलिकता के रूपवाद में गुमराह हो जाती है पात्रों, स्थितियों, पात्रों की बोली-बानी, चाल-ढाल के वैशिष्ट्य को उभारने में अपनी शक्तिमत्ता खो देती है।

यह रेणु या 'मैला आँचल' की आलोचना नहीं, उसकी वास्तविकता का, उसकी विपथगामिता का कथन है। रचना-दृष्टि का विपथन रचना को किन परिणतियों तक पहुँचाता है, उनका साक्षात्कार है। जो कुछ रेणु अतिरिक्त रूप से लाये हैं, वह मनोरंजक है, आह्लादक है, किन्तु मूलवर्ती संकल्प के क्षरण का भी द्योतक है। आंचलिकता विशिष्टता में जीती और पल्लवित होती है, यथार्थ रचना सामान्य और प्रतिनिधि पर आधारित होती है। इसी का परिणाम है कि रेणु का अंचल और वहाँ का जीवन, वहाँ के लोग अपनी बोली-बानी, चाल-ढाल और रूप में जहाँ विशिष्ट-से- विशिष्ट होते हुए अपने अंचल को उभारते हैं, उस अंचल को ही नायकत्व की गरिमा देते हैं, प्रेमचन्द या

'गोदान' में अवध का अंचल नहीं, उस अंचल में सदियों के यातना-चक्र में पिसता, उससे जूझता-टकराता मनुष्य उभरता है, किसान उभरता है, और अपनी सामान्यता और प्रातिनिधिकता में उस अंचल तक सीमित न रहकर हिन्दुस्तान के किसान का प्रतिनिधि बन जाता है। होरी की त्रासदी व्यक्ति होरी की त्रासदी है, वह अवध-अंचल के किसान की त्रासदी है, और इससे आगे बढ़कर वह हिन्दुस्तान के किसान की त्रासदी है। डॉ. रामविलास शर्मा ने कहा है कि प्रेमचन्द के उपन्यासों में आंचलिकता नहीं, हिंदुस्तानीपन के दर्शन हमें होते हैं। 'गोदान' और होरी का यह हिन्दुस्तानीपन से जो एकात्म है वही प्रेमचन्द को आंचलिक कथाकारों की कोटि में परिगणित नहीं होने देता, उन्हें ग्राम-केन्द्रित उपन्यासों की परम्परा के उन्नयन और विकास का गौरव देता है। यही, अपनी रचना-दृष्टि के चलते प्रेमचन्द का सफल लक्ष्य-वेध है। यही उनका तिलस्म-भंजन है। बहुत-कुछ को लाने के लिए उन्हें बहुत कुछ जान-बूझकर छोड़ना पड़ा है। रेणु ने अपने मूलवर्ती को छोड़ा नहीं, किन्तु अतिरिक्त को अनावश्यक रूप से लाने के मोह में उसे गौण बना दिया है, पीछे ढकेल दिया है। रेणु फिर भी बड़े रचनाकार हैं। 'मैला आँचल' फिर भी महत्त्वपूर्ण कृति है। किन्तु यदि हम कहें कि रेणु और 'मैला आँचल' में जो शक्ति जीवन्तता और बड़प्पन है, वह प्रेमचन्द परम्परा से उनके जुड़े रहने के नाते हैं, और रेणु, या 'मैला आँचल' में जो भटकाव, जो क्षरण या जो विपथन है, वह प्रेमचन्द परम्परा से उनके अलग हट जाने का परिणाम है।

रचना-दृष्टियों का अन्तर रचना की वस्तु, रूप और उसके समग्र प्रभाव को किस प्रकार अनुकूलित करता है, उनकी गुणवत्ता और मूल्यवत्ता को निर्धारित करता है, यह विवेचन इसी नाते हैं।

यथार्थवाद की विजय
(Triumph of Realism)

आदर्श और यथार्थ का सवाल

आदर्श और यथार्थ, आदर्शवाद और यथार्थवाद का मुद्दा लम्बे समय से प्रेमचन्द की रचनाओं और उनके रचनात्मक दृष्टिकोण के बरक्स विचार और विवाद का विषय बना हुआ है। आचार्य नन्ददुलारे बाजपेयी और उनके समीक्षक प्रेमचन्द की रचना को यथार्थपरक मानते हुए भी, बुनियादी तौर पर उनकी रचनादृष्टि को आदर्शवादी मानते हैं जबकि रामविलास शर्मा और समीक्षकों का दूसरा वर्ग, खासतौर से प्रगतिशील समीक्षक, प्रेमचन्द के रचनात्मक दृष्टिकोण और उनकी रचनाओं में मनुष्य तथा जीवन के आदर्शों की स्थिति स्वीकार करते हुए बुनियादी तौर पर उनकी कला और उनके चिन्तन को यथार्थवाद की बुनियाद पर अवस्थित मानते हैं, जो क्रमशः पुष्ट होता हुआ उनकी परवर्ती कृतियों और चिन्तन में मानक ऊँचाइयों तक पहुँचा है। प्रेमचन्द हों या जिन्दगी के बुनियादी सरोकारों तथा उन सरोकारों से जिन्दगी की वास्तविकताओं के मद्देनजर जूझनेवाले किसी भी ईमानदार रचनाकार के बारे में इस सवाल पर दो-टूक निर्णय देना कठिन भी है और देखा जाय तो असंगत भी। जब जिन्दगी ही रंग और बदरंग है, सुन्दर और कुरूप दोनों का मिश्रण है, जिन्दगी का ईमानदारी से किया गया रूपायन दोनों के अक्सों को लेकर उभारेगा, भले ही उसमें किसी का रंग हलका हो और किसी का गहरा। आदर्श से आदर्शवादी रचनाकार न तो जिन्दगी के यथार्थ से मुंह चुरा सकता है और न यथार्थवाद के प्रति आग्रही रचनाकार जिन्दगी में जो कुछ सुंदर और शुभ बचा हुआ है, उसकी उपेक्षा कर सकता है। देखने की बात है कि जिन्दगी और उसकी वास्तविकताओं के प्रति किसी रचनाकार का बुनियादी दृष्टिकोण क्या है, उसकी मूलवर्ती रुझान क्या है।

और उसकी रचनात्मक परिणति उसकी रचनाओं में जिन्दगी की सही शक्ल पेश करती है अथवा रचनाकार की मनोगतता से रंगी हुई वह रचनाओं में आती है। अपनी रचनाओं के बारे में अपनी नियति को स्पष्ट करते हुए प्रसिद्ध फ्रांसीसी उपन्यासकार बालजक ने कभी कहा था कि जनता हमसे सुन्दर चित्रों की माँग करती है किन्तु पतनशील सामन्ती समाज में जब उसके समक्ष निकम्मे और विलासी सामन्त, मसखरे बादशाह और चापलूस मुसाहिबों की भीड़ हो, विदूषकों, और ढोंगियों की जमात हो, वह सुन्दर चित्र कैसे उकेर सकता है। अधिक-से-अधिक इन विदूषकों, निकम्मों और विलासियों की वह मखौल ही उड़ा सकता है। उन्हें नंगा ही कर सकता है, और जिन्दगी के यथार्थ के प्रति वस्तुनिष्ठ और ईमानदार बालजक ने अपनी रचनाओं में ऐसा ही किया भी है।

बालजक पर लिखते हुए एंगेल्स ने उसकी रचनाओं में यथार्थवाद की विजय को, (Triumph of Realtsm) देखा है और उसके समय को उसके समूचे यथार्थ में जानने और समझने में उसकी रचनाओं को उस समय के इतिहास-ग्रन्थों से अधिक प्रामाणिक माना है। स्मरण रहे कि अपनी निजी और वैयक्तिक रुझानों में बालजक सामन्ती जीवन-व्यवस्था से आत्मीय था और उसे ध्वस्त करते हुए पूँजीवादी सभ्यता की जो नयी दुनिया उसके सामने उभर रही थी उसके प्रति आशंकित था। किन्तु जब-जब उसने अपने समय को अपनी रचनाओं में रचा और बुना है अपनी निजी रुझानों और आस्थाओं को अलग करके पतनशील सामन्ती व्यवस्था और निकम्मे और पतित सामन्त वर्ग की धज्जियाँ ही उड़ायी हैं, उन्हें नंगा ही किया है। व्यक्ति पर रचनाकार की इस विजय को ही एंगेल्स ने यथार्थवाद की विजय (Triumph) के रूप में देखा है।

तोल्सताय धार्मिक प्रकृति के ईसाइयत के रंग में रंगे रचनाकार थे। वे पापियों से नहीं पाप से घृणा करने वालों में थे और पापियों के लिए प्रभु से क्षमा माँगने वाले, उनके उद्धार की याचना करनेवाले इंसान थे। किन्तु तोल्सताय ने अपनी रचनाओं में, 'वार एण्ड पीस' जैसी प्रसिद्ध रचना में भी, जारशाही के अन्तर्गत स्वेच्छाचार और नरक की यातना भोगते, रूस के गाँवों का, ग्रामीण जनों के जीवन का और सामन्ती सत्ता द्वारा उनकी तबाही, बरबादी और दमन का जो यथार्थ उद्‌घाटित किया है, एंगेल्स के ढर्रे पर रूस की अक्टूबर क्रान्ति के विधाता लेनिन को कहना पड़ा है कि जारशाही के आतंक और दमन के नीचे तड़पते-सिसकते रूस के ग्रामीण यथार्थ और जन-जीवन का जो ज्ञान उन्हें तोल्सतोय की रचनाओं से मिला है, उस समय के

तमाम अर्थशास्त्रियों, समाजशास्त्रियों, इतिहासज्ञों और राजनीतिक व्यक्तियों द्वारा लिखे गये भारी-भरकम ग्रन्थों से भी वह उन्हें उपलब्ध नहीं हुआ तोल्सताय के उपन्यासों को उन्होंने 'रूसी-क्रान्ति का दर्पण' माना है।

प्रश्न अन्ततः यही है कि अपनी निजी रुझानों, विचारों और अभिरुचियों के बावजूद सत्य के प्रति निष्ठा रखने वाला, एक ईमानदार रचनाकार आखिर जिन्दगी की उभरी हुई वास्तविकता के प्रति उदासीन या गैर-ईमानदार कैसे हो सकता है? यदि वह अपने मनोगत को, आकांक्षित को जिन्दगी की वास्तविकता के ऊपर आरोपित करता है, तो वह सत्य के प्रति निष्ठावान और ईमानदार कहाँ रह गया? भिन्न वैचारिक आस्था वाले, किन्तु ईमानदार रचनाकार हमेशा से इस मुद्दे पर एक गहरे रचनात्मक आत्मसंघर्ष से गुजरे हैं, और अन्ततः विजय उनकी रचनात्मक ईमानदारी, सत्य के प्रति उनके निष्कण्ठ आग्रह की ही हुई है। ऐसे ही रचनाकारों में एक प्रेमचन्द भी थे और ऐसे ही कठिन रचनात्मक आत्मसंघर्ष से उन्हें भी गुजरना पड़ा था। एक रचनाकार के रूप में यदि वे जिन्दगी की वास्तविकता के, उसके यथार्थ के समर्थ चितेरे बनकर हमारे सामने आते हैं, तो इसका कारण उनकी रचनात्मक ईमानदारी, और जिन्दगी तथा रचना-क्रम में अर्जित किये गये उनके अपने अनुभवों का योग है।

सन् 1948 के किसी महीने के 'हंस' में (तब अमृतराय 'हंस' की प्रेमचन्द की विरासत को सम्हाले हुए थे) जैनेन्द्र कुमार और प्रेमचन्द की एक बातचीत छपी है। बातचीत के क्रम में जैनेन्द्र प्रेमचन्द से शरतचंद्र और रवीन्द्रनाथ के साहित्य और रचना-दृष्टि की चर्चा करते हैं, उसके महत्त्व का आख्यान करते हैं। प्रेमचन्द जैनेन्द्र से शरत् और रवीन्द्रनाथ के बड़े लेखक होने की बात स्वीकार करते हैं किन्तु बहुत साफ शब्दों में यह भी कह देते हैं कि उनकी जो राह है, वह उनकी अपनी नहीं हो सकती। प्रेमचन्द बहुत सोच-विचारकर यह उत्तर देते हैं जिससे पता चलता है कि वे अपनी रचनाधर्मिता की शुरुआत में ही अपना दृष्टिकोण बना चुके थे कि जिन्दगी को जिस विरूपता से उन्हें जूझना-टकराना है, जो उनके सामने और उनके परिवेश में थी, उससे भावनापूर्ण तरलता का रिश्ता जोड़कर नहीं लड़ा जा सकता। उसकी विरूपता को उघाड़ने के लिए उन्हें भावनागत काठिन्य का सहारा लेना होगा। ऐसा उन्होंने किया भी।

सच पूछा जाय तो आदर्श और यथार्थ को लेकर एक द्वन्द्व, एक उधेड़बुन पहले से ही प्रेमचन्द के मन में विद्यमान थी। उनके अनेक प्रारम्भिक

निबन्धों में इसके साक्ष्य हमें मिलते हैं, जिनमें उन्होंने आदर्श और यथार्थ पर, आदर्शवाद और यथार्थवाद पर सीधे अपने विचार व्यक्त किये हैं। संस्कार और विवेक की गहरी कशमकश के बीच प्रेमचन्द बार-बार इन निबन्धों में अपने रचनात्मक विवेक को अगुआ कर यथार्थवाद की खूबियों पर प्रकाश डालते हैं, किन्तु उनके आदर्शवादी संस्कार बार-बार उन्हें अपनी ओर खींचते हुए यथार्थवाद की उन सीमाओं पर केन्द्रित कर देते हैं, जो उनके इन संस्कारों ने उनके मन में जमा दी थी। कई जगहों पर प्रेमचन्द ने दोनों दृष्टियों का तुलनात्मक विवेचन किया है। विस्तार में न जाकर हम मात्र एक उदाहरण ही देना चाहेंगे। प्रेमचन्द लिखते हैं—"यथार्थवादी, चरित्रों को पाठक के सामने उनके यथार्थ नग्न रूप में रख देता है। उसे इससे कुछ मतलब नहीं कि सच्चरित्रता का परिणाम बुरा होता है या कुचरित्रता का परिणाम अच्छा। उसके चरित्र अपनी कमजोरियाँ या खूबियाँ दिखाते हुए अपनी जीवन-लीला समाप्त करते हैं। संसार में सदैव नेकी का फल अच्छा और बदी का फल बद नहीं होता, बल्कि इसके विपरीत हुआ करता है। यथार्थवादी अनुभवों की बेड़ियों में जकड़ा होता है, और चूंकि संसार में बुरे चरित्रों की ही प्रधानता है, यहाँ तक कि उज्ज्वल चरित्र भी कुछ-न-कुछ दाग-धब्बे रखते हैं, इसलिए यथार्थवाद हमारी दुर्बलताओं, हमारी विषमताओं और हमारी क्रूरताओं का नग्न चित्र होता है, और इस तरह यथार्थवाद हमको निराशावादी बना देता है। मानव चरित्र पर से हमारा विश्वास उठ जाता है, हमको अपने चारों तरफ बुराई-ही-बुराई नजर आने लगती है।... इसमें सन्देह नहीं कि समाज की कुप्रथा की ओर ध्यान दिलाने के लिए यथार्थवाद अत्यन्त उपयुक्त है, लेकिन जब वह दुर्बलताओं का चित्रण करने में शिष्टता की सीमाओं से आगे बढ़ जाता है तो आपत्तिजनक हो जाता है। ...यथार्थवाद यदि हमारी आँखें खोल देता है तो आदर्शवाद हमें उठाकर किसी मनोरम स्थान में पहुँचा देता है। लेकिन जहाँ आदर्शवाद में यह गुण है वहाँ इस बात की भी शंका है कि हम ऐसे चरित्रों को चित्रित न कर बैठें, जो सिद्धान्तों की मूर्ति-मात्र हों जिनमें जीवन न हो। किसी देवता की कामना करना मुश्किल नहीं है, लेकिन इस देवता में प्राण-प्रतिष्ठा करना मुश्किल है।" आदर्शवाद और यथार्थवाद की इस ऊहापोह में फँसे प्रेमचन्द अन्ततः अपना निजी पक्ष यों प्रस्तुत करते हैं—"इसलिए वही उपन्यास उच्चकोटि के समझे जाते हैं, जहाँ यथार्थ और आदर्श का समावेश हो गया हो। उसे आप आदर्शोन्मुख यथार्थवाद कह सकते हैं। आदर्श को सजीव बनाने के लिए ही यथार्थ का उपयोग होना चाहिए और अच्छे उपन्यास की यही विशेषता है।"

कोई भ्रम न रह जाना चाहिए कि वैचारिक स्तर पर यथार्थवाद और आदर्शवाद को लेकर प्रेमचन्द गड्डमड्ड मनःस्थिति में हैं और इसी कारण दोनों को गड्डमड्ड करते हुए आदर्शोन्मुख यथार्थवाद के रूप में एक ऐसी स्थापना देते हैं जो उनकी नितान्त निजी स्थापना है। विश्व साहित्य में आदर्शवाद और यथार्थवाद तो मान्य है, उनके समन्वय से लायी गयी इस नयी स्थापना की किसी भी रूप में चर्चा नहीं है। हिन्दी कथा-समीक्षा में भी इस स्थापना को तरजीह नहीं मिली और रचनाकारों में भी प्रेमचन्द अकेले ही इसके प्रवक्ता रहे।

वस्तुतः जिस समय प्रेमचन्द की यह उधेड़बुन चल रही थी, जिसके क्रम में उनकी यह स्थपना सामने आयी कथा-समीक्षा में, या विचारों के क्षेत्र में यथार्थवाद बहुत कुछ अपरिभाषित ही था, और उसके बारे में विद्यमान रचनाओं के आधार पर ही धारणाएँ बनी और बनायी जा रही थीं। एक सुसंगत विचार-दृष्टि, जीवन-दृष्टि या रचना-दृष्टि के रूप में यथार्थवाद को जब व्याख्यायित और परिभाषित किया गया, जब उसे एक सौन्दर्य शास्त्रीय दृष्टिकोण के रूप में, एक भरे-पूरे जीवन-दर्शन के रूप में लाया गया, तब तक प्रेमचन्द इस संसार से विदा ले चुके थे। यदि प्रेमचन्द के समय तक यथार्थवाद अपनी समग्रता में परिभाषित हो चुका होता, कदाचित् उसमें आदर्शवाद या अपनी आदर्शवादी मनोभूमि को इस तरह गड्डमड्ड करने की जरूरत पड़ती और न ही उनके मन में यथार्थवाद के बारे में वे भ्रांतियाँ होतीं, जिनके सबब से वे उसे अनेक बिन्दुओं पर अहेतुक मान रहे थे।

आज, जबकि यथार्थवाद-सम्बन्धी और आदर्शवाद-सम्बन्धी भी, समझ हमारे समक्ष एकदम स्पष्ट हो चुकी है, प्रेमचन्द के अपने इनके विषय में व्यक्त किये गये विचारों को तथा उनकी रचनाओं में उनकी स्थिति और उनके चित्रण को हम अधिक आश्वस्त होकर, प्रामाणिक तौर पर जाँच और परख सकते हैं।

बहुत संक्षेप में कहें तो सत्य के प्रति सम्पूर्ण निष्ठा, सामाजिक मनुष्य की रचना में केन्द्रीयता, स्थितियों और पात्रों की प्रातिनिधिकता और समग्रता यथार्थवाद की बुनियादी विशेषताएँ हैं। न तो वह जीवन के कुरूप, कुत्सित और गर्हित का पर्याय है और ना ही उसमें जीवन में जो कुछ ग्राह्य और सुन्दर है, उसका निषेध है। प्रकृतिवाद और तथाकथित अन्तश्चेतनावाद या मनोवैज्ञानिक यथार्थवाद से उसका कोई नाता नहीं है। उसकी रचना-दृष्टि आवश्यक के ग्रहण और अनावश्यक के त्याग पर अवस्थित है। आदर्श और

स्वप्न उसमें वर्जित नहीं हैं, बशर्ते वे जीवन की ठोस स्थितियों से उपजे हों, आरोपित न हों। वह एक समग्र जीवन-दृष्टि और सौन्दर्य शास्त्रीय दृष्टि है, जिसके तहत महान रचनाकारों ने महान कृतियों की सर्जना की है, जिन्होंने एक बेहतर समाज और बेहतर दुनिया की सम्भावनाओं के प्रति मनुष्य को आश्वस्त ही नहीं किया, उसे सक्रिय और सक्षम भी बनाया है। जिन्दगी की सम्पत्तियों को उनके निरभ्र रूप में स्वीकार और चित्रित करने वाली, मनुष्य के श्रम, विवेक तथा बेहतर दुनिया की उसकी आकांक्षाओं के प्रति आस्थावान एवं जीवन में कुरूपता, क्षय, विषमता और मूल्यहीनता लानेवाली शक्तियों के खिलाफ सत्य का पक्षधर बनते हुए जीवनगत और रचनागत अभियान छेड़नेवाली जीवन-दृष्टि और रचना-दृष्टि पर, इतिहास-विरोधी, मनुष्य-विरोधी और कला-विरोधी रचनात्मक मुहिम के विरोध में जीवन, समाज और मनुष्य का उन्नत रूप प्रस्तुत करनेवाले यथार्थवाद पर न तो शंका की गुंजाइश है और न ही उसे गड्डमड्ड करने की जरूरत। उसकी खामियाँ उसे न समझ पाने और उससे विपथित हो जाने के नाते उत्पन्न हुई खामियाँ हैं, और उसकी खूबियाँ उसके प्रति सम्पूर्ण निष्ठा से रचनात्मक आचरण करने से उपजी खूबियाँ हैं।

आइए अब पुनः प्रेमचन्द और इस श्रम में 'गोदान' से मुखातिब हों। जैसा कि हम कह चुके हैं प्रेमचन्द की रचना-यात्रा सुधारवाद से क्रमशः आमूल सामाजिक बदलाव के बिन्दु तक पहुँचनेवाली यात्रा है, जिसमें आदर्शवाद के अपने सम्मोहन से (आदर्शों से नहीं) क्रमशः मुक्त होते हुए वे यथार्थवाद की मंजिल तक पहुँचते हैं, और अपने विचार, चिन्तन तथा रचनात्मक व्यवहार पर चढ़े उस आदर्शवादी मुलम्मे को हटा देते हैं जो अतिरिक्त और अनावश्यक के रूप में उनके विचार, चिन्तन तथा रचनाधर्मी प्रयासों पर चढ़ा हुआ था। एक बहुत नेक दिल और नेक नीयत इंसान होने के नाते लम्बे समय तक उनका यह विश्वास बना रहा कि हर मनुष्य के भीतर एक देवता का वास होता है, और उसे जगाया जा सकता है। मनुष्य की सद्वृत्तियों पर बुनियादी आस्था आदर्शवादी मन की पहचान है। महात्मा गांधी, तोल्सतोय-जैसे महापुरुषों पर अपनी आस्था के चलते प्रेमचन्द ने अपने शुरुआती दौर में ऐसी अनेक रचनाएँ कीं जिनमें उनके उपर्युक्त विश्वास झलके हैं। पंचपरमेश्वर' 'वज्रपात' जैसी कहानियों के साथ प्रारम्भिक उपन्यासों में उनके आदर्शवादी सम्मोहनों को लक्ष्य किया जा सकता है, 'प्रेमाश्रम', 'सेवासदन', 'रंगभूमि', 'कर्मभूमि', जैसे उपन्यासों में, जो उनके श्रेष्ठ और महत्त्वपूर्ण उपन्यास हैं, उन्होंने ऐसे कथानकों से, ऐसे चरित्रों की नियोजना की है, जो मनुष्य की सद्वृत्तियों पर उनकी बुनियादी आस्था को

द्योतित करते हैं। यह सब एक स्तर पर उन्होंने अपनी रचनात्मकता की कीमत पर भी किया है। 'सेवासदन' तथा 'प्रेमाश्रम' में वे समितियाँ और आश्रम खुलवाते हैं, हृदय परिवर्तन की मिसालें पेश करते हैं, रंगभूमि' में 'सत्याग्रह' की मशाल थामते हैं, और 'कर्मभूमि' में भी समझौता कमेटी बनाकर द्वन्द्वों का शमन करते देख पड़ते हैं। किन्तु उनका जीवन-सत्य के प्रति ईमानदार रचनाकार, जिन्दगी में उनके द्वारा अर्जित अनुभवों के बरक्स आदर्शवाद के इस आरोपण को अधिक नहीं झेल पाता। शनैः-शनैः जिन्दगी की वास्तविकताएँ और विषमतामूलक समाज में शक्ति और सुविधा सम्पन्नों के आचरण उन्हें इस निष्कर्ष पर पहुँचने को विवश करते हैं कि समाज में विपरीत हितोंवाले दो वर्ग हैं, कि समाज वर्गों में बंटा हुआ है, कि मुट्ठी भर लोग शक्ति और धन के बल पर विशाल मनुष्यता का शोषण कर रहे हैं, उनके अधिकारों को छीन रहे हैं। कभी महात्मा गांधी के ट्रस्टीशिप के सिद्धान्त पर उनकी आस्था थी, किन्तु जीवन के व्यावहारिक अनुभव उन्हें यह कहने को विवश कर देते हैं कि 'कुत्ते से यह आशा करना, कि वह हड्डी की रखवाली करेगा मूर्खता है।' 'सत्याग्रह का सिद्धान्त भ्रांतिपूर्ण सिद्ध हुआ', यह यथार्थ भी उनके सामने उजागर हो जाता है। बिहार में आये भूकम्प पर महात्मा गांधी का यह कथन कि यह ईश्वरीय कोप का परिणाम है, उनकी आस्था को झकझोर देता है। सन् 193.-31 के आप-पास राष्ट्रीय-सामाजिक जीवन में आया परिवर्तन, सन् 1917 की रूस की समाजवादी क्रान्ति तथा राष्ट्रीय-अन्तर्राष्ट्रीय घटना चक्र के नये मोड़ प्रेमचन्द के चले आ रहे विचारों में नये मोड़ के सूचक बनते हैं। आदर्शवाद के कुहासे के छँटते ही उनकी आँखों के सामने एक नयी दुनिया उद्घाटित होती है, जो विद्यमान तो पहले भी थी, किन्तु अपने आदर्शवादी सम्मोहनों के चलते प्रेमचन्द उसे उसकी सम्पूर्णता में देख नहीं पा रहे थे या एक खास मजरिये से देख रहे थे। यह दुनिया थी 'पूस की रात', 'सद्गति ठाकुर का कुआँ' और 'कफन' जैसी कहानियों की दुनिया जो अपनी समूची रोमांचक वास्तविकता के साथ उनसे रू-ब-रू थी। इस दुनिया में प्रवेश करके प्रेमचन्द एक नयी रचनात्मक ऊर्जा से, दृष्टि के धुंधलके से कतई मुक्त होकर उसके रग-रेशे को उघाड़ते और अपनी कहानियों में उसे बुनते हैं। 'गोदान' प्रेमचन्द की इसी परिष्कृत और नयी रचना-दृष्टि के साथ सामने आनेवाले रचनात्मक व्यवहार का मानक बिन्दु है।

प्रेमचन्द के रचनात्मक दृष्टिकोण का यह विकास और उनके रचनात्मक व्यवहार का 'कफन' जैसी कहानियों और 'गोदान' जैसे उपन्यासों में यह कलात्मक प्रतिफलन आकस्मिक नहीं है। यह आरोपण न होकर उनकी दृष्टि

और रचनाशीलता में क्रमशः होनेवाला प्रस्फुटन है, और इसीलिए नितान्त सहज और नितान्त स्वाभाविक है।

वस्तुतः यथार्थवाद प्रेमचन्द के विचारों, उनकी रचनादृष्टि और उनकी रचनाओं की बुनियाद में बराबर स्थायी रूप में रहा है। वे उससे विरत और विच्छिन्न कभी नहीं हुए हैं। उनकी रचनाशीलता का प्रारम्भ ही, वे 'प्रतिज्ञा' हो या 'वरदान' यथार्थ के प्रति उनकी निश्चय आस्था का प्रमाण है। आदर्शवाद और यथार्थवाद के बारे में उनकी जिस ऊहापोह की बात उनके निबन्धों का साक्ष्य देकर हमने ऊपर कही है, वहाँ भी वे यथार्थवाद से विमुख नहीं हैं, वहाँ भी वह उनके विचारों की बुनियाद में हैं। 'आदर्शोन्मुख यथार्थवाद की उनकी आवधारणा में उन्मुखता भले ही आदर्श की ओर हो बुनियाद में यथार्थवाद ही है। उनकी 'पंचपरमेश्वर', 'वज्रपात', 'नमक का दरोगा' जैसी कहानियों, 'सेवासदन', 'प्रेमाश्रम', 'रंगभूमि' तथा 'कर्मभूमि' जैसे उपन्यासों का जो जिक्र हमने पिछले पृष्ठों में किया है वे भी यथार्थ की बुनियाद पर स्थित रचनाएँ हैं। उनकी अन्तर्वस्तु यथार्थ से जुड़ी हुई अन्तर्वस्तु हैं। इन रचनाओं की समस्याएँ यथार्थ हैं, उनका चित्रण यथार्थ है, जिन चरित्रों की योजना उनमें है वे भी यथार्थ और 'टाइप' या प्रतिनिधि चरित्र हैं, इनकी रचनात्मक परिणति अवश्य प्रेमचन्द के आदर्शवादी मनोसंस्कारों की देन है। 'सेवासदन' में स्त्रियों की स्वतन्त्रता, उनकी बुनियादी अस्मिता और अधिकारों का सवाल उठाया गया है, उनकी आर्थिक आत्मनिर्भरता को इसका यथार्थवादी हल बताया गया है, किन्तु उपन्यास के अन्त में एक 'सेवासदन' की स्थापना कराते हुए समूचे यथार्थवाद उपक्रम में आदर्शवादी सुधारवाद के दायरे में घसीट लाया गया है। यही बात 'प्रेमचन्द' में है, जहाँ जमीन के लिए जमीन पर किसान के अधिकार के लिए संघर्ष होता है, जमींदार और उसके कारिन्दों के जोर-जुल्म होते हैं, अन्ततः जमींदार का हृदय-परिवर्तन दिखाते हुए, 'प्रेमाश्रम' के रूप में आदर्शवादी ग्राम-समाज की परिकल्पना को समूचे यथार्थ पर मढ़ दिया गया है। रंगभूमि में यथार्थ औपन्यासिक परिणति में विद्यमान हैं, किन्तु सूरदास के चरित्र को गांधीजी के 'सत्याग्रही थूर' के माडल के रूप में पेश करते हुए (सूरदास गांधीजी का माडल नहीं, उनके द्वारा चुने गये 'सत्याग्राही थूर' का माडल है, विनोबा का माडल है) उसे आदर्शवाद के रंग में रंगते हुए पेश किया गया है। 'कर्मभूमि' में भी 'गाधी इरविन' समझौते को दृष्टि में रखते हुए कमेटी की स्थापना की गयी है, गोकि किसानों तथा अछूतों की समस्या यथार्थ के चटख रंगों में पूरी स्वाभाविकता के साथ प्रस्तुत की गयी है। यह उन कुछ रचनाओं का ब्योरा है जो यथार्थ

की जमीन पर रची गयी है, आरोपण उन पर आदर्शवाद का किया गया है और इस प्रकार एक अस्वाभाविक, मनोगत अथवा सदिच्छा जन्य परिणति पर ले जाकर उनकी रचनात्मक मूल्यवत्ता को कमजोर कर दिया गया है। किन्तु रचनाशीलता के इस आरम्भिक दौर में भी 'निर्मला' जैसे उपन्यास में प्रेमचन्द ने स्त्री के बेमेल विवाह की समस्या को उठाते हुए और पुरुष-वर्चस्ववाली वर्तमान समाज व्यवस्था में नारी की परवशता के साथ बाल-वैधव्य या युवा-वैधव्य को, घर-परिवारों की दीगर असंगतियों से जोड़ते हुए एक निहायत साफ-सुथरी कथा ही नहीं कही, प्रारम्भ से अन्त तक उसे आदर्शवाद की बुनियाद पर ही टिकाये रखा है। 'निर्मला' भरी जवानी में वैधव्य का अभिप्राय भोगने के लिए बच जाती है, और यही उपन्यास की परिसमाप्ति भी है। अतएव यथार्थवाद के प्रति प्रेमचन्द का बुनियादी नजरिया कभी ढुलमुल नहीं रहा, उस पर आदर्शवाद का रंग-रोगन जब-तब जरूर चढ़ता रहा है। अनुभवों के दौर से गुजरते हुए अन्ततः वे यथार्थवाद के जिस पारदर्शी और निरभ्र रूप तक पहुँचे, 'गोदान' उनकी इसी साधना की फलश्रुति है।

'गोदान' में होरी या भारतीय किसान की त्रासदी को उन्होंने बड़े खरे यथार्थवादी सन्दर्भों में, नितान्त स्वाभाविक और उतने ही यथार्थ ग्रामीण फलक पर प्रस्तुत किया है। 'गोदन' के यथार्थवाद को समग्रता में समझने के लिए 'प्रेमचन्द' के बरक्स उसे देखने की जरूरत है, जो कि ग्राम-कथा और भारतीय किसान की समस्या से जुड़ा उपन्यास है। 'प्रेमाश्रम' का प्रकाशन वर्ष 1922-23 है, जबकि 'गोदान' का प्रकाशन-वर्ष 1936 है। 'प्रेमाश्रम' उस समय प्रकाशित हुआ था जब भारतीय राजनीति में प्रवेश कर गांधीजी अपनी ख्याति और उत्कर्ष के चरम बिन्दु पर थे। 'प्रेमाश्रम' में प्रकारान्तर से उनकी उपस्थिति भी है, परोक्ष रूप में असहयोग और सत्याग्रह के उनके हथियार भारत के राजनीतिक वातावरण में चमक रहे थे। 1917 में रूस में लेनिन के नेतृत्व में समाजवादी क्रान्ति घट चुकी थी और एक जागरूक रचनाकार और अध्येता होने के नाते प्रेमचन्द उसकी नोटिस भी ले चुके थे। भारत का स्वाधीनता संघर्ष और उसमें रचनात्मक योगदान उनका मुख्य सरोकार था। अकारण नहीं है कि 'प्रेमाश्रम' से लेकर 'गबन', 'रंगभूमि', 'कर्मभूमि' उनके सारे वृहत् रचनात्मक प्रयासों में यहाँ तक कि उनकी कहानियों में स्वतन्त्रता-आन्दोलन प्रत्यक्षतः उपस्थित है—महात्मा गांधी द्वारा तय किये गये कार्यभारों के तहत, उनके द्वारा अपनायी गयी अहिंसा, असहयोग, समाज-सुधार, अछूतोद्धार आदि की रणनीति के तहत 'गोदान' तक आते-आते भारतीय राजनीति में गांधी का नेतृत्व हाशिए पर जा चुका था।

सन् 1930-31 के आसपास से समाजवादी विचार भारतीय जीवन तथा राजनीति दोनों में प्रविष्ट हो चुके थे। कांग्रेस के भीतर ही समाजवादी विचारों के प्रवक्ता अपनी अलग पहचान लेकर उभर चुके थे। अब तक कांग्रेस जमींदारों और पूँजीपतियों की स्वतन्त्रता संघर्ष में अपने निजी स्वार्थों के तहत की जानेवाली भागीदारी स्वतन्त्रता-आन्दोलन में धन देकर उसकी सहायता करने के नाते किसान-मजदूरों की समस्याओं को राष्ट्रीय आन्दोलन के मुख्य एजेण्डे में शामिल करने से कतरा रही थी, किन्तु समाजवादी विचारधारा के प्रवेश, कांग्रेस में उसके प्रवक्ताओं की उपस्थिति तथा तथा किसान-जनता की क्रमशः उग्र होती समस्या के चलते उस पर दबाव पड़ने लगा था कि वह किसानों की ओर मुड़े। सन् 1930 और 1936 के बीच हरिपुरा और त्रिपुरी में हुए कांग्रेस के अधिवेशन जो मुख्यतः ग्रामीण क्षेत्र थे, राष्ट्रीय आन्दोलन की बदली हुई दिशा का संकेत देते हैं। बावजूद इसके अभी राष्ट्रीय आन्दोलन किसानों की समस्या की तह में नहीं उतर पाया था। गाँवों में उसकी उपस्थिति बहुत कमजोर थी।

'प्रेमाश्रम' और 'गोदान' दोनों में राष्ट्रीय आन्दोलन के इस स्वरूप को देखा जा सकता है। प्रेमचन्द राष्ट्रीय आन्दोलन के इस यथार्थ को किस तरह पहचान रहे थे, उनके ये तथा अन्य उपन्यास इसके प्रमाण हैं।

'प्रेमाश्रम' और 'गोदान' को एक-दूसरे के बरक्स रखते हुए डॉ. रामविलास शर्मा ने, दोनों में, प्रेमचन्द की रचना-दृष्टि, विचार तथा चित्रण के अन्तर को बड़ी सफाई से उद्घाटित किया है। 'प्रेमाश्रम' में भले ही कथा लखनपुर तक ही सीमित हो, वहाँ किसान अकेला नहीं है। जमींदार का जोर-जुल्म हो, प्लेग-आगजनी हो, बलात्कार या जमीन पर किसान के अधिकार की बात हो, गाँव के सारे किसान इकट्ठे होकर अन्याय के खिलाफ खड़े होते हैं, जोर-जुल्म का सामना करते हैं। प्रतिद्वन्द्वी दलों में लाठियाँ भी चलती हैं और किसान एकजुट होकर जमींदार के कारिन्दों तथा लठैतों से टकराते हैं। किन्तु 'गोदान' में ऐसा नहीं है। 'गोदान' में भी एक ही गाँव बेलारी है, किन्तु होरी की मुसीबत में कोई उसके साथ खड़ा नहीं होता। वह स्थितियों से अकेला ही जूझता और बरबाद हो जाता है। रामविलास शर्मा सवाल करते हैं—'तब क्या प्रेमचन्द पीछे की ओर लौट रहे थे?'' उनका उत्तर है—''गोदान' में किसानों के शोषण का रूप ही दूसरा है। यहाँ सीधे-सीधे रायसाहब के कारिन्दे होरी का घर लूटने नहीं पहुँचते। लेकिन उसका घर लुट जरूर जाता है। यहाँ अंगरेजी राज के कचहरी-कानून सीधे-सीधे उसकी जमीन छीनने नहीं पहुँचते। लेकिन जमीन छिन जरूर जाती है। होरी के

विरोधी बड़े सतर्क हैं। वे ऐसा काम करने में झिझकते हैं जिससे होरी दस-पाँच को इकट्ठा करके उनका मुकाबला करने को तैयार हो जाये। वह उनके चंगुल में फंसकर तिल-तिल करके मरता है, लेकिन समझ नहीं पाता कि यह सब क्यों हो रहा है? वह तकदीर को दोष देकर रह जाता है। समझता है, यह सब भाग्य का खेल है। मनुष्य का इसमें कोई बस नहीं।'' डॉ. रामविलास शर्मा ने स्पष्ट किया है कि प्रेमचन्द महज अंग्रेज के झण्डे को ही नहीं, शोषण की उसकी विलायती मशीन को भी उसके साथ हिन्दुस्तान के बाहर भेजना चाहते थे। प्रेमाश्रम से 'गोदान' तक उन्होंने शोषण की इस मशीन के सारे तौर-तरीकों को सबके सामने खोलकर रख दिया है। 'गोदान' में उसका रूप दूसरा है, 'प्रेमाश्रम' में दूसरा। ऐसा नहीं है कि प्रेमचन्द 'गोदान' में पीछे की ओर लौट रहे थे। राष्ट्रीय आन्दोलन की कमजोरी के साथ वे सामन्ती शोषण की बदली हुई रणनीतियों का भी पर्दाफाश कर रहे थे। 'गोदान' में होरी के अकेले होने का यही कारण है। होरी के शोषण सतर्क ही नहीं समझदार भी हैं। रायसाहब जिन्हें वह अपना शुभचिन्तक मानता है, अपने को उनका निकटवर्ती होने के नाते भाग्यशाली समझता है, वे रायसाहब होरी से चिकनी-चुपड़ी बातें करके अपनी नेकनीयती की छाप उस पर जरूर डालते हैं, तबाही और क्रमशः बरबाद होते जाने के उसके परिस्थिति-चक्र में उसकी सहायता नहीं करते, न ही उनका कोई आदमी उसके पास पहुँचता है। जबानी सहानुभूति से आगे वे नहीं बढ़ते। उनके सिद्धान्त की चर्चा हम कर चुके हैं कि वे गरजने और गुर्राने की जगह मीठी बोली बोलकर शिकार को पूरा हजमकर लेने पर विश्वास करनेवाले हैं। मेहता भी उनके इस महीन शोषण-चक्र पर अनेक बार वार करता है।

'गोदान' की कथावस्तु के विवेचन में हम कह चुके हैं कि उसकी वस्तु बहुत विन्यस्त नहीं है ढीली-ढाली और धीमी गति से चलनेवाली है। इसे कुछ लोगों ने दोष माना है। किन्तु वस्तुतः यह दोष नहीं है। प्रेमचन्द ने 'गोदान' की कथावस्तु को होरी के अपने जीवन की अनुरूपता में बुना है। जैसा ढीला-ढाला मंथर गति से चलनेवाला होरी का जीवन-चक्र है, 'गोदान' की कथावस्तु भी उसी के अनुरूप चलती है। उसके शोषक उसे एक झटके में भी खत्म कर सकते थे, किन्तु शोषण की अपनी नयी यथार्थ-नीति के तहत इस प्रकार मीठी छुरी से उसे धीरे-धीरे रेत-रेतकर मारते हैं कि उसे अन्त तक, या किसी को भी अन्त तक यह विश्वास नहीं हो पाता कि होरी सचमुच अपने जीवन के अन्तिम बिन्दु पर आ पहुँचा है। डॉ. रामविलास शर्मा ने बहुत सही लिखा है कि 'गोदान' की गति धीमी है, होरी के जीवन की गति

की तरह। यहाँ सैलाब का वेग नहीं है, लहरों के थपेड़े नहीं हैं। यहाँ ऊपर से शान्त दिखनेवाली नदी की भँवरें हैं जो भीतर-ही-भीतर मनुष्य को दबाकर तलहटी में लगा देती है, और दूसरों को वह तभी दिखायी देता है जब उसकी लाश उतराती हुई बहने लगे।''

कथा हो या पात्र, स्थितियाँ हों या प्रसंग, प्रेमचन्द ने सबसे चित्रण में बड़े धैर्य और संयम से काम लिया है। यथार्थवादी कला के अनुरूप उन्होंने अपनी ओर से कोई सम्भाषण यहाँ नहीं दिये हैं, कोई उद्‌बोधन नहीं किये हैं। होरी और उसके परिवार के जीवन-यथार्थ को स्थितियों के बीच से ही उभारा है। उनके मन के आदर्श 'गोदान' में मरे नहीं हैं, वे यथार्थ के गर्भ से उपजती और विकसित होती अन्तर्वस्तु में घुल-मिलकर सामने आये हैं। होरी में जिस बुनियादी आदमीयत को, जिस मनुष्यता को उन्होंने उभारा है, या धनिया तथा दूसरे पात्रों की मानवीयता को जिस तरह उजागर किया है, उसके मूल में उनकी मनुष्य-सम्बन्धी आदर्श परिकल्पना ही है, किन्तु जीवन के यथार्थ में जज्ब हो जाने के नाते वे अलग से उद्‌भासित नहीं होतीं। यही 'गोदान' में उनकी कला के उन्मेष का मर्म है। यदि वे अपनी पूर्ववर्ती रचनात्मक मनोभूमि में होते तो बड़े आराम से कथावस्तु को अपनी मनोकांक्षा या सदिच्छाओं के अनुरूप मोड़ते हुए 'गोदान' में भी किसी समझौता कमेटी की नियोजना कर सकते थे। रायसाहब के आदेश से, या पंचों का हृदय-परिवर्तन करते हुए होरी के दरवाजे एक गाय बंधवा सकते थे। बेचारे ने बहुत भुगत लिया, अब गाय की उसकी इच्छा तो पूरी हो जाय। किन्तु प्रेमचन्द 'गोदान' में ऐसा नहीं कर सके। 'गोदान' में उन्होंने ऐसा नहीं किया। अपने अनुभवों के क्रम में समाज की जिस वास्तविकता को 'गोदान' तक पहुँचते-पहुँचते वे जान और भांप चुके थे, उसके बरक्स वे ऐसा कर ही नहीं सकते थे। वे तब तक इस तथ्य को भीतर तक अंगीकार कर चुके थे कि उपन्यास में वे भले ही होरी के घर के दरवाजे पर गाय बँधवा दें, वास्तविक जीवन में होरी और उस-जैसे लोगा उसे नहीं पा सकते हैं। अपनी सदिच्छा को आगे न लाकर जो यथार्थ है, उसे उभारकर और उजागर कर प्रेमचन्द ने यहाँ उसी यथार्थ-निष्ठा का परिचय दिया है, जिसका उल्लेख, प्रारम्भ में बालजक के प्रसंग में हम कर चुके हैं। इसी बिन्दु पर 'गोदान' में प्रेमचन्द वह उपलब्ध कर सके हैं जिसे बालज़क के सन्दर्भ में एंगेल्स ने 'यथार्थवाद' की विजय कहा है। प्रेमचन्द के यथार्थनिष्ठ रचनाकार की व्यक्ति-प्रेमचन्द पर यह विजय है। उनके व्यक्ति के सिर पर चढ़कर उनके रचनाकार का जादू बोला है। 'रंगभूमि' में भी प्रेमचन्द इस अग्नि-परीक्षा से गुजर चुके थे, जहाँ भी अपनी सारी सदिच्छाओं के बावजूद

उन्होंने उसके नायक सूरदास को जमीन के अपने टुकड़े के संघर्ष में परास्त होते दिखाया है। सूरदास का संघर्ष भी होरी की तरह विफल होता है और जमीन का उसका टुकड़ा हाथ से छिन जाता है।

होरी की त्रासदी के चित्रण में भी उनकी कलम नितान्त संयत रही है। हम कह चुके हैं कि कहीं कोई भावनाजन्य अतिरेक वे सूचित नहीं करते। निहायत यथार्थपरक स्थितियों में होरी के जीवन-चक्र को डालते हुए उसकी मृत्यु के अन्तिम क्षणों तक वे उतने ही संयत, और शान्त बने रहते हैं। बहुत थोड़े से शब्दों में उसकी मनोभावनाओं का चित्र प्रस्तुत करते हैं और उसकी जीवन-लीला के अन्त को हमारे नेत्रों के समक्ष रख देते हैं। पूरे जीवन दहाड़ने और आग उगलनेवाली धनिया अपने सुहागरूपी तृण को सैलाब के थपेड़ों में अपने हाथ से छूटते अलग होते देख छाती पीट-पीटकर न तो हाय-हाय करती है और न ही पंचों और महाजनों को जिनके प्रतिनिधि दातादीन हाथ पसारे उसके सामने खड़े हैं, देखकर उन पर आगबबूला होकर टूटती है, अपने पति की मौत या हत्या का जिम्मेदार उन्हें ठहराती है। यह वह बिन्दु है, त्रासदी के चरम पर पहुँचने का वह बिन्दु है, जहाँ वाणी से अधिक प्रेमचन्द ने मौन और मुख के हाव-भाव को महत्त्व दिया है। होरी के इर्द-गिर्द जो भी खड़े हैं, वे उसके देवर हों, दातादीन हों, या अन्य, अब तक के अपने जीचन में वह सबको जान-समझ चुकी है। उसकी अवज्ञा, उसकी धिक्कार, उसका रोष, उसका सन्ताप, उसका क्लेश और उसका दुःख उसके मौन में बोला है, उसकी मुद्राओं और हाव-भावों में व्यंजित हुआ है। हीरा के कहने पर कि "भाभी, दिल कड़ा करो, गोदान करा दो, दादा चले,—धनिया ने उसकी ओर तिरस्कार की आँखों से देखा। अब वह दिल को और कितना कठोर करे? अपने पति के प्रति उसका जो धर्म है, क्या यह उसको बताना पड़ेगा। जो जीवन का संगी था, उसके नाम को रोना ही क्या उसका धर्म है?" यन्त्र की तरह उठकर वह दातादीन के हाथों में बीस आने पैसे रख देती है। उसके शब्द इस पूरे प्रसंग में महज यही है—"महाराज, घर में न गाय है, न बछिया, न पैसा। यही पैसे हैं। यही इनका गोदान है।" इसके उपरान्त पछाड़ खाकर उसके गिरने के साथ ही उपन्यास की परिसमाप्ति है। इस त्रासदी पर प्रेमचन्द की अपनी कोई अन्तिम टिप्पणी नहीं है। कोई उद्बोधन नहीं है, कोई सम्भाषण नहीं है। 'निर्मला' उपन्यास के अन्त की तरह 'गोदान' का अन्त भी बिना किसी टिप्पणी के हुआ है, जबकि अपने-अपने ढंग से दोनों ही त्रासदी हैं। एक में त्रासदी के केन्द्र में भारतीय समाज-व्यवस्था में अपने स्वत्व से वंचित परवश नारी है, दूसरी में ग्राम प्रधान भारत में बदहाली

और बरबादी की नियति पानेवाला किसान, प्रेमचन्द ने भारतीय समाज में सबसे शोषित तबकों में जिन तीन की पहचान की थी, उनमें से दो इन त्रासदियों के केन्द्र में हैं।

'गोदान' की कथावस्तु के विवेचन में हमने बताया है कि कथा-सूत्रों के विन्यास में प्रेमचन्द यथार्थवाद की ग्रहण और त्यागवाली रचना-दृष्टि से चालित हुए हैं और ढीले-ढाले कथानक को भी उन्होंने यथार्थ की संगति में ही आगे बढ़ाया है। समूची ग्राम-कथा यथार्थ के ढेरों सन्दर्भों से पुष्ट और प्राणवान हुई है। नगर-कथा में भी विचार-प्रधान बहस-मुबाहिसों या कुछ विशेष दिलचस्प प्रसंगों की योजना को लेकर (मिर्जा द्वारा कबड्डी प्रतिस्पर्द्धा) विचार भले उठाये जायं, शेष तथा स्वाभाविक और सहज हैं।

चरित्रों की रेखाएँ भी यथार्थ रंगों में ही उभारी गयी हैं। मेहता-मालती की कथा और चरित्र में जो मोड़ है, वह प्रेमचन्द की, उनके विचारों तथा जीवन-व्यवहार की बदलती गति में अपनी उपस्थिति के कारण है, अन्यथा नगर-पात्र हो या ग्रामीण-पात्र सभी टाइप हैं और यथार्थवाद की अपनी कसौटी में खरे उतरते हैं।

'गोदान' में आदर्श अनुपस्थित नहीं हैं, आदर्शवाद उसमें भले न हो। मनुष्य की प्रेमचन्द की अपनी आदर्श परिकल्पना अनेक पात्रों में सजीव हुई है। जहाँ वह सजीव न लगकर आरोपित लगती है, वहाँ वह प्रेमचन्द की रचना-दृष्टि में पूरी तरह जज्ब नहीं हो सकी है। नारी के विषय में मेहता के लम्बे-लम्बे भाषण, जिस आदर्श नारी को सामने लाते हैं, हम कह चुके हैं वह प्रेमचन्द के अपने आदर्शों की नारी है, और बदले हुए युग-सन्दर्भों में विवादास्पद बन सकती है। इसे हम गोदान में विद्यमान प्रेमचन्द के आदर्शवादी संस्कारों के रूप में स्वीकार कर सकते हैं। इसी प्रकार मेहता और मालती द्वारा अविवाहित रहते हुए सेवा का व्रत लेना भी प्रेमचन्द के आदर्शवाद से संस्कारित मन की देन कहा जा सकता है। यथार्थ की सजीव और कलात्मक उपस्थिति से युक्त 'गोदान' के समूचे कलेवर में प्रेमचन्द के आदर्शवादी संस्कारों की इतनी उपस्थिति इस नाते स्वीकार की जा सकती है कि वह 'गोदान' के मुख्य प्रतिपाद्य और संवेदनात्मक उद्देश्य को क्षति नहीं पहुँचाती। प्रेमचन्द के रचनाकार के ये आदर्श जीवन और मनुष्य की उच्चतर सम्भावनाओं के उनके विश्वास से जुड़े हैं। वे हमें भले लगते हैं और यदि उनमें से कुछ किन्हीं बिन्दुओं पर प्रश्नचिह्नित भी हों तो हमें उन पर विचार करना चाहिए। ●

महाकाव्यात्मक आयाम

उपन्यास को आधुनिक युग का महाकाव्य कहा गया है। उपन्यास है भी औद्योगिकीकरण के साथ ऐतिहासिक रूप में शुरू हुए आधुनिक युग की देन। औद्योगिकीकरण के साथ समाज में मध्यवर्ग की उदय भी होता है, शिक्षित मध्यवर्ग का। इस नाते उसे मध्यवर्ग की अपनी सामाजिक आकांक्षाओं, विचारों और उसकी सांस्कृतिक अभिरुचियों का प्रवक्ता भी माना गया है। साहित्य में वह मध्यवर्ग की देन के रूप में भी ख्यात है। भारत में भले ही उसकी कोई प्राचीन पूर्ववर्ती शिनाख्त हो, और उसके आधार पर भले ही आज निर्मल वर्मा-जैसे विचारक उपन्यास के भारतीय स्वरूप और स्वत्व की बात उठायें और नामवर सिंह-जैसे ख्यात समीक्षक भारतीय उपन्यास या उपन्यास की भारतीयता-जैसी परिकल्पना का आधार बाणभट्ट की 'कादम्बरी' और 'नासिकेतोपाख्यान' जैसी संस्कृत गद्य की रचनाओं में, पश्चिम के रोमांसों में अथवा आधुनिक युग में देवकीनन्दन खत्री, ठाकुर जगमोहन सिंह या हजारीप्रसाद द्विवेदी की औपन्यासिक कृतियों में मानें, 'नावेल' या आज के उपन्यास को औपनिवेशिक दासता या औपनिवेशिकता का प्रतीक कहें, उपन्यास आज जिस रूप में हमें प्राप्त हैं, और जिस रूप में वह इस पूरी सदी में विकसित हुआ है। प्रेमचन्द में विकसित हुआ है, वह आधुनिक युग की ही देन है। उसका रूपबन्ध, उसका ढाँचा पश्चिमी उपन्यासों—अंग्रेजी के उपन्यासों— के आधार पर ही खड़ा हुआ है, उनसे प्रभावित है।

आचार्य रामचन्द्र शुक्ल ने जब लाला श्रीनिवासदास के 'परीक्षा-गुरु' को हिन्दी का पहला 'अंग्रेजी ढंग का उपन्यास' कहा था, तो उनके जेहन में हिन्दी उपन्यास के आविर्भाव में अंग्रेजी उपन्यास के आधारभूत प्रभाव की ही बात थी। 'परीक्षा-गुरु' कैसा भी उपन्यास हो, यहाँ उसका विवेचन हमारा लक्ष्य नहीं है, हम जो बात कहना चाहते हैं, वह यह है कि पश्चिमी रूपबन्ध के बावजूद 'परीक्षा-गुरु' के आगे हिन्दी उपन्यास की जो परम्परा विकसित हुई वह ठेठ भारतीय अन्तर्वस्तु को अपने में समटते हुए ही विकसित हुई और उपन्यास के बारे में पश्चिम की अनेक अवधारणाओं को काटते और तोड़ते हुए विकसित हुई प्रेमचन्द के उपन्यास, तमाम दूसरे रचनाकारों के साथ, जिसके गवाह हैं। उनकी भारतीयता पर सवाल उठाना उनकी भारतीय अन्तर्वस्तु की अवहेलना करना है, उनकी देन के महत्त्व को कम करना है। प्रेमचन्द को हिन्दी उपन्यास में युग-प्रवर्तक माना गया है। हिन्दी उपन्यास में उनकी अपनी परम्परा की भी सक्रियता है। हिन्दी उपन्यास पर कोई भी निर्णायक रायजनी करने के पहले उनकी परम्परा और परवर्ती उपन्यास पर इस परम्परा के प्रभाव को देखना भी जरूरी है।

आधुनिक युग हिन्दी उपन्यास ही नहीं लाया, वह हिन्दी गद्य और पद्य की अपनी भाषा को भी लेकर सामने आया। उपन्यास इसी गद्य की, गद्य-भाषा की एक विधा है। इसके पहले साहित्य में हमें पद्य की, कविता की, पद्य की अपनी भाषा की परम्परा मिलती है। गद्य, पद्य-भाषा और गद्य-भाषा में सामने आनेवाली गद्य की विधाओं की परम्परा भी आधुनिक युग की देन है।

गद्य और गद्य-भाषा का उद्भव वस्तुतः आधुनिक युग की जरूरत थी। औद्योगिकीकरण, विज्ञान और तकनीक के प्रवेश ने, समाज में उदय हुए मध्यवर्ग और शिक्षित मध्यवर्ग के सामाजिक जीवन में हस्तक्षेप ने, औद्योगिकीकरण के साथ विकसित होनेवाली पूँजीवादी सभ्यता ने, जिसे प्रेमचन्द ने 'महाजनी सभ्यता' का नाम दिया है, चले आते हुए समाज को पहले-जैसा ही नहीं रहने दिया। न केवल जीवन की जटिलताएँ बढ़ीं, नये सवाल उभरे, चले आ रहे सामाजिक और मानवीय सम्बन्धों में आदमी और आदमी के बीच के सम्बन्धों में, व्यक्ति और समाज के बीच के सम्बन्धों में चली आ रही सोच में घर-परिवार के नाते-रिश्तों में जटिलताएँ बढ़ीं। सामाजिक और मानवीय सम्बन्धों का ताना-बाना ही जैसे उलझ गया। जिन्दगी जटिल और संश्लिष्ट हुई। जिन्दगी की इस जटिलता और संश्लिष्टता को, सम्बन्धों के बीच पैदा हुए उलझाव को और उभरनेवाली नयी चुनौतियों को विश्लेषित करते, उनसे टकराते और उन्हें अभिव्यक्ति देने के लिए युग के

साहित्य को नयी भाषा की जरूरत हुई। कविता या पद्य की चली आती हुई भाषा से इन जटिलताओं को नहीं खोला जा सकता था, उनसे नहीं निपटा जा सकता था। गद्य और गद्य-भाषा के उदय का यह ऐतिहासिक सन्दर्भ है।

आचार्य शुक्ल ने हिन्दी साहित्य के आधुनिक काल का नाम 'गद्य-काल' दिया है, जो आधुनिक युग में गद्य और गद्य-विधाओं की प्रमुखता को ज्ञापित करता है। कविता आधुनिक युग में भले ही लिखी जा रही हो, आधुनिक युग गद्य का युग है, और जो कविता आज है, गद्य के संस्कार उसमें भी प्रतिबिम्बित हैं। उपन्यास के आविर्भाव ने आधुनिक युग में महाकाव्यों को हाशिये पर डाल दिया। आधुनिक युग उपन्यासों का युग है, उसी तरह जैसे पहले का युग महाकाव्यों का युग था। उपन्यास को इसीलिए आधुनिक युग में महाकाव्य का स्थानापन्न माना गया है। महाकाव्य तब लिखे जाते हैं जब व्यक्ति और समाज के सम्बन्ध समरसतापूर्ण होते हैं, उनमें तनाव नहीं होता। आधुनिक युग व्यक्ति और समाज के बीच तनावपूर्ण सम्बन्धों का युग है, सामंजस्य के अभाव का युग है, और इस तनाव तथा टकराव की अभिव्यक्ति उपन्यास ही कर सकते हैं, जैसा कि उन्होंने किया भी है।

आधुनिक युग में पश्चिम में उपन्यासों की जो परम्परा विकसित हुई, वह लम्बी और समृद्ध परम्परा है। पश्चिम में आधुनिक युग भारत से बहुत पहले आया। वहाँ औद्योगिक क्रान्ति काफी पहले सम्पन्न हुई। पश्चिम की उपन्यास-परम्परा लगभग तीन सौ साल पुरानी है, जबकि हिन्दी में उपन्यास 19वीं शताब्दी उत्तरार्द्ध में आया। पश्चिम की उपन्यास-परम्परा इसी नाते, हिन्दी और भारत की उपन्यास-परम्परा से अधिक समृद्ध भी है। अपने लम्बे विकास-क्रम में पश्चिम के औपन्यासिकों ने कुछ ऐसी रचनाएँ विश्व को दी हैं जिनके महत्त्व को 'महाकाव्यात्मक उपन्यास के रूप में रेखांकित किया गया है। Eptc Novel जैसी संज्ञा ऐसे ही उपन्यासों के नाते प्रचारित और विज्ञापित हुई है, अर्थात् ये वे औपन्यासिक कृतियाँ हैं जिन्होंने नये युग में अपनी रचना, अपने गठन और अपने प्रभाव में उस उत्कर्ष, उस व्याप्ति और उस गुणवत्ता, सघनता और महनीयता को पाया और प्रसारित किया है, जो पहले महाकाव्यों में दिखायी पड़ती थी। उनमें महाकाव्यों-जैसा औदात्य, महाकाव्यों-जैसी समग्रता और महाकाव्यों-जैसा प्रभाव है।

महाकाव्यों की अवधारणा, वह पश्चिम की हो अथवा भारत की, अपने तमाम वैशिष्ट्य के बावजूद कुछ मुद्दों पर एक-दूसरे से बहुत मिलती है। ये मुद्दे और ये बिन्दु हैं—जीवन की समग्रता जीवन के एक बड़े प्रसार को समेटना; इस समग्रता के अनुरूप की गयी चरित्र सृष्टि और उसके बीच से

उभरनेवाला एक केन्द्रीय चरित्र या नायक, और इसके अलावा समूची रचना से ध्वनित होनेवाला एक महत् सन्देश एक बड़ा जीवन-सत्य तथा समूची रचना से निस्पन्न महत् प्रभाव को लम्बे समय तक कायम रहे। बातें और भी जोड़ी जा सकती हैं, किन्तु वे महज विस्तार होंगी। बुनियादी विशेषताएँ महाकाव्य की प्रायः यही हैं। जिन्हें पश्चिम के महाकाव्यों या भारतीय महाकाव्यों में देखा जा सकता है, जिन्हें केन्द्र में रखकर किसी रचना की महाकाव्य के रूप में पहचान की जा सकती है। जाहिर है कि महाकाव्य की कथा में विन्यास बहुत चुस्त नहीं होता, वह ढीला-ढाला और लचीला होता है। भारतीय और पश्चिमी, दोनों प्रकार के महाकाव्यों में उसके इस ढीले-ढाले रूपबन्ध को या वस्तु-विन्यास को लक्ष्य किया जा सकता है। पश्चिम में जिन औपन्यासिक रचनाओं को 'महाकाव्यात्मक उपन्यास' या Epic Novel के रूप में मान्यता मिली है, अपने-अपने युग-सन्दर्भों में महाकाव्यों की ये विशेषताएँ उनमें लक्ष्य की जा सकती हैं। फेहरिश्त पेश करना यहाँ हमारा लक्ष्य नहीं है, किन्तु उदाहरणस्वरूप रोमा रोलां के 'ज्यां क्रिस्तोफ', बालज़क के 'ह्यूमेन कामेडी' ताल्सताय के 'वार ऐण्ड पीस', शोलोखोव के 'एण्ड क्वाइट फ्लोज़ द डान', -जैसी रचनाओं का नाम हम ले सकते हैं, जिनमें महाकाव्यों की उपर्युक्त पहचान को हमें पाने में दिक्कत नहीं होगी। जरूरी नहीं है कि इस पहचान को निर्धारित करने में यान्त्रिक समझ से काम लिया जाय और उपन्यास में महाकाव्यों को भारतीय या पाश्चात्य लक्षणों को यथावत देखने का प्रयास किया जाय। ऐसी पहचान भ्रामक भी होगी, गैर-जरूरी तो वह है ही। महाकाव्यात्मक उपन्यास या Epic Novel की जो परिकल्पना पश्चिम की उपन्यास-समीक्षा में उभरी है, वह शास्त्रीयता के बजाय उपर्युक्त मानक-कृतियों के बीच से ही उभरी है, और वस्तुतः इन्हीं कृतियों के आलोक में महाकाव्यात्मक उपन्यास-जैसे उपन्यास की चर्चा भी आगे बढ़ी है। पश्चिम की लम्बी उपन्यास परम्परा में अधिक से अधिक एक दर्जन कृतियाँ ही ऐसी होंगी, उपन्यास के महाकाव्यत्व या महाकाव्यात्मक उपन्यास की चर्चा के सिलसिले में जिनका नामोल्लेख हुआ है। अपने ढंग से महत्त्वपूर्ण, विशिष्ट,महत् उपन्यास या उपन्यास्कार भी इस चर्चा में नहीं आये हैं। डिकेंस, दोस्ताएवक्सी, गोर्की, जोला, फ्लावेयर, हार्डी वे नाम हैं पिछली तीन सदियों में जिनके प्रदेय ने अन्तर्राष्ट्रीय स्तर पर अपनी गुणवत्ता और महानता की पहचान करायी है। इनके अलावा भी और रचनाकार हैं जिनके उपन्यासों ने अपने समय से बहुत आगे जाकर अपनी मूल्यवत्ता को प्रमाणित किया है। कहने का तात्पर्य यह कि महाकाव्यात्मक उपन्यासों से अलग महत्

उपन्यासों की पहचान भी हुई है, जो समूची मनुष्यता की सांस्कृतिक विरासत के रूप में स्वीकृत हुए हैं। उपन्यास का महाकाव्यात्मक होना ही उसकी मूल्यवत्ता या गुणवत्ता की एकमात्र कसौटी नहीं है। महाकाव्यात्मक उपन्यासों की अलग पहचान उनमें अन्तर्निहित उन विशेषताओं के नाते हुए हैं, जो हमें महाकाव्य का-सा बोध देती हैं और अपने गठन, विन्यास तथा प्रसार में दूसरी कृतियों की तुलना में एक प्रकार का वैशिष्ट्य सामने लाती हैं। अतएव, इस भ्रम से भी बचना चाहिए कि महाकाव्यकार या महाकाव्यात्मक उपन्यास का लेखक ही महत् रचनाकार होता है। उसकी विशिष्ट पहचान का कारण उसकी रचना का विशिष्ट रूप और उसमें नियोजित अन्तर्वस्तु है, वह उसकी महत्ता या गुणवत्ता की निर्णायक कसौटी नहीं है।

इस स्पष्टीकरण के उपरान्त आइए हम हिन्दी उपन्यास की अपनी चर्चा की ओर फिर लौटें।

हिन्दी उपन्यास हो या अन्य भारतीय भाषाओं के उपन्यास उनकी परम्परा अधिक से अधिक सौ वर्ष पुरानी है। एक शताब्दी के काल खण्ड में भी हिन्दी उपन्यास या भारतीय भाषाओं के उपन्यासों ने जो यात्रा की है, और आज उपन्यास विकास के जिस बिन्दु पर पहुँच चुका है, वह निश्चय ही उसकी तेजस्विता का प्रमाण है। महत् औपन्यासिक कृतियाँ हमें भारतीय भाषाओं में मिलती हैं—वि. सा. खाण्डेकर, ताराशंकर वंद्योपाध्याय, तकषी शिवशंकर पिल्लई, शिवराम कारंत, फकीर मोहन सेनापति, कुछ नाम हैं, जिनकी रचनाएँ भारतीय उपन्यास का गौरव बनी हैं। ये निःसन्देह महत् रचनाएँ हैं, और विश्व के बड़े माने जानेवाले उपन्यासों के समक्ष इन कृतियों को भारतीय उपन्यास की मात्र एक शताब्दी की महत्त्वपूर्ण उपलब्धि के रूप में विश्वासपूर्वक रखा जा सकता है। इन्हीं भारतीय औपन्यासिकों की परम्परा में प्रेमचन्द का नाम भी हिन्दी की ओर से उतने ही विश्वास के साथ रखा जा सकता है। प्रेमचन्द के अलावा हिन्दी में ऐसे दूसरे उपन्यास लेखक भी हैं जिन्होंने महत् औपन्यासिक रचनाएँ हिन्दी को भेंट की है। सम्प्रति हिन्दी उपन्यास साहित्य के विस्तार में न जाकर हम अपनी चर्चा प्रेमचन्द पर और विशेष रूप से 'गोदान' पर केन्द्रित करेंगे कि क्या उसे पश्चिम के 'इपिक नावेल' की श्रेणी में परिगणित किया जा सकता है। हम यह चर्चा इसलिए करना चाहेंगे कि 'गोदान' की महाकाव्यात्मक विशेषताओं को लेकर पहले भी चर्चा हुई है, विवाद उभरे हैं, और अभी यह चर्चा समाप्त नहीं हुई है। प्रेमचन्द के 'गोदान', 'रंगभूमि' या 'कर्मभूमि' जैसे उपन्यासों को बलपूर्वक महाकाव्यात्मकता के या 'इपिक नावेल' के दायरे में लाना भी हमारा उद्देश्य

नहीं है। हम किसी रचना के महाकाव्यत्व को ही उसकी गुणवत्ता की, उसकी महत्ता का आधार मानने के पक्ष में नहीं हैं। हमारी स्थापना है कि महाकाव्य का चरित्र न रखते हुए भी कोई रचना महत् हो सकती है, जैसी की अनेक रचनाएँ हैं भी, और महाकाव्यात्मक रूप पानेवाली अनेक रचनाएँ साहित्यिक गुणवत्ता या अपने युग-सन्दर्भों में कमजोर साबित हो सकती है, जिसके भी उदाहरण हैं। 'कामायनी' को जबरन महाकाव्य साबित करने में एक-दूसरे से स्पर्द्धा करनेवाले यह भूल गये हैं कि उनके इन प्रयासों से 'कामायनी' के सही महत्त्व और मूल्यवत्ता की कितनी क्षति हुई है। 'कामायनी' भले ही महाकाव्य न हो, वह महत् या महान रचना तो है, हमें ध्यान उसकी महत्ता के सही सन्दर्भों पर देना चाहिए ताकि किसी रचना को जबरन किसी लेबिल से संयुक्त करने की चेष्टाओं पर अंकुश लग सके। यही बात हम 'गोदान' के विषय में भी कहना चाहेंगे। 'गोदान' के महाकाव्यात्मक आयाम की चर्चा में हमारा उद्देश्य जबरन उसे महाकाव्यात्मकता के दायरे में लाना नहीं है। हम महज उसकी उन विशेषताओं को ही रेखांकित करना चाहेंगे जो उसे Epic Novel जैसी अवधारणा के तहत विचार का विषय बनाती है। वह 'इपिक नावेल' की कोटि का भले न हो, उसकी अन्तर्वस्तु और उसके रूप में बहुत कुछ ऐसा है, जो उसे महाकाव्यात्मक गरिमा से सम्पन्न करता है।

काफी पहले 'गोदान' पर लिखते हुए आचार्य नन्ददुलारे वाजपेयी ने यह सवाल उठाया था कि क्या 'गोदान' को राष्ट्रीय प्रतिनिधि उपन्यास Epic Novel की समकक्षता में ही आचार्य बाजपेयी ने राष्ट्रीय प्रतिनिधि उपन्यास की संक्षा का प्रयोग किया है) माना जा सकता है। अपने विवेचन के क्रम कें उन्होंने यह साबित करने का प्रयास किया है, और उसके लिए पर्याप्त तर्क भी दिये हैं कि एक महत्त्वपूर्ण रचना होते हुए भी 'गोदान' की अन्तर्वस्तु और उसका रूपबन्ध ऐसा है कि उसे हम 'राष्ट्रीय प्रतिनिधि उपन्यास' कह सकें। बहुत विस्तार में न जाकर हम आचार्य बाजपेयी के मुख्य तर्कों को ही अपने विचार के केन्द्र में रखना चाहेंगे।

'गोदान' की राष्ट्रीय प्रतिनिधि उपन्यास के रूप में चर्चा करते समय आचार्य वाजपेयी के सामने जो रचना मुख्य रूप से रही हैख वह ताल्सताय का 'वार ऐण्ड पीस' शीर्षक उपन्यास है। जिन कुछ पश्चिमी रचनाओं का उल्लेख हमने ऊपर किया है, आचार्य वाजपेयी के मन में उन रचनाओं के बिम्ब भी हो सकते हैं। 'गोदान' के इस पहलू पर आचार्य वाजपेयी की मुख्य आपत्तियाँ निम्नलिखित हैं। उनके अनुसार 'गोदान' का कथानक बहुत सीधा-सादा है। उसमें अपने समय में चल रहे राष्ट्रीय संघर्ष का नव जागृति का,

विद्यमान दुःख-दैन्य के निवारण का कोई महासंकल्प नहीं है। वह महज 'ग्रामीण जीवन के दैन्य और सामाजिक वैषम्य' को प्रदर्शित करता है। आचार्य वाजपेयी की दूसरी आपत्ति 'गोदान' के करुण-रस-प्रधान उपन्यास होने से है। वे महाकाव्य मे वीर-भावना के अभाव की बात करते हैं, जिसका प्रधान कारण उसमें महाकाव्य-जैसे किसी बड़े संघर्ष या युद्ध का न होना है। उसके नागर-पात्रों में भी उनके अनुसार उस राष्ट्रीय चेतना का अभाव है जो उन्हें ऊँची चारित्रिक भूमि पर प्रतिष्ठित करती। आचार्य वाजपेयी की एक अन्य आपत्ति उसमें समाज के सर्वतोमुखी चित्रण का अभाव भी है। यह भी कि उसमें चरित्रों की संख्या भी थोड़ी है, जो युग-जीवन का सम्पूर्ण परिचय नहीं देती। उनके अनुसार उपन्यास का लक्ष्य राष्ट्रीय जीवन का प्रतिनिधित्व करना है ही नहीं। और भी, कि विस्तार में ही नहीं, गहराई में भी 'गोदान' अपने युग का प्रतिनिधित्व नहीं करता। उसका नायक होरी देश की वास्तविक स्थिति का प्रतिनिधि नहीं बन पाया है। 'गोदान' का देश और काल सीमित है। समग्रतः उनके अनुसार, "गोदान में न तो महाकाव्य के से औदात्य और उत्कर्ष का समारम्भ आया है, और न गहनतम उच्छ्वास का-सा सीमित और तन्मयकारी प्रभाव ही व्यक्त हो पाया है। हमारी दृष्टि में वह राष्ट्रीय प्रतिनिधि उपन्यास की उन शर्तों को पूरा नहीं करता, जिन्हें ताल्सताय का 'वार एण्ड पीस' उपन्यास करता है।"

आइए, 'गोदान' को सामने रखकर आचार्य वाजपेयी की आपत्तियों की परीक्षा करें।

वस्तुतः 'वार ऐण्ड पीस' -जैसी रचनाओं के मानदण्ड पर 'गोदान' की परीक्षा करना ही सही नहीं है, जो स्वयं आचार्य वाजपेयी के अनुसार उपन्यास से भी बड़ी और भिन्न प्रकार की रचना है। ताल्सताय उसमें अपने उद्देश्य के तहत् एक समूचे युग को उसके सारे प्रसार के साथ समेटना चाहते थे, इसी कारण उसमें असंख्य घटनाएँ, असंख्य चरित्र, युद्ध, उसकी पैशाचिकता और उससे होनेवाला विनाश, असंख्य वर्णन-विवरण, दर्शन, इतिहास न जाने क्या है। इस सबने मिल-जुलकर उसे महनीय बनाया है। 'गोदान' के महाकाव्यात्मक प्रभाव को परखने के लिए यह पैमाना ही मौजूँ नहीं है। 'वार ऐण्ड पीस' की तरह 'गोदान' में नगरों और गाँवों की बात छोड़िए, महज एक नगर और एक गाँव है, और वे भी पूरी समग्रता में, अपने समूचे भरे-पूरेपन के साथ उसमें नहीं हैं। कथावस्तु के विवेचन में हम यह कह चुके हैं। उसकी कथा गाँव के सीमित पट की, सचमुच सीधी-सादी कथा है, जिसमें लक्ष्यवेध करते हुए प्रेमचन्द ने महज चिड़िया की आँख ही देखी है, और इसी नाते

उनका लक्ष्यवेध सफल भी हुआ है। कहाँ से आता 'गोदान' की कथा में विस्तार, किन्तु 'गोदान' का गाँव हिन्दुस्तान का प्रतिनिधि गाँव है, जिसकी कथा में ग्राम-प्रधान भारत के असंख्य गाँव प्रतिबिम्बित हैं। 'गोदान' बेलारी की ही नहीं, सारे भारत के गाँवों की प्रतिनिधि कथा है। उस कथा में विस्तार भले न हो, सघनता है, भारतीय ग्रामीण जीवन को नरक बनाने वाली, किसान की रीढ़ को तोड़कर उसे बरबाद और बेदम कर देनेवाली महाजोंक-कर्ज-की किसान का रक्त पीती वह सच्चाई है जिसे पूरी एकाग्रता से, उसके समूचे बेधक प्रभाव के साथ कहा गया है। ग्राम-जीवन के दूसरे सवालों पर वे पहले भी बहुत लिख चुके थे। 'गोदान' में वे पहली बार किसान से जुड़ी उस समस्या पर केन्द्रित हुए हैं, जो पाप की और विनाश की महाछाया बनकर भारत के गाँवों के किसान पर सदियों से मँडराती रही है, उसके जीवन में विभीषिकाएँ रचती रही हैं, उसे लील जाती रही हैं। 'गोदान' की कथा महज कथा नहीं भारतीय किसान जीवन की त्रासदी है, और यदि भारत सचमुच गाँवों का महादेश है तो वह औपनिवेशिक कृति-तन्त्र के दुर्वह भार को सदियों से ढो रहे कृषि-प्रधान हमारे समूचे राष्ट्र की त्रासदी है। जिस घने अवसाद को यह त्रासदी मूर्त्त करती है, जो कुछ, जिस प्रभाव के साथ व्यंजित करती है, उस घनता को और उस व्यंजकता को दृष्टि में लिया जाय तो 'गोदान' के सीधे-सादे कथानक का मर्म सामने आयेगा। हेमिंग्वे की प्रसिद्ध रचना 'द ओल्ड मैन एण्ड द सी' में तो कथा के नाम पर कुछ भी नहीं है। एक ओर हहराते हुए महासागर का विराट प्रसार और दूसरी ओर मछलियों का जाल फेंकते एक बूढ़ा मछेरा। सारी रचना में मनुष्य और प्रकृति के बीच होनेवाला संघर्ष ही है। बावजूद अपने सीमित आकार, लगभग कथाविहीनता, चरित्रों की एकदम न्यूनता, घटनाओं, स्थितियों, विवरणों-वर्णनों के संकोच के भी उपन्यास को महाकाव्यात्मक गरिमा के उत्कर्ष का मानक माना गया। ऐसा इसलिए कि प्रकृति और मनुष्य के बीच के विराट संघर्ष में बार-बार हारने पर भी उससे लगातार टकराने की मनुष्य की जो दुर्द्धर्ष इच्छा और संकल्प है, वह इतना प्रभावशाली और अद्वितीय है कि जो कुछ छनकर सामने आता है या व्यंजित होता है, वह है मनुष्य की अजेयता, उसकी दृढ़ संकल्प-शक्ति अनवरत संघर्षरत रहने की उसकी निष्ठा और अन्ततः होनेवाली विजय पर उसकी आस्था। सचमुच हेमिंग्वे ने अपनी छोटी-सी रचना में तमाम महाकाव्यों को जैसे निचोड़ दिया हो।

'गोदान' के लिए हम ऐसा कोई दावा नहीं करते, किन्तु उसमें निहित एक विराट त्रासदी को उसकी कथा अपनी सीमा में भी जिस प्रभाव तथा

सघनता से प्रस्तुत करती है, उसे अनदेखा नहीं करना चाहिए। महाकाव्यात्मक गरिमा के लिए जिस युद्ध, वीर भावना, जिस बड़े संघर्ष की बात आचार्य वाजपेयी ने की है, वैसा युद्ध जरूर 'गोदान' में नहीं है न वैसा वीर-भाव और न वैसा कोई उदात्त, लोकविश्रुत नायक, जो महाकाव्यों में युद्ध की अगुवाई करता था। किन्तु युद्ध 'गोदान' में है, महत् संघर्ष भी है और पराजय के बावजूद एक वीर-भावना भी है, भारत के उस किसान की, जो अस्तित्व के अपने संघर्ष में निरन्तर सम्बद्ध है, परिस्थितियों के विषम-चक्र से लगातार टकराता है, किन्तु उनके समक्ष घुटने नहीं टेकता, हार नहीं मानता। पारम्परिक अर्थों में वह भले ही वीर न माना जाय, किन्तु विषमताओं से जूझने, दुश्चक्र से टकराने और अपनी जिजीविषा को बरकरार रखते हुए हर आनेवाली आपदा से महज अपने जीवट और अन्तर्निहित ऊर्जा के चलते अकेले होते हुए भी उसका सामना करने के लिए उद्यत रचना, उसकी वीर-भावना ही मानी जायेगी। होरी समझौतापरस्त भले हो, कायर नहीं है। उसके भीतर का आदमी और उसकी आदमीयत झूठ, फरेब छल, छद्म, आपाधापी, अनीति, अन्याय, स्वेच्छाचार जोर-जुल्म और विपक्षियों की सारी अमानवीयता के बावजूद बराबर जिंदा है। उसमें तनिक भी खरोंच नहीं आने पाती। तमाम सारे मुखौटाधारी सभ्यों, अभिजातों और अपने को आदमीयत का ठेकेदार बताने वालों में वही अकेला आदमी है, जो जीवन की अन्तिम सांस तक अपनी मानवीयता और आदमीयत की रक्षा कर सका है, उसे बचाये रख सका है। हारकर भी जीवन के आपने विराट युद्ध में वस्तुतः वही जीतता है। वही विजयी बनकर सामने आता है। अपनी मृत्यु में भी वह अपने विपक्षी जीवितों में अपने संघर्ष, अपनी जिजीविषा और अपनी, या भारत के किसान की अजेयता की लीक खींच देता है। प्रेमचन्द ने लिखा है—"कौन कहता है कि जीवन-संग्राम में वह हारा है। यह उल्लास, यह गर्व, यह पुलक क्या हार के लक्षण हैं। इन्हीं के हारों में उसकी विजय है। उसके टूटे-फूटे अस्त्र उसकी विजय-पताकाएँ हैं। उसकी छाती फूल उठी है, मुख पर तेज आ गया है।" जीवन के अन्तिम क्षणों में उसकी आदमीयत, उसकी सोच देखिए—"तो क्या यह मेरे मोटे होने के दिन हैं। मोटे वे होते हैं जिन्हें न दिन की सोच होती है, न इज्जत की। इस जमाने में मोटा होना बेहयाई है। सौ को दुबला करके तब एक मोटा होता है। ऐसे मोटेपन में क्या सुख। सुख तो जब है कि सभी मोटे हों।" जिन्दगी के जिस दुर्द्धर्ष समर को होरी ने लड़ा है, और जिस तरह लड़ा है, प्रेमचन्द ने उसी की जबानी उसका चित्र प्रस्तुत किया है।

"मैंने नहीं जाना जेठ की लू कैसी होती है और माघ की वर्षा कैसी होती है। इस देह को चीरकर देखो। इसमें कितना प्राण रह गया है, कितना जख्मों से चूर, कितना ठोकरों से कुचला हुआ। उससे पूछो कभी तूने विश्राम के दर्शन किये, कभी तू छाँह में बैठा।"

होरी कर्मवीर बनकर हमारे सामने आता है। उसकी मृत्यु करुण होते हुए भी हमें पस्त नहीं करती, अवसन्न नहीं करती हताश नहीं करती है। वह हमें विक्षुब्ध करती है। परेशान करती है, सोचने को मजबूर करती है। 'गोदान' का बीज-रस करुण नहीं है। करुणान्त होने पर भी 'गोदान' शोक स्थायी भाव को उत्कर्ष नहीं देता, क्रोध और क्षोभ, गुस्सा और बेचैनी जगाता है। जरूरत उसे उसके मूलवर्ती संवेदनात्मक उद्देश्य के अनुरूप देखने और परखने की है। उदात्त, अभिजात, लोक विश्रुत महाकाव्य के तथाकथित महान् नायकों की छबि उसमें हमें भले न दिखायी दे, प्रेमचन्द ने चली आती परम्परा को छिन्न-भिन्न करते हुए साधारण जन-समाज के बीच से, किसान वर्ग के बीच से उठाकर जिस तरह नायकत्त्व के पद पर उसे प्रतिष्ठित किया है, और अपने वर्ग के प्रतिनिधि पात्र की हैसियत से उसने नायकत्व की इस गरिमा का जिस तरह निर्वाह किया है कहना न होगा कि नायकों की मोड़ में उसने अपनी विशिष्ट पहचान रेखांकित की है, और इसका सारा श्रेय प्रेमचन्द की रचनात्मक सामर्थ्य, उनकी सोच और उनकी यथार्थवादी कला को है। होरी ही नहीं, इसी साधारण जन के बीच से उन्होंने सूरदास-जैसा नायक भी हमें दिया है। स्मरण रहे कि आधुनिक युग में तथाकथित सम्भ्रान्त वर्ग में, क्षरित होते हुए मध्यवर्ग में, ढहते हुए सामन्तवाद के अवशिष्टों में और निजी लाभ-लोभ और धन की आपाधापी में सारे मूल्यों को तिलांजलि दे देनेवाली महाजनी सभ्यता के रखवालों में हमें नायक मिल भी कहाँ सकते हैं। उपन्यासों के आधुनिक दौर को 'नायक की मृत्यु' का दौर भी कहा गया है। किन्तु आज के युग में भी नायक हैं। उनका लोप नहीं हुआ है। किन्तु उन्हें पहचानने और उभारने के लिए वह सोच और वह संवेदना चाहिए, वह दृष्टि चाहिए, वह दृष्टिकोण चाहिए, जो प्रेमचन्द का था। उन्होंने समाज के उस उपेक्षित किन्तु विराट अंश को देखा जिसमें नायकों का कभी अभाव नहीं रहा, किन्तु जिसे कभी अभिजात रुचियों ने देखा नहीं। प्रेमचन्द ने उसे देखा, स्वीकार किया, उससे संवदेनात्मक एकात्म कायम किया और वहीं से उन्होंने अपने नायक उठाए, नायक ही नहीं ढेरों अविस्मिरणीय चरित्र उठाये जो नायक होने के अलावा आदमीयत की पहचान भी हैं।

'गोदान' में चरित्रों की भीड़, वर्णनों और विवरणों का बाहुल्य नहीं है। हम उनकी चरित्र-सृष्टि के बारे में कह चुके हैं कि वह कथा के संवेदनात्मक उद्देश्य के अनुरूप रची गयी चरित्रों की सीमित दुनिया है, जो अपनी उपस्थिति को, सीमित उपस्थिति को प्रमाणित करती है। स्वाधीनता संघर्ष का चित्रण 'गोदान' में नहीं है। वह प्रेमचन्द के दूसरे अनेक उपन्यासों में है। किन्तु स्वतन्त्रता-संघर्ष का वह चरित्र जरूर 'गोदान' में है जिसमें रायसाहब, मिल-मालिक खन्ना-जैसे लोग स्वतन्त्रता सेनानियों का यश जीते हैं। उनके छद्म को मेहता उभारते हैं, धनिया उभारती है और प्रेमचन्द उभारते हैं कि जो गाँव और किसान की समस्याओं को हाशिये पर डालकर मात्र राजनीतिक सत्ता हस्तान्रण के लक्ष्य को लेकर चल रहा था। स्वतन्त्रता संघर्ष को जहाँ चलना चाहिए था। जिनके हित में चलना चाहिए। था और जो वहाँ उस रूप में नहीं चला, प्रेमचन्द ने उसकी इस खामी पर उंगली रखी है, और उस संघर्ष को साकार किया है, जिसमें विजय पाये बिना स्वतन्त्रता का कोई भी संघर्ष अधूरा संघर्ष है। कृषि और कृषि के अर्थ तन्त्र पर निर्भर भारत में किसान की मुक्ति के बिना भारत की मुक्ति नहीं है। इस सत्य को भी प्रेमचन्द ने 'गोदान' में उजागर किया है।

बातें और भी की जा सकती हैं। किन्तु अपनी इस चर्चा का समापन हम इस तथ्य को उजागर करते हुए करना चाहेंगे कि 'गोदान' में प्रेमचन्द ने मुखर होकर भले ही महाकाव्यकारों की भाँति उद्बोधन न किये हों, झण्डे न उठाये हों या उठवाये हों, समाज और मनुष्य युग-युगों तक जिनकी ध्वजा उठाये चले और चलता रहे, उस व्यवस्था और उस निजाम को बरकरार रखने के लिए, यथास्थिति बनाये रखने के लिए, जो धर्मशास्त्रियों और बड़े-बड़े पोथों में उसकी नियति के रूप में उसके लिए निर्धारित और निहित की गयी है, किन्तु उन्होंने अपनी इस अन्तिम कृति में 'गोदान' के रूप में, होरी के गोदान के रूप में, अथवा अपनी तमाम पूर्ववर्ती आस्थाओं को 'गोदान' के रूप में कुछ व्यंजित और ध्वनित जरूर किया है। आनेवाली पीढ़ी को एक सन्देश जरूर दिया है, अपनी वसीयत के रूप में जो महत् सन्देश है। महत् सन्देश को, बड़े जीवन सत्य के उद्घाटन को महाकाव्य की बुनियादी विशेषता माना गया है। 'गोदान' महाकाव्य की अन्य शर्तों को भले ही पूरा न करता हो, महत् सन्देश, महत् व्यंजनावाली उसकी शर्त को जरूर पूरा करता है—हेमिंग्वे के 'द ओल्ड मैन ऐण्ड द सी' के सन्देश की तरह, जिसे भी हेमिंग्वे ने उद्घोषित नहीं किया, ध्वनित किया है। इस सन्देश ने ही हेमिंग्वे की रचना को महाकाव्य का औदात्य और महाकाव्य की गरिमा दी है। 'गोदान' भी इस

बिन्दु पर इस महत्त्व और इस गरिमा का अधिकारी है।

होरी की लाश के ऊपर धर्म के, दातादीन के हाथ उठे होने और उनके हाथों में दिन भर की मेहनत की कमायी बीस आने पैसे रखकर पछाड़ खाकर होरी की लाश पर धनिया के गिर पड़ने, जो आदमी हांड़-तोड़ मेहनत करते हुए भी अपने जीते जी एक गाय अपने दरवाजे पर नहीं बांध सका, उसकी मृत्यु पर गोदान कराने की दातादीन की पुकार की व्यंजना क्या है? इसी व्यंजना में 'गोदान' का महत् सन्देश निहित है।

और यह सन्देश जो व्यंजित हुआ है बहुत साफ है कि उस निज़ाम को, उस व्यवस्था को जिसके तहत आदमी अपने जीवन की एक छोटी-सी इच्छा को भी पूरा करने में समर्थ नहीं है, कि जो निज़ाम स्वेच्छाचार, अनीति, शक्ति, धन और अन्याय पर टिका है, जहाँ आदमी को अपने जीवन भर के संघर्ष की कीमत अपने प्राण देकर चुकानी पड़ती है, जो निज़ाम इसके बाद भी उसकी मुक्ति के लिए गोदान की माँग करता है, उसे एक क्षण के लिए भी बने रहने का औचित्य नहीं है कि अब उसकी बुनियाद खोखली हो चुकी है, और उसकी इमारत को सम्भालने या बचाये और बनाये रखने की कोशिशें मनुष्य विरोधी हैं। उसे खत्म किया जाना चाहिए। उसे गहरे धक्के की जरूरत है। 'गोदान' का अन्त पाठक को रुलाता नहीं है, दयार्द्र भी नहीं करता, वह उसे झकझोरता और उद्विग्न करता है। जिस भावनागत काठिन्य को लेकर प्रेमचन्द ने अपने उपन्यासों में जीवन के नरक और उस नरक-यातना की शिकार मनुष्यता का चित्रण किया है, उसमे रोने या आँसू बहाने-जैसी कोई चीज नहीं है। अपनी समूची रचनाशीलता में न तो प्रेमचन्द कभी भावुक हुए हैं और न उन्होंने पाठक को भावनाओं के ज्वार में बहाना चाहा है। वे अपने अनुभवों से जान और समझ चुके थे कि अब जरूरत सुधार, सुधारवाद की नहीं व्यवस्था में आमूल बदलाव की है। सुधारवाद से शुरू हुई प्रेमचन्द की रचना-यात्रा 'गोदान' तक पहुँचकर आमूल सामाजिक बदलाव की उनकी मानसिकता को सूचित करती है। 'गोदान' से ध्वनित यह सन्देश क्या अपने में आगत के लिए प्रेमचन्द का महत्त्वपूर्ण सन्देश नहीं है ? प्रगतिशील लेखक संघ के पहले अधिवेशन के अध्यक्ष पद से रचनाकारों को उनका उद्बोधन कि अब तक रंग, रस, रोगन पर बहुत लिखा जा चुका। जरूरत अब उस साहित्य की है जो हमें सुलाये नहीं परेशान करे, विक्षुब्ध करे, बेचैन करे, क्योंकि अब और ज्यादा सोना मृत्यु का लक्षण है, और 'महाजनी सभ्यता' का उनका सम्पादकीय जिसमें वे महाजनी सभ्यता के विनाश की घोषणा करते हैं, और नयी समाजवादी सभ्यता की अगवानी करते हैं, 'गोदान' के उनके इसी

सन्देश की प्रतिध्वनियाँ हैं। 'गोदान' का प्रकाशन भी 1936 में हुआ था, और प्रेमचन्द के इन उद्बोधनों का सम्बन्ध भी 1936 से ही है।

'गोदान' पश्चिमी या भारतीय पैमाने पर महाकाव्यात्मक आयाम का उपन्यास माना जा सकता है, या नहीं, हमारे लिए यह बात बहुत प्रासंगिक नहीं है। चूंकि अनेक लोगों के साथ आचार्य नन्ददुलारे वाजपेयी-जैसे ख्यात समीक्षक ने इस मुद्दे को उठाया, हमने उनकी आपत्तियों के मद्देनजर 'गोदान' के महाकाव्यात्मक आयाम के बारे में अपने मन्तव्य को प्रस्तुत किया। हम 'गोदान' को हिन्दी उपन्यास की ही नहीं, भारतीय उपन्यास और विश्व के कथा-साहित्य की एक महनीय कृति, महत् कृति मानते हैं। भारतीय किसान के जीवन-चक्र की, उसके संघर्ष, उसके जीवट, और अपने श्रम और अपनी आदमीयत के प्रति उसकी अपराजेय आस्था की, जिन्दगी के प्रति उसके अक्षत राग की यह कहानी प्रेमचन्द ने अपनी रचनात्मक क्षमता के समूचे उत्कर्ष के साथ लिखी और पेश की है। 'गोदान' के महत्त्व, महत्ता या महनीयता का यह रूप क्या किसी महाकाव्यात्मक औदात्य से कम है? हमने जीवन के प्रति, उसके सारे दंश के बावजूद होरी के भारतीय किसान के या भारत के साधारण जन के अक्षत राग की जो बात कही है, अन्तिम क्षणों में होरी की मनःस्थिति का अंकन करते समय प्रेमचन्द उसे यों व्यक्त करते हैं—"होरी खाट पर पड़े शायद सब-कुछ देखता था, सब-कुछ समझता था। पर जबान बन्द हो गयी थी। हाँ, उसकी आँखों से बहते हुए आँसू बतला रहे थे, मोह का बन्धन तोड़ना कितना कठिन हो रहा है। जो कुछ अपने से नहीं बन पड़ा, उसी के दुःख का नाम तो मोह है। पाले हुए कर्त्तव्य और निपटाये हुए कामों का क्या मोह ? मोह तो उन अनाथों को छोड़ जाने में है, जिनके साथ हम अपना कर्त्तव्य न निभा सके, उन अधूरे मंसूबों में है, जिन्हें हम पूरा न कर सके।"

आचार्य वाजपेयी की 'गोदान' के महाकाव्यात्मक आयाम के बारे में उठायी गयी आपत्तियों से हमने अपनी चर्चा का प्रारम्भ किया था। आचार्य वाजपेयी का प्रेमचन्द के बारे में जो अभिमत हम दे रहे हैं, वह प्रमाणित करता है कि प्रेमचन्द के बारे में किस तरह लगातार सोचते हुए उनके बारे में अपनी सोच के किस बिन्दु पर वे अन्ततः पहुँचे थे।

"कथा-साहित्य के क्षेत्र में विश्व के बड़े साहित्यिकों में परिगणित होने योग्य हमारे प्रेमचन्द हैं—वृहत् सामाजिक अन्याय के उद्घाटन को हम प्रेमचन्द के कृतित्व का मूल तत्त्व कह सकते हैं किन्तु इस अन्याय की कसौटी वे कहाँ से प्राप्त करते हैं, मनुष्य के व्यक्तित्व में अटल और अदम्य आस्था

के द्वारा।... ग्राम्य जीवन की जो आत्मीय और प्राणमयी झांकियाँ उन्होंने उपस्थित की हैं, वे हिन्दी उपन्यास में अन्यत्र दुर्लभ हैं। मनुष्य की स्वीकृति में वे अबाध प्रतीत होते हैं, और उनकी कृतियाँ मनुष्य के प्रति नैसर्गिक और अपार प्रेम की भावना से वैशिष्ट्यवान हैं। राष्ट्रीय भावना में नयी शक्ति के उन्मेष के उस युग में देशव्यापी स्फूर्ति, भावना-प्रेरित कर्त्तव्यनिष्ठा और उत्साह के वे प्रत्यक्ष अनुभोक्ता तथा कलात्मक माध्यम में सफल प्रयोक्ता थे। उस युग की उमंग-तरंगित और अबाध विकासमान् राष्ट्रीय चेतना की जीवनी उनकी कृतियों में अक्षत लिपिबद्ध है।''

भाषा-शैली और रचना-शिल्प

एक नये सौन्दर्यशास्त्र का स्वरूप

'गोदान' किसान-संवेदना के कथाकार प्रेमचन्द की महत्तम राज/नीतिक उपलब्धि है। यद्यपि प्रेमचन्द के जीवन का एक बड़ा हिस्सा नौकरी करते हुए या डिप्टी इंस्पेक्टरी के पद से इस्तीफा देकर एक स्वतन्त्र रचनाकार के रूप में अपने रचना-कर्म को अंजाम देते हुए अधिकतर कुछ शहरों और कस्बों में बीता था, गाँव उनके संस्कारों से अलग नहीं हो सका था। शहरों के राग-रंग, रईसों की अभिजात जिन्दगी, पढ़े-लिखे मध्यवर्ग की आधुनिक चाल-ढाल, सभ्यता और संस्कृति से वे भली-भाँति परिचित थे। अध्ययनशील होने के नाते संस्कृत और हिन्दी ही नहीं, उर्दू-फारसी और अंग्रेजी भाषा में लिखा-छपा बहुत-सा पश्चिमी साहित्य भी उन्होंने पढ़ रखा था, जिसमें बड़े रचनाकारों की विश्व-स्तर पर ख्याल महत् रचनाएँ भी थीं। उनके दोस्तों में शहर में रहनेवाले तरक्की-पसन्द बुद्धिजीवी, शरीफ तथा नफीस लोगों की अच्छी-खासी संख्या थी। वे उनकी जबान तथा नफासत के तौर-तरीकों से जीवन तथा साहित्य दोनों स्तरों पर अच्छी तरह वाकिफ थे। किन्तु बावजूद इस सबके, वे भीतर से एक किसान ही रहे, बाहर से भी वे किसान-जैसे ही लगते थे। नौकरी के दौरान भले ही उन्होंने पश्चिमी वेश-भूषा धारणा की हो, जिन्दगी का अधिकांश उन्होंने भारतीय वेश-भूषा में ही गुजारा था। उनका जीवन अपने अधिकांश में एक सादा जीवन ही था, बाहरी तड़क-भड़क और दिखावे से काफी कुछ रहित।

गोदान हो अथवा प्रेमचन्द की अन्य रचनाएँ उनमें प्रेमचन्द की अपनी इस किसान-संवेदना, उनकी इस सादगी की गहरी छाप है। उनकी भाषा-शैली

और उनकी बुनावट के एक-एक तार में उनके अन्तरंग और बहिरंग व्यक्तित्व की यह सरलता, सहजता तथा सादगी झलकती है। गोदान तो ग्राम-केन्द्रित उपन्यास है, प्रेमचन्द की जो रचनाएँ नगर-केन्द्रित हैं, उनका सच भी यही है।

प्रश्न है कि जिस सादगी या सादी बुनावट की बात ऊपर की गयी है, उसका स्रोत क्या है? क्या प्रेमचन्द की मजबूरी थी अथवा उनकी अन्तःप्रेरणा, उनके भीतर से उपजी एक सहज-स्वाभाविक अभिव्यक्ति? एक दूसरा सवाल जो इस पहले सवाल से जुड़ा है वह यह कि आखिर रचना का रूप, उसका शिल्प, उसकी भाषा-शैली की भंगिमा तय कहाँ से होती है? मानी हुई बात है कि रचना का रूप उसकी अन्तर्वस्तु से तय होता है। अन्तर्वस्तु अपना रूप स्वतः तय करके अभिव्यक्त होती है। जैसी अन्तर्वस्तु होगी, वैसा ही रचना का रूप होगा और वैसी ही उसकी भाषा और शैली।

जाहिर है कि प्रेमचन्द की रचनाओं की अन्तर्वस्तु का सम्बन्ध भारीतय समाज के विशाल साधारण जन के जीवन और जीवनगत-सरोकारों से है। हम पहले भी कह चुके हैं कि प्रेमचन्द साहित्य की दुनिया में शौकिया, सैर-तफरीह के लिए नहीं आये थे। साहित्य की उनकी निगाह में एक ऊँची हैसियत थी। साहित्यिक रचना-कर्म को एक सामाजिक कर्म मानते हुए वे रचना के क्षेत्र में आये थे। रचना के क्षेत्र में वे उस सामाजिक यथार्थ से मुठभेड़ करने के लिए, उससे गुत्थमगुत्था होने के लिए आये थे जो उनकी जानी-पहचानी, देखी-भोगी दुनिया का, हिन्दी क्षेत्र का सामाजिक यथार्थ था। इस सामाजिक यथार्थ के तहत उन्होंने हिन्दी क्षेत्र के कोटि-कोटि साधारण जनों को नरक-यातना भोगते हुए देखा था, अपनी अस्तित्व रक्षा के लिए, एक बेहतर जिन्दगी के लिए संघर्ष करते, हारते और जीतते हुए, पुनः संघर्ष के लिए सम्बद्ध होते हुए देखा था। रचना के क्षेत्र में वे इस साधारण जन के पक्षधर बनकर उतरे, उनके स्वरूप, उनके संघर्षों, उनकी अस्मिता, उनकी आशा-आकांक्षाओं के पैरोकार और प्रवक्ता बनकर उतरे, उस ब्रिटिश राज के मुखर आलोचक बनकर उतरे, यह सामाजिक यथार्थ जिसकी देन था। वे धर्म और समाज की उन परम्परागत रूढ़ियों, रीतियों, नियम-कायदों के निर्मम आलोचक बनकर भी सामने आये जो वर्ण, सम्प्रदाय, नस्ल, जातियों उपजातियों के नाम पर आदमी और आदमी में भेद करती थी; उसे ऊँच और नीच, स्पृश्य और अस्पृश्य की कोटियों में बांटकर एक अमानवीय सामाजिक निजाम को करोड़ों-करोड़ों साधारण जन की नियति बताये हुए थीं। उनकी आँखों में स्त्री, किसान और अछूत भारतीय सामाजिक संरचना में सर्वाधिक शोषित तबकों के रूप में उभरे थे, वे इनकी व्यथा-कथा कहने के अलावा

इनके स्वत्व और एक मानवीय जीवन जीने के उनके अधिकार के लिए लड़नेवाले रचनाकार के रूप में साहित्य के मंच पर आये।

रचना में भाषा-शैली और उसके रूप का सवाल इस बात से जुड़ता है कि रचनाकार आखिर किस लिए लिखता है? हमने प्रेमचन्द के रचनात्मक सरोकारों का जो उल्लेख ऊपर किया है, वही इस प्रश्न का उत्तर है और उसी के आधार पर प्रेमचन्द की रचनाओं की अन्तर्वस्तु की दिशा और आयाम तय हुए हैं।

अब एक दूसरे अहम् सवाल से मुखातिब हों जो पिछले सवाल से जुड़ा है। यह सवाल यह है कि रचनाकार किसके लिए लिखता है? किस लिए लिखता है, यह एक सवाल है, प्रेमचन्द के सन्दर्भ में जिसका जवाब हम दे चुके हैं। रचनाकार किसके लिए लिखता है, यह पहले सवाल से जुड़ा दूसरा सवाल है, जिसका उत्तर हमें देना है। प्रेमचन्द के रचना-शिल्प, भाषा-शैली, या जिस नये सौन्दर्य-शास्त्र की हिमायत उन्होंने की है, जिसके प्रवक्ता और प्रयोक्ता वे बने हैं, से जुड़ी सारी बातें इन्हीं दो सवालों के जवाब में निहित हैं।

जिस पाठक वर्ग को रचनाकार सम्बोधित करना चाहता है जिस तक वह अपने भावों और विचारों को सम्प्रेषित करना चाहता है, उसका इस बारे में निश्चय ही उसकी भाषा-शैली तथा रचना के रूप को, पहले सवाल के उत्तर के साथ घुल-मिलकर निर्णायक स्थिति तक पहुँचाता है। प्रगतिशील लेखक संघ के पहले अधिवेशन के अध्यक्ष पद से भाषण देते हुए भी प्रेमचन्द ने इस सवाल की ओर रचनाकारों का ध्यान आकर्षित किया था कि उनके मन में यह बात होनी चाहिए कि वे किसके लिए, किस पाठक के लिए लिख रहे हैं। अपने इसी भाषण में उन्होंने हिन्दी-उर्दू की दरबारी कविता की जमकर खबर ली थी और उन रचनाकारों की भर्त्सना की थी जिन्होंने राजे-नवाबों की महफिलों में उनकी ह्रासशील सामन्ती अभिरुचियों को तुष्ट करने के लिए इश्किया शायरी की, कसीदे पढ़े और इस तरह कवि-कर्म का अवमूल्यन किया। हिन्दी की रीतिकालीन दरबारी मानसिकता में रची गयी कविता साक्ष्य है कि वह स्वानुभूति प्रेरित न होकर आश्रयदाताओं के मनोरंजन के लिए लिखी गयी, चमत्कार-प्रधान तफ्फाजी बनकर सामने आयी, शास्त्रीयता के बोझ से लादी गयी, उसे अभिजात रूप और शिल्प दिया गया, वह साधारण जन की पहुँच के दायरे से अलग कठिन कविता और लक्षण-ग्रन्थों के उदाहरण के रूप में जानी-पहचानी गयी। इसके विपरीत भक्तिकाल की कविता, खासतौर से निर्गुण सन्तों की कविता अपनी अन्तर्वस्तु के नाते ही

नहीं, अपनी बड़ी जनाधारवाली भाषा, जनता में प्रचलित और लोकप्रिय काव्यरूपों तथा सहज अभिव्यक्ति के कारण विशाल पाठक वर्ग के लिए ग्राह्य हुई, जिसके लिए वह रची गयी। सगुण भक्त कवियों ने भी वहाँ साधारण जन समाज के हर्ष-विषाद और सुख-दुःख से अपने को जोड़ते हुए अपने प्रभु से निवेदन किये हैं, उनकी वाणी भी अत्यन्त सरल-सहज और शिल्प भी अपने सरल-सादे रूप में सामने आया है। तुलसी के दोहे, अकाल, दारिद्र्य और साधारण जन की व्यथा पर लिखे गये कवित्त सवैये आज भी जन-जन की जुबान पर चढ़े हैं। मीरा के पद जिनमें उनकी अपनी व्यथा के साथ नारी का अन्तर्नाद भी हमें सुन पड़ता है, नितान्त निरलंकृत और सादे हैं, तभी शताब्दियों बाद भी साधारण जन उन्हें गा रहा है और मानसिक सन्तुष्टि पा रहा है।

प्रेमचन्द ने जिस जनता के लिए लिखा उसी को उनकी रचनाएँ सम्बोधित भी हैं। जिसकी व्यथा-कथा, जिसके जीवन-गत-सरोकारों से उनकी रचना की अन्तर्वस्तु बनी है, उसी को सम्बोधित होने के नाते उसका रूप, उसकी भाषा-शैली और उसका रचना-शिल्प भी सीधा-सरल और निरलंकृत है। उनकी सरल-सादी भाषा और अभिव्यक्ति भक्तिकालीन रचनाशीलता के साथ सहज ही रखी जा सकती है। भक्तिकालीन सन्तों और भक्तों की तरह इसीलिए उनकी लोकप्रियता का दायरा इतना विशाल है। विलक्षण साहित्य मर्मज्ञों से लेकर साधारण शिक्षित गँवई-गाँव के लोग और शहरों की जनता का बड़ा हिस्सा उन्हें पढ़ता है और उनकी रचना की अन्तर्वस्तु में तो अपने जीवन-सरोकारों को पाता ही है, उसकी भाषा-शैली और अभिव्यक्ति भंगिमाओं में भी अपनी बोली-बानी अपनी कथन-भंगिमाओं को पाता और आह्लादित होता है।

वस्तुतः भाषा का प्रेमचन्द का अपना एक मानक रहा है, वह भाषा जो विराट हिन्दी क्षेत्र के साधारण औसत आदमी की समझ के दायरे में आनेवाली हो। ऐसा नहीं है कि कठिन और अभिजात भाषा का प्रयोग वे कर न सकते हों। हिन्दी ही नहीं, उर्दू-फारसी भाषाओं में भी उनकी महारत थी। वे उर्दू और हिन्दी में एक साथ लिखते थे। वे उर्दू और हिन्दी की एकता के हिमायती थे, और संस्कृत शब्दों से बोझिल करके हिन्दी को उर्दू से और अरबी-फारसी के शब्दों की भरमार कर उर्दू को हिन्दी से अलग करने वालों के दृढ़ विरोधी थे। वे हिन्दी और उर्दू भाषाओं के घासमेल से बतायी गयी हिन्दुस्तानी के भी पक्षधर नहीं थे। वे उस सहज भाषा के समर्थक थे जो एक साथ हिन्दी-उर्दू बोलनेवाले विशाल पाठक वर्ग की समझ के दायरे में आनेवाली भाषा हो। जो

भाषा आदमी या रचनाकार के जेहन से निकलकर उसकी जबान पर आ जाये, ऐसी ही भाषा को वे मानक और सजीव भाषा मानते थे। परिमार्जन और परिष्करण के वे पक्ष में थे, किन्तु जबरन भाषा को बोझिल और असम्प्रेष्य बनाने के विरोध में थे। उनकी इसी मान्यता के नाते उनकी रचनाओं में भाषा का ऐसा ही रूप सामने आया है जो एक बहुत बड़े पाठक वर्ग की समझ के दायरे में है। भाषा को जीवन्त और सप्राण करने के लिए शब्दकोशों से नहीं, वे लोकभाषाओं से, जनपदीय बोलियों से उसके सम्बन्ध के हिमायती थे। उनकी अपनी रचनाओं में लोकभाषा की इस सप्राण, उपस्थिति को बराबर लक्ष्य किया जा सकता है। सरलता-सादगी, चमत्कार-विहीन, निरलंकृत और अपनी सम्प्रेषणीयता, सौन्दर्य और प्रभाव में अतिशय व्यापक गद्य का जो रूप हमें उनके उपन्यास-कहानियों में मिलता है, वह हिन्दी के जातीय गद्य के रूप में उनकी बहुत बड़ी देन है।

जिस नये सौन्दर्यशास्त्र की बात हमने ऊपर कही है, वह प्रेमचन्द के इन्दी विचारों और रचनात्मक प्रयासों का प्रतिफल है। यह नया सौन्दर्य-शास्त्र सरलता और सादगी का सौन्दर्यशास्त्र है, जिसे जीवन भर की बड़ी कठोर साधना के बाद प्रेमचन्द अपनी रचनाओं में रूपायित कर सके हैं। बाबू देवकीनन्दन खत्री के तिलस्मी उपन्यासों के लिए दीवानी हिन्दी क्षेत्र की विशाल जनता का साहित्यिक ओर सांस्कृतिक अभिरुचियों का परिष्कार कर जिस तरह से प्रेमचन्द ने उन्हें 'सेवासदन', निर्मला और 'गबन' जैसे उपन्यासों का पाठक बनाया था, सादगी, सरलता तथा सहजता के इस सौन्दर्यशास्त्र को जानने-समझने के लिए ऐसी ही संस्कारित अभिरुचि की जरूरत है। अभिजात में, असाधारण में, नक्काशी और पच्चीकारी में सौन्दर्य को देखने और खोजने वालों को भले ही साधारण में, सहजता में सौन्दर्य का बोध न हो, किन्तु ध्यान देने की बात है कि साधारण में, साधारण जनता के श्रम में, अभिशप्त मनुष्यता की मुक्ति के लिए जानेवाले कर्म में जो सौन्दर्य है, वही स्थायी सौन्दर्य है, वही सच्चे अर्थों में आह्लादक है और वही मानवीय भी है। प्रेमचन्द ने जब प्रगतिशील लेखक संघ की अध्यक्षता करते हुए सौन्दर्य की नयी कसौटी अपनाने की बात की थी, उनका इशारा वास्तविक सौन्दर्य की इसी समझ की ओर था। कहने की बात नहीं है कि टेढ़ी लकीर खींचना जितना सरल होता है, सीधी लकीर उतनी आसानी से नहीं खिंचती। सादगी और सरलता, सीधी-सरल अभिव्यक्ति ऊपर से देखने में जितनी सरल दिखायी पड़ती है, इस सरलता की उपलब्धि उतनी ही कठिन है। सन्तों और भक्तों ने अपनी जीवन भर की साधना के बाद साधारण जन के एकात्म के

बल पर ही इस सरलता और सादगी को हासिल किया था। प्रेमचन्द ने भी इस सादगी और सरलता की उपलब्धि बड़ी कठोर जनधर्मी साधना और साधारण जनता से अपने सम्पूर्ण संवेदनात्मक एकात्म के बाद की थी। जरूरत सरलता और सादगी के पीछे निहित इस कठोर साधना को समझने की है। तभी प्रेमचन्द की रचनाओं के सरल-सादे रचना-शिल्प और सीधी-सादी भाषा और शैली में निहित सौन्दर्य और उसके बेधक प्रभाव को देखा और अनुभव किया जा सकता है। हम कह चुके हैं कि हिन्दी-क्षेत्र के विशाल पाठक-वर्ग में प्रेमचन्द की रचनाओं की जो लोकप्रियता है उनका जो प्रभाव है वह साक्ष्य है कि अभिजात रुचियों के साधारण जन के जीवन से अपरिचित, आधुनिकतावादी, रूपवादी मानसिकता के एक छोटे-से पाठक-वर्ग को छोड़कर प्रेमचन्द के सादगी के इस सौन्दर्य-शास्त्र और उसकी अनुरूपता में सामने आनेवाली उनकी सर्जना को उसके सौन्दर्य को कितने सहज और निष्कण्ठ भाव से स्वीकार किया गया है, एक मूल्यवान विरासत के रूप में उसे संरक्षित ओर विकसित भी किया गया है।

सीधे 'गोदान' पर आये तो इस 'गोदान' शीर्षक की ही कितनी अभिव्यंजनाएँ हैं। व्यक्ति की मृत्यु से जुड़े परम्परागत धार्मिक संस्कार से अधिक जो इस रचना की मूल संवेदना को देखते हुए उसके मूलवर्ती प्रतिपाद्य को देखते हुए इस धार्मिक संस्कार और उसे बनाये रखनेवाले वर्ग पर एक कठोर व्यंग्य की तरह है, यह अन्य बहुत-सी बातों का भी गोदान है। यह प्रेमचन्द की और हमारी पूर्ववर्ती तमाम आस्थाओं का भी गोदान है, अपनी मृत्यु की घड़ियाँ गिन रही, लगभग सड़ चुकी सामन्तवादी व्यवस्था का भी गोदान है, जिसे सम्पन्न करने का भार रायसाहब-जैसे इस व्यवस्था को जिलाये रखनेवाले वर्ग पर है, यह उस महाजनी सभ्यता का भी गोदान है, जिसके देर-सबेर ध्वस्त होने का विश्वास इसी शीर्षक के अपने सम्पादकीय में प्रेमचन्द ने व्यक्त किया था। कहने का मतलब है कि प्रेमचन्द की भाषा और शैली में जो सहजता तथा सादगी हमें दिखायी पड़ती है उसके भीतर गम्भीर अर्थ-व्यंजनाएँ भी हैं, जीवन के गूढ़ और गहरे सत्य भी हैं। जरूरत उसकी तह में उतरने और जाने की है। 'सद्‌गति' कहानी में दुःखी चमार की कुल्हाड़ी लकड़ी की गांठ से टकराकर बार-बार छिटककर अलग होती है किन्तु गांठ कटती नहीं। यह गांठ लकड़ी की गांठ तो हैं ही, तमाम, सारे रूढ़िबद्ध संस्कारों द्वारा ढोयी जा रही निष्प्राण रीतियों-नीतियों की गांठ भी है जिस पर कुल्हाड़े-पर-कुल्हाड़े सदियों से चल रहे हैं, पर उसे काट नहीं पाते। प्रेमचन्द की भाषा जितनी सरल-सादी है, उतनी ही अर्थ-गर्भ और व्यंजक भी है। हमने

कहा है कि जहाँ भाषा मौन हो जाती है, वहाँ मौन भाषा बनकर बहुत कुछ कह देता है। अनीति, अन्याय और बेईमानी पर सबको फटकारनेवाली धनिया होरी के अन्तिम क्षणों में मौन और शान्त है। भाषा के बजाय प्रेमचन्द ने इस मौके पर देह-भाषा का सहारा लिया है। उसकी आँखों से झलकता तिरस्कार और दातादीन से कहे गये उसके नपे-तुले शब्द उसके हृदय की पीड़ा और मन के उद्वेलन को बहुत-कुछ सामने ले आते हैं।

प्रेमचन्द की भाषा की ही यह विशेषता है कि उनके अनुभवों से समृद्ध होकर वह सूक्तियों को जन्म देती है, जो अपनी व्यंजकता और मार्मिकता में लोगों के दिल-दिमाग और जबान पर चढ़कर कालजयी हो जाती हैं। तुलसीदास ने भी अपनी रचना को इसी तरह कालजयी सूक्तियों से समृद्ध किया है जो थोड़े में बहुत कुछ कहती हैं और बार-बार उद्धत की जाती हैं। 'गोदान' में भी ऐसी सूक्तियों की बहुत बड़ी संख्या है। कभी वे सीधे रचनाकार की लेखनी से उपजी हैं, कभी पात्रों के संवादों में। मेहता के अनेक कथन इस प्रकार की सूक्तियों के रूप में सामने आये हैं। बहुत बड़ी संख्या उनकी है, हम मात्र एक-दो उदाहरण ही देना चाहेंगे—अपनी मानवतावादी निष्ठाओं की चर्चा करते हुए आचार्य हजारीप्रसाद द्विवेदी प्रायः मेहता का यह कथन उद्धृत किया करते थे—"ज्ञानी कहता है ओठों पर मुस्कुराहट न आये, आँखों पर आँसू न आये। मैं कहता हूँ अगर तुम हंस नहीं सकते, रो नहीं सकते, तो तुम मनुष्य नहीं हो पत्थर हो। वह ज्ञान जो मानवता को पीस डाले, ज्ञान नहीं कोल्हू है।" इसी प्रकार मेहता का यह कथन कि 'पुरुष में यदि नारी के गुण आ जायें तो वह देवता हो जाता है', प्रायः उद्धृत किया जाता है। इस प्रकार की मार्मिक उक्तियाँ 'गोदान' में बड़ी संख्या में हैं, जो थोड़े में बहुत गहरे जीवन-सत्यों को व्यक्त करती है।

'गोदान' में भाषा का रूप समरस है। उसमें वैविध्य है किन्तु उसका अनावश्यक विस्तार नहीं है। ग्रामीण पात्रों की भाषा उनके अपने स्वभाव और परिवेश के अनुरूप अलग-अलग रंगों में सामने आती है, पर वह समरस है। पढ़े-लिखे नागर पात्रों की भाषा ग्रामीण पात्रों से भिन्न है, उनके अपने परिवेश की भिन्नता के कारण किन्तु दोनों के बीच बहुत बड़ा अन्तराल नहीं है। जहाँ और जिन स्थलों पर प्रेमचन्द सीधे पाठक से मुखातिब होते हैं, वहाँ भी भाषा परिमार्जित अवश्य है, किन्तु पाण्डित्यपूर्ण नहीं। भाषा का ऐसा ही प्रयोग समूचे उपन्यास में हुआ है जो समझ के दायरे में हो, और साधारण शिक्षितजन को भी वह सम्प्रेष्य हो। कह सकते हैं कि उसमें शास्त्रीय गरिमा, सज्जा, आभिजात्य या अतिरिक्त अलंकरण भले न हो वह बहते पानी की

तरह साफ, निर्मल और पारदर्शी है, पात्रानुकूल है, भाषाश्रित है तथा पूरी तरह सम्प्रेष्य है। उसमें सजीवता एवं रवानी है, लोक-जीवन से पायी ऊर्जा और ऊष्मा है। प्रेमचन्द की भाषा का यही रूप उनके उपन्यासों को हर वर्ग के पाठकों के बीच लोकप्रिय बनाता है, उनकी लोक के बीच जो स्वीकृति है, उसका आधार बनता है। जब तब उपमाएँ-उत्प्रेक्षाएँ भी उसमें आती रहती हैं किन्तु वे ऐसी उपमाएँ उत्प्रेक्षाएँ हैं जो साधारण जन-जीवन के भीतर से ली गयी हैं। उनके लिए प्रेमचन्द की कल्पना को रोमांटिकों की तरह आकाश पाताल नहीं थाहने पड़े हैं। (1) विपन्नता के इस अथाह सागर में सोहाग ही वह तृण था, जिसे पकड़े हुए वह सागर को पार कर रही थी, (2) हारे हुए महीप की भाँति उसने अपने को इस तीन बीघे के किले में बन्द कर लिया था। (3) मेहता से जो उसे एक श्रद्धा थी, उसे एक धक्का-सा लगा, मानों कोई शिष्य अपने गुरु को कोई नीच कर्म करता देख ले। (4) प्रेम सीधी-सादी गऊ नहीं, खूंखार शेर है जो अपने शिकार पर किसी की आँख भी नहीं पड़ने देता। (5) उसका मातृत्व उस घर के समान था जिसमें आग लग गयी हो और सब-कुछ भस्म हो गया हो, बैठकर रोने के लिए भी स्थान न बचा हो। (6) सिलिया ने उस पक्षी की भाँति जिसे मालिक ने पर काटकर पिंजरे से निकाल दिया हो, मातादीन की ओर देखा। (7) ये शब्द तपते हुए बालू की तरह हृदय पर पड़े और चने की भाँति सारे अरमान झुलस गये। ये कुछ उदाहरण मात्र हैं, यह बताने के लिए कि रोमांटिक कल्पना से कितनी भिन्न साधारण जन-जीवन के बीच से ग्रहण की गयी ये उपमाएँ-उत्प्रेक्षाएँ कल्पना के भव्य समारोह हमें भले न दिखायें, अभिप्रेत को सहज ही किसी के लिए भी सम्प्रेष्य बना देती है।

'गोदान' में गाँव का जीवन हो या नगर का, उनके भरे-पूरे वर्णन विवरण नहीं हैं। प्रेमचन्द की रचना-दृष्टि पर प्रकाश डालते हुए हम बता चुके हैं कि वे मुख्य प्रतिपाद्य के प्रति अपनी एकाग्रता के चलते जान-बूझकर रचना की इस शैली से विरत हुए हैं। सेमरी में हुई शिकार-पार्टी, मिर्जा द्वारा आयोजित मजदूरों की कबड्डी-प्रतिस्पर्द्धा, कदाचित यही दो प्रसंग हैं जिनमें प्रेमचन्द वर्णन और विवरण पर उतरे हैं अन्यथा उनकी शैली कथा को बिना अवरोध आगे बढ़ने देने की शैली है। नगर-कथा में मेहता के लम्बे भाषण तथा उनके द्वारा की जानेवाली बहसें और विमर्श कथा की गति को बाधित करते हैं, किन्तु ग्राम-कथा में ऐसा विरलता से ही देखने को मिलता है। मुख्यतः कथा कहने का जो 'नरेटिव फार्म' है, उसी को प्रेमचन्द ने मुख्यता दी है। हम इस बात को जोर देकर कहना चाहेंगे कि रचना-शिल्प में आज जो तमाम वैविध्य,

चित्रात्मकता, परिमार्जन, कल्पना सौष्ठव, कलात्मक बारीकियाँ तथा अभिव्यक्ति की भंगिमाएँ देख पड़ती हैं, उनके चलते हिन्दी-कथा-साहित्य को एक समृद्धि भले मिली हो, जो समय के बदले हुए सन्दर्भ में जरूरी भी थी, किन्तु यह भी सच है कि उसमें ऐसा बहुत कुछ आने से रह भी गया है जो अपनी सरल-सादी भाषा तथा उतने ही सारे और निरलंकृत रचना-शिष्य के जरिये अपनी रचनाओं में प्रेमचन्द ने उपलब्ध किया था।

यद्यपि बात प्रेमचन्द की कहानियों के सन्दर्भ में कही गयी है, किन्तु यह उनके उपन्यासों पर, 'गोदान' पर भी लागू होती है। डॉ. रामविलास शर्मा के अनुसार "उनकी शैली की चित्रमयता, भाषा पर असाधारण अधिकार, चरित्र-चित्रण का कौशल, और हर जगह हर व्यंग्य और हास्य ढूंढ़ लेने की क्षमता उन्हें एक प्रभावशाली कलाकार बनाती है। उनकी सहृदयता और मानव-प्रेम उन्हें जनता का प्रिय कलाकार बनाते हैं।"

समकालीनता

दरअसल इस विषय पर कुछ लिखने के पहले जरूरी है कि इस बात पर विचारकर लिया जाय कि 'गोदान' जैसी जिस समकालीन रचना की प्रासंगिकता तलाशने की पेशकश यहाँ की गयी है, कहीं वह अपने में एक विरोधाभास तो नहीं है। प्रासंगिकता की तलाश यदि होनी ही है तो वह किसी ऐसी रचना या उसके महत्त्व की होनी चाहिए जिसके रचना-सन्दर्भ, उन रचना-सन्दर्भों को सामने लानेवाली जिसकी सामाजिक वास्तविकता उस सामाजिक वास्तविकता को सामने रखनेवाली जिसकी प्रेरक विचारधारा तथा इन सबकी सम्मिलित तथा संश्लिष्ट उपज वह कृति हमारे अपने समय से काफी पीछे छूट गयी हो, किन्तु हमें अपने खुद के समय के प्रयोजनों के तहत ऐसा लगता हो कि जिसका कोई-न-कोई तार या जिसके बहुत-से तार हमारे अपने समय से जुड़े हैं, और उसे ऊर्जस्वित बनाये हुए हैं अर्थात् वह रचना अभी तक कालबद्ध नहीं हो पायी है। एक प्रकार से यह काम इतिहास बन चुकी किसी रचना के महत्त्व को आगे के समय में इस आशय से पुनर्व्याख्यायित करना होता है कि इतिहास होते हुए भी वह कहीं-न-कहीं, किसी-न-किसी रूप में हमसे और हमारे अपने समय से संवाद करती दिखायी पड़ती है, उसके विगत महत्त्व के कई निशान हमारे अपने समय की पीठ पर अपनी छाप छोड़ते रहते हैं। अतीत की महत्त्वपूर्ण रचनाओं और रचनाकारों के बारे में आगे की पीढ़ी की यह चिन्ता और दायित्व चेतना तथा उनके साथ आगे की पीढ़ी का यह सुलूक स्वाभाविक ही नहीं, जरूरी भी है। यह आगे की पीढ़ी और आगे के समय के अपने खुद के हित में जरूरी है कि ऐसी

रचनाओं और रचनाकारों का अपने समय और अपने समय की रचनाशीलता के बरक्स फिर से मूल्यांकन हो, ताकि उन्हें नयी अर्थवत्ता देते हुए हम उन्हें अपने समय के लिए तो जीवित और प्रासंगिक बनाये ही रहें, स्वयं अपने समय और उसकी रचनाशीलता को भी इतिहास की अविच्छिन्नता से जोड़े रखकर उन्हें परम्परा की शक्ति तथा ऊर्जा प्रदान कर सकें।

ऐसा होता रहा है और ऐसा होना भी चाहिए। यह इतिहास के जीवित और सप्राण अंशों के साथ आगे के समय और उसके दावेदारों की चिन्ता, लगाव तथा महभागिता का प्रमाण है। यह इस बात का भी प्रमाण है कि वे अपनी विरासत के प्रति सतर्क तथा सावधान हैं। स्मरण रहे कि समय कभी पूरा-का-पूरा और एक साथ इतिहास नहीं हुआ करता है। उसके कुछ अंश तथा कुछ पहलू बराबर आगे के समय के साथ संवाद किया करते हैं। वे आगे की गतिविधियों में मौजूद ही नहीं रहते अक्सर उनका संचालन भी करते हैं। अतीत की विरासत इसी प्रकार आगे के समयों के लिए अर्थवान बनती है। अतीत इसी प्रकार वर्तमान में अपनी उपस्थिति का बोध हमें कराता है। यही परम्परा की निरन्तरता है और यही आगे के विकास में उसका योगदान है। यही इतिहास का वर्तमान के साथ चलनेवाला निरन्तर एवं अन्तहीन संवाद है जिसकी अनुगूंजे भविष्य में भी सुनायी पड़ती हैं और सुनी जाती है। जो कालबद्ध हो जाता है वह पीछे छूट जाया करता है तथा जिसमें प्राण और ऊर्जा है वह कालजयी बनकर आगे की उपलब्धि में उज्ज्वल होता है, उसका हिस्सा बन जाता है। वह अगले समय की दराजों के भीतर से बराबर झांकता और प्रतिबिम्बित होता रहता है। इसे ही हम इतिहास की वर्तमानता कहते हैं।

किन्तु यह सब रचना या रचनाकार के साथ तो जायज है, जो सचमुच अतीत का हिस्सा हो चुका है। किन्तु जो हमारे अपने समय का हिस्सा है और अपनी सोच, अपनी रचना-दृष्टि और अपनी रचना में हमारा समकालीन है, जो समय के तेवरों में पूरी धार के साथ रचा-बसा और चमक रहा है, उसकी इस समकालीनता को प्रमुखता न देकर हम उसकी प्रासंगिकता को तलाशें, यह बात समझ में नहीं आती। कहीं प्रासंगिकता तलाशने के इस आग्रह के पीछे जाने-अनजाने यह जेहनियत तो नहीं काम कर रही कि अपने समय में प्रेमचन्द और 'गोदान' का प्रासंगिक सिद्ध करके, उन्हें एक खास किस्म का महत्त्व देकर हम उन्हें इतिहास के खाते में डाल दें। बात प्राथमिकता की है। प्रेमचन्द और 'गोदान' अतीत या गत होकर हमारे लिए महत्त्वपूर्ण हैं या वे इस नाते महत्त्वपूर्ण हैं कि वे हमारे समकालीन हैं। बुनियादी बात उनका अतीतत्व हैं या उनकी समकालीनता। सवाल इन दृष्टियों के बीच चुनाव करने

का है, और अपने तईं हम प्रेमचन्द और 'गोदान' को बुनियादी तौर पर अपना समकालीन मानते हैं।

यह सही है कि रचना या रचनाकार की कालबद्धता हो या उनका कालजयीपन, कुछ भी इतिहास के बाहर घटित नहीं होता। इतिहास का विस्तार अतीत के अलावा वर्तमान और भविष्य तक होता है। इतिहास एक निरन्तर घटित होती हुई प्रक्रिया का नाम है। किन्तु यह इतिहास की व्यापक और बुनियादी अवधारणा है। प्रेमचन्द और 'गोदान' भी कभी इतिहास जरूर बनेंगे, उनकी प्रासंगिकता भी तलाशी जायेगी किन्तु जो काम आगे की पीढ़ियों को करना है उसे हड़बड़ी में हम क्यों अपनी चिन्ता का विषय बनाए। हमें अभी तो यही लगता है कि समय के इस दौर में प्रेमचन्द हमारे हमसफर हैं, हमारे अपने अनुभवों के साझीदार हैं। हम उनके मजबूत कंधों की रगड़ बराबर अपने कंधों पर महसूस कर रहें हैं। ऐसी स्थिति में हम उन्हें पीछे से आगे लाने का उपक्रम क्यों करें ? हम तो उनके साथ अपने सहयात्री होने के अनुभव को ही विशद करना चाहेंगे।

स्मरण रहे कि जब हम प्रेमचन्द या 'गोदान' को अपने समय की हकीकत के रूप में पेश करने की बात करते हैं तो हमारा आशय यह कतई नहीं होता कि हम 'गोदान' के समय के हिन्दुस्तानी गाँवों की वास्तविकता और आजादी के बाद के गाँवों की वस्तुस्थिति में कोई फर्क नहीं मानते। आजादी-जैसी भी आयी हो आयी जरूर और आजादी के बाद के दशकों में नगर और गाँव दोनों स्तरों पर परिवर्तन और विकास की एक प्रक्रिया भी घटित हुई है। सामाजिक वास्तविकता का स्वरूप भी बदला है। इस बदलाव के चलते जो कुछ सामने आया है वह कितना सकारात्मक है या कितना नकारात्मक, कितना बुनियादी है या कितना सतही, सही माने में विकास है या यथास्थिति या पहले से भी बदतर, इन सवालों को हम इस बिन्दु पर अभी नहीं उठाऐंगे। अभी तो हम यह मानकर चलते हैं कि आज के गाँव प्रेमचन्द के समय के गाँवों की प्रतिकृति नहीं हैं। किन्तु सवाल है कि जो कुछ बदलाव के रूप में हमें आज दिखायी दे रहा है, यह जो 'अपीयरेन्स' है क्या उसे ही हम आज की 'रियलिटी' भी मान लें। इस रूपान्तरण की जो अन्तर्वस्तु है वह कैसी है, मुख्य बात यह है। मात्र रचना सन्दर्भों में रूपान्तरण से स्थिति की सच्चाई सामने नहीं आती, जिस सामाजिक वास्तविकता की उपज वे रचना सन्दर्भ हैं, उस सामाजिक वास्तविकता का सारतत्त्व क्या है? यदि वहाँ बदलाव है, तो बदलाव है, अन्यथा उसे बदलाव न कहकर हम यही कहेंगे के पहले और अब की स्थितियों में महज कुछ ऊपरी भिन्नता है। इससे

अधिक कुछ नहीं।

इस सवाल को भी कुछ समय के लिए मुल्तवी कर हम 'गोदान'-जैसी रचना की प्रासंगिकता के समकक्ष विचारणीय एक अन्य मुद्दे को भी सामने रखना चाहेंगे।

जैनेन्द्र और अज्ञेय प्रेमचन्द के बाद के रचनाकार हैं। उनकी रचना का सिलसिला भी प्रेमचन्द के काफी बाद तक चलता रहा है। किन्तु इनकी कुछ प्रसिद्ध रचनाओं की रचना तिथि और 'गोदान' की रचना तिथि में बहुत अन्तर नहीं है, कुछ तो 'गोदान' के पहले की भी हैं। मसलन जैनेन्द्र का 'परख' सन् 1929 में प्रकाशित हुआ और सुनीता 1935 में। अज्ञेय के 'शेखर एक जीवनी' का पहला भाग सन् 1940 में प्रकाशित हुआ। 'गोदान' का प्रकाशन काल 1936 है। देखा जाय तो हम आज इन सारी रचनाओं के प्रकाशन से आधी शताब्दी से अधिक के ही फासले पर खड़े हैं। प्रेमचन्द ने 'गोदान' में गाँव को और गाँव के किसान को केन्द्र में रखा। अज्ञेय और जैनेन्द्र के यहाँ शहर का मध्यवर्ग और उसका एक खास हिस्सा हमसे अपनी एक खास सोच और खास समस्याएँ लिए मुखातिब है। अभी हम रचना शिल्प की बात नहीं करेंगे परन्तु अज्ञेय, जैनेन्द्र की रचनाओं की जो अन्तर्वस्तु है और इस अन्तर्वस्तु के भीतर जो जीवन चित्रित है, और जो सोच सक्रिय है जो समस्याएँ गुंथी हैं, इस आधी शताब्दी में उनमें भी कुछ बदलाव जरूर आया होगा। मध्यवर्ग का जो टुकड़ा अज्ञेय, जैनेन्द्र की रचनाओं में अपनी खास सोच और अपनी खास चिन्ताओं के साथ उभरा है, आज यह सोच और ये चिन्ताएँ बिल्कुल वैसी ही रह गयी हैं ऐसा नहीं कहा जा सकता। समय के निशानों ने इस सोच और चिन्ता को या तो कुछ चमकाया होगा या फिर धुंधला किया होगा, वैसे ही जैसे 'गोदान' के गाँव तथा गोदान के किसान के अपने जीवन की समस्याओं, चिन्ताओं तथा सरोकारों को। वास्तविकता यदि बदली होगी तो गाँव में ही नहीं नगर में भी, किसान जीवन की ही नहीं, मध्यवर्ग और उसके खास तबकों की भी। जब ऐसी बात है तब प्रासंगिकता की बात 'गोदान' के बारे में या प्रेमचन्द के बारे में ही क्यों? अज्ञेय, जैनेन्द्र तथा उनकी उक्त रचनाओं के बारे में क्यों नहीं? हम यह तो नहीं मानेंगे कि प्रेमचन्द और 'गोदान' तो हमसे पीछे छूट गये परन्तु अज्ञेय और जैनेन्द्र अपनी रचनाओं के साथ एकदम हमारे समकालीन हैं। यह एक ऐसा मुद्दा है जिसे 'गोदान' की प्रासंगिकता पर बात करने के साथ ही विचार का विषय बनाना चाहिए। यह अजीब बात है कि 'गोदान' और प्रेमचन्द पर तो प्रासंगिकता का सवाल चस्पां कर दिया जाता है, अज्ञेय, जैनेन्द्र और उनकी

इन रचनाओं के सन्दर्भ में प्रासंगिकता का सवाल कभी नहीं उठाया गया। क्या महज इसलिए कि अज्ञेय, जैनेन्द्र, प्रेमचन्द के बाद भी काफी समय तक लिखते रहे अथवा यह हमारी शहरी जेहनियत है कि शहरों का सब कुछ हमें समकालीन लगता है केवल आज के गाँव, जिनसे हम न पहले परिचित थे, और न आज हैं, सरकारी विज्ञापनों पर हमारे भरोसे के चलते हमें आज पहले से काफी बदले हुए लगते हैं।

खैर, आइए, एक नजर आजादी के बाद के गाँवों के परिदृश्य पर डालें और बेलारी के परिदृश्य से उसका मिलान करें।

हम सब जानते हैं कि आजादी की प्रेमचन्द की अपनी एक परिकल्पना थी। जो आजादी हमें सन् 1947 में मिली वह प्रेमचन्द की आजादी की अपनी परिकल्पना से काफी भिन्न थी। वह कुछ वैसी ही थी जिसका अंदेशा प्रेमचन्द को था और जो प्रेमचन्द के इस प्रायः उद्धृत कथन के माध्यम से व्यक्त किया जाता है अर्थात् यदि जान की जगह गोविन्द गद्दी पर बैठ जाय तो उसे आजादी नहीं कहा जा सकता। इसके अर्थ यह हैं कि आजादी प्रेमचन्द के लिए मात्र राजनीतिक सत्ता के हस्तान्तरण से आगे की और उससे काफी कुछ भिन्न तरह की चीज थी। राजनीतिक सत्ता और राजनीतिक शक्ति में बदलाव के अलावा वह उनके लिए सामाजिक बराबरी और आर्थिक गैर बराबरी से मुक्ति का नाम भी था। वह उनके लिए चली आ रही सामाजिक व्यवस्था में बुनियादी बदलाव का नाम भी था। यही नहीं, वह उनके लिए सामाजिक 'सुपर-स्ट्रक्चर' को बरकरार बनाये रखनेवाले विदेशी शासकों और उनके देशी सहायकों—सामन्ती राजा-नवाब, जमींदार-जागीरदार और नवोदित 'बुर्जुआजी' की मिली भगत के खिलाफ संघर्ष का नाम भी था। प्रेमचन्द के लिए आजादी का मतलब था सामाजिक न्याय, आर्थिक गैर बराबरी का अन्त, सामन्ती-जीवन पद्धति, नियम कायदों तथा सामन्ती-पूँजीवादी शोषण-चक्र से साधारण जनता की मुक्ति, उसके लिए एक बेहतर जीवन। औरत, अछूत और किसान समाज के इन सर्वाधिक शोषित तबकों के साथ सदियों से हो रहे अन्याय और अत्याचारों की समाप्ति। धार्मिक पण्डा-पुरोहितवाद और मुल्ला-मौलवीवाद का अन्त। नौकरशाही के द्वारा ढाये जा रहे जुल्मों का खात्मा तथा कोर्ट-कचहरी के दमनकारी हथकण्डों की परिसमाप्ति। अपनी परिकल्पना की इसी आजादी के लिए ही प्रेमचन्द आजीवन रचनात्मक तथा विचारधारात्मक संघर्ष और उसके लिए पहल करते रहे। न्यस्त स्वार्थ लोगों के भारी विरोध को सहते और झेलते ही नहीं रहे उनसे टकराते और जूझते भी रहे। हमारा अपना मानना है कि हिन्दुस्तान की मौजूदा सामाजिक वास्तविकता का,

बावजूद 1947 की आजादी के, प्रेमचन्द की अपनी परिकल्पना की इस आजादी से कोई सम्बन्ध नहीं है। उसमें प्रेमचन्द की परिकल्पना की आजादी का राई-रत्ती भी अक्स नहीं है। ऊपरी तमाम सारे छद्म के उसका सारतत्त्व और उसकी बुनियाद वैसी ही है जैसी वह प्रेमचन्द के समय में थी, बल्कि स्थितियाँ आधारतः और भी बदतर हुई हैं।

आजादी के बाद जमींदारी उन्मूलन के फलस्वरूप गाँवों में जमींदार तथा उसके कारिन्दों का दमन-चक्र अब नहीं है, कानूनगो और पटवारियों की मिली-भगत से किसानों की तकदीर का फैसला करनेवाले जायज-नाजायज हथकण्डे भी अब अतीत हो चुके हैं। जमीन की हदबन्दी हो चुकी है और सैकड़ों तथा हजारों एकड़ जमीन के मालिक अब कम दिखायी पड़ते हैं और न ही अब गाँवों में उनका वैसा वर्चस्व ही रह गया है। किसान अब अपनी जमीन का मालिक है और कानून उसके हक में उसकी जमीन को किसी के द्वारा नाजायज तरीके से बेदखल किये जाने के खिलाफ है। मालगुजारी सीधे सरकारी कोष में जमा होती है, बिचौलियों का दमन चक्र काफी-कुछ समाप्त हो गया है। सहकारी बैंकों का एक जाल बिछा हुआ है जहाँ से किसानों को अपनी जरूरत के लिए आसान शर्तों में ऋण उपलब्ध हो जाता है। व्यक्तिगत महाजनों और सूदखोरों का शोषण चक्र अब उसे अपनी लपेट में नहीं ले पाता। जनतान्त्रिक आधार पर पंचायतों के चुनाव होते हैं और पंचायतें किसानों के आपसी झगड़ों को सुलझाती और उन्हें न्याय देती हैं। छोटे-बड़े स्तर पर विकास-कार्यों का एक सिलसिला गाँवों में शुरू हो चुका है। खेती की नयी तकनीक और अच्छे बीजों के वितरण के फलस्वरूप हरित क्रान्ति की खबरें आम बन गयी हैं। किसान अब अपनी उपज सरकारी मण्डियों में सरकार द्वारा निर्धारित मूल्य पर सीधे सरकारी एजेन्सियों को बेचता है। गाँवों में सामाजिक जागृति भी है और शिक्षा के नये अवसर हैं। समाज सुधार के कार्यों के अलावा सरकारी स्तर पर चिकित्सा की सुविधाएँ ग्रामीण जनों को सहज उपलब्ध हैं। उनके रहन-सहन का स्तर ऊँचा उठा है। खेत मजदूरों का शोषण समाप्त हो चुका है और उनकी मजदूरी बांध दी गयी है। बेगारी तथा बंधुआगीरी अब नहीं रही। व्यक्तिगत सूदखोरी पर प्रतिबन्ध लग चुका है। छुआछूत कानूनन अपराध माना जाता है और हरिजनों तथा दलितों के अधिकारों तथा अन्याय और अत्याचार से उनकी रक्षा के हेतु विशेष सरकारी सेल अस्तित्व में आ गये हैं। राजनीतिक हलचल भी तेज हो गयी और विभिन्न राजनीतिक दलों की गतिविधियाँ भी गाँवों में तेज हुई हैं जो किसानों को संगठित कर उनके हक के लिए लड़ाई लड़ते हैं। किसान संगठित होकर

अब शोषण का विरोध करने की स्थिति में हैं असंगठित व्यक्तिगत स्तर के प्रतिरोध ही नहीं संगठित प्रतिरोध तथा आन्दोलनों का सिलसिला भी अब तेजी पर है। ग्रामीण जन, किसान, हरिजन ये सब बेजुबान तो प्रेमचन्द के समय में भी नहीं थे, अब अधिक जागरूक और एकजुट हैं।

यह सब कुछ आजादी के बाद गाँवों में एक नये स्वर्ग के अभ्युदय की खुशफहमी पालने के लिए किसी को भी प्रेरित कर सकता है। प्रेमचन्द के बेलारी को अतीत के खाते में डाल देने के लिए भी ये सूचनाएँ पर्याप्त हैं। आखिर आजाद भारत की आधी शताब्दी का समय भी तो कुछ कम नहीं है और सरकारी प्रचार माध्यम भी कमजोर नहीं है।

परन्तु जैसा हम पहले कह चुके हैं जो दिखायी देता है वही यथार्थ नहीं होता या हुआ करता है। सूचना-विभाग के पोस्टरों का अपना यथार्थ वह हो तो हो, वह सामाजिक यथार्थ नहीं होता। यथार्थ का सार तत्त्व इन सतह के परिवर्तनों और भिन्नताओं और सूचनाओं की सात पर्तों के भीतर कहीं अलग छिपा होता है और उसे ही कुरेद-कुरेदकर ऊपर लाना और पहचानना होता है। जरूरत उसे ही ऊपर लाने और पहचानने की है। क्या यह कहना गलत होगा कि तमाम सारे प्रचार तथा सतही परिवर्तनों के बावजूद गाँवों के यथार्थ का सार आज भी बुनियादी तौर पर सामन्ती और शोषणमूलक और धर्म, धन तथा सत्ता के नये प्रभुओं की मिलीभगत का साक्ष्य देता है। आजादी के बाद एकदम नये पैटर्न गाँवों में एक नव धनाढ्य वर्ग उभर चुका है। शहर में तो 'गोदान' के रायसाहब भी रहते थे परन्तु अब शहरों में भाँति-भाँति से जायज-नाजायज धन कमाकर पुराना जमींदार वर्ग और उसकी सन्तति नये सिरे से अपने धन के बल पर गाँवों में फिर अपनी पुरानी शक्ति के साथ काबिज हो चुकी है। यही नहीं प्रेमचन्द को जिस बात का सन्देह था नगर जीवन की पूँजीवादी जेहनियत के फलस्वरूप उपजी तमाम सारी विकृतियाँ अब गाँवों की सतह पर इस नवधनाढ्य वर्ग द्वारा लायी और फैलायी जा चुकी हैं। पुराने शोहदों का स्थान नये शोहदों ने ले लिया है। राजनीति की जनतान्त्रिक व्यवस्था तथा पंचायत, विधान सभा के चुनावों ने जिन्हें न केवल नया आधार दिया है, नयी ताकत भी दी है। आजादी की लड़ाई में कहने को जेल तो 'गोदान' के रायसाहब भी गये थे परन्तु आजादी के बाद गाँवों में जो नया राजनीतिक नेतृत्व उभरा है वह उन्हीं गत जमींदारों और उनके संरक्षितों द्वारा निर्मित है जो अब विभिन्न राजनीतिक दलों के भीतर के मेम्बर बनकर पंचायत विधान तथा संसद पहुँचते हुए अपने पुराने रोबदाब के बूते पर नये सिरे से गाँवों और ग्रामीण जनों के भाग्य विधाता बन बैठे हैं। यही नहीं, वे अब

अपनी राजनीति के जरिये शोषण के नये-नये अधिक परिष्कृत और सभ्य तरीकों से लैस हो चुके हैं। सभ्य तो 'गोदान' के रायसाहब भी थे किन्तु उनकी सन्तति उनसे भी अधिक सभ्य और समझदार हो गयी है। पहले सूदखोर और महाजन गाँव की सतह पर दिखायी पड़ते थे, अब उनकी जगह कोआपरेटिव बैंकों से गरीब तथा अशिक्षित किसानों को ऋण दिलाने वाले, बिचौलियों तथा ऋण पास करनेवाले अफसरों-बाबुओं ने ले ली है। किसानों को ये सूदखोर भी सौ की जगह अस्सी ही देते थे और ये नये रिश्वतखोर भी उन्हें प।स किये गये ऋण का एक भाग काटकर ही पैसा देते हैं। व्यक्तिगत सूदखोरी भी कागज पर और कानूनन भले समाप्त हो गयी हो, वह अभी भी जारी है। अब कागज नहीं लिखे जाते, अंगूठे नहीं लगवाये जाते पर ऋण दिया जाता है और ब्याज के साथ वसूला भी जाता है। बेगारी और बंधुआगीरी खत्म हो गयी, बंधुआ और बेगार आज भी है। बंटाईदारी के रूप में अब शोषण का एक नया सिलसिला चल रहा है। बड़ी जोत वाले, हजारों एकड़ जमीन के पुराने मालिकों ने अपने लड़के-बच्चों, नाते-रिश्तेदारों, नौकरों-चाकरों के नाम तमाम बेनामी जमीन बांटकर न केवल जमीन पर अपने अधिकार को बनाये रखा है, बल्कि शोषण की प्रक्रिया को भी नये रूप में चलाना सीख लिया है। भय और हिंसा, दमन और अपराधों का एक नया रूप, आतंक का एक नया अध्याय, चुनावों और उसके साथ जुड़ी राजनीति के माध्यम से उभरा है। जातिवादी को नये प्राण और नयी ऊर्जा मिली है, और जातिगत युद्धों का नया सिलसिला भी शुरू हुआ है। व्यक्तिगत तकरार, राग-द्वेष की नयी फसल लहलहाकर उगी है। सरकारी पुलिस कचहरी हाकिमों और दारोगाओं का आतंक पहले-जैसा ही है। धर्म के प्रभु अपना रोजगार पहले-जैसा प्रभुता के साथ ही चला रहे हैं। ग्रामीण जनों की अशिक्षा और अज्ञान का लाभ पहले की तरह ही बेईमानों के खाते में जा रहा है। जो कुछ बदलाव आया भी है उसे विकृतियों की एक नयी फसल ने ढक लिया है। पहले गाँव अपनी तमाम सारी सीमाओं के बावजूद भी रहने योग्य थे आज वे रहने योग्य नहीं रह गये। सामन्ती मूल्यों के तहत जो कुछ मान्य नाते-रिश्ते अपने परम्परागत मानवीय रूप को बरकरार रखे पहले गाँवों में मौजूद थे और निभाये जाते थे, पूँजीवादी व्यवस्था के प्रभाववश आज वे सब बीते हुए कल की चीज बन गये हैं और लाभ, लोभ स्वार्थ और छल के आधार पर पनपनेवाले नये मूल्यों और नये नाते-रिश्तों ने उनकी जगह ले ली है। कहने का मतलब यह कि आतंक, अन्याय और शोषण के पुराने प्रभुओं की जगह नये प्रभु आ गये हैं, पुराने देवताओं को अपदस्थ कर नये देवताओं ने उनका

स्थान ले लिया है। पहले जो कुछ खुलेआम होता था, दया धरम के नाम पर होता था, आज भी वह सब खुलेआम हो रहा है, दया-धरम की परिभाषाएँ जरूर बदल गयी हैं।

जहाँ तक छोटे 4-5 बीधेवाले होरी-जैसे किसानों की बात है वे तब भी तबाह थे, आज भी हैं। कानून बने हैं तो कानूनों की काट भी है। पहले इक्के-दुक्के गोबर गाँव से भागकर नगरों में जाते थे, आज गोबर की सन्तति भारी तादाद में नगरों की ओर भाग रही है—पूँजीवादी व्यवस्था द्वारा मुहैया किये गये कल-कारखानों के जबड़ों में समाने के लिए या रिक्शा खींचने, बोझा ढोने या फिर नगर के फुटपाथों पर नये-नये धंधे करने के लिए। गाँवों में जो कुछ ताकतवर, प्राणवान, ताजा और ओजस्वी था आज सब नगरों की ओर भागा जा रहा है। गाँव खाली हो रहे हैं। नगर एक स्तर पर गाँवों पर हाबी हो रहा है दूसरे स्तर पर उसके प्राण और ऊर्जा को उदरस्थ करने के लिए अजगर की तरह उसे अपनी ओर खींच भी रहा है। आज के गाँवों की एक हकीकत यह भी है, पहलेवाले ऊपर से दिखायी पड़नेवाले रूप के भीतर की अन्तर्वस्तु उसका सारतत्त्व।

प्रेमचन्द के बाद भी ग्रामीण जीवन पर हिन्दी में बहुत लिखा गया है। इसमें काफी कुछ प्रेमचन्द की रचना दृष्टि और सोच का विकास है, उसकी परम्परा की गुणात्मक समृद्धि का द्योतक है। रांगेयराघव, नागार्जुन, भैरवप्रसाद गुप्त, रेणु, राही मासूम रजा, शिवप्रसाद सिंह, श्रीलाल शुक्ल, जगदीशचन्द्र, मार्कण्डेय, मन्नू भण्डारी, नीलकान्त आदि वे कथाकार हैं जो अपनी रचना-दृष्टि और रचना शिल्प में परस्पर और प्रेमचन्द से काफी कुछ भिन्नता रखते हुए और समानता भी रखते हुए आजादी के बाद के हिन्दुस्तान के गाँवों के सामाजिक यथार्थ, वहाँ की समस्याओं को हमारे सामने लाये हैं। उपन्यास के अलावा आजादी की कहानियों में भी आजादी के बाद का ग्रामीण जीवन अपने तमाम तेवरों के साथ उभरा है। इस सारे कथा साहित्य का विस्तार सुधारवाद से लेकर नक्सलवादी सोच-तक है। अपनी-अपनी रचना-दृष्टि तथा जीवन को लेकर ये कथाकार आजादी के बाद के हिन्दुस्तान के ग्रामीण जीवन में पैठे हैं, उसका निरीक्षण किया है और उससे इंतिहा दर्जे का लगाव रखते हुए उसके विश्लेषण और उसके रूपायन में सक्रिय हुए हैं। ग्रामीण जीवन में आजादी के बाद जो नयी पेंचीदगियाँ आयी हैं, छद्म और भुलावे का जो आवरण उस पर चढ़ा है, इन कथाकारों ने उसे निर्ममता से उभाड़ा है और ग्रामीण जीवन के अन्तरंग सच को हमारे सामने मूर्त्त किया है। आजादी के बाद ग्रामीण जीवन के सारे उतार-चढ़ाव, सारा विकास और सारा ह्रास और

सारी सड़ांध, सारी तेजी और राजनीतिक सामाजिक सरगर्मी आजादी के बाद के सामाजिक राजनीतिक जीवन की सापेक्षता में इन रचनाओं में प्रतिबिम्बित है। किसान, औरत, अछूत, बंधुआ, गाँवों के नये महाजन, राजनीतिक नेता, बिचौलिए, अफसर हाकिम, पुलिस, कचहरी, कानून, जमीन-जायदाद के सवाल, सामाजिक नाते, रिश्ते, धर्म और मजहब के नये समीकरण, वर्ग सम्बन्धों की नयी पेंचीदगियाँ, वर्ग और वर्ण संघर्षों के नये रूप इस कथा-साहित्य की केन्द्रीयता में हैं। लगता है कि ग्रामीण जीवन का एक अत्यधिक हलचल-भरा परिदृश्य हमारी आँखों के सामने है। किन्तु जो बात यहाँ हम कहना चाहते हैं, वह यह है कि इन सब बातों के प्रामाणिक चित्रण और उनके कारणों की प्रामाणिक पहचान के भीतर की जो अन्तर्वस्तु है, वह बुनियादी तौर पर प्रेमचन्द के समय से बहुत भिन्न नहीं है। भिन्न वह इसलिए नहीं है कि यह सब कुछ आज भी जिस सामन्ती बुनियादी पर टिका है वह वही सामन्ती बुनियाद है अथवा समय-सापेक्ष भिन्नता के होते हुए यह वही सामाजिक सुपर स्ट्रक्चर और आर्थिक आधार है जिस पर प्रेमचन्द के समय की व्यवस्था टिकी थी और जिसमें होनेवाले इस प्रकार के बदलावों के संकेत भी प्रेमचन्द ने दे दिये थे। आज प्रतिकार और प्रतिरोध संगठित और सशक्त है, प्रेमचन्द के समय में वह वैसा नहीं था, परन्तु यह प्रतिकार और प्रतिरोध जिस बात को लेकर है सारी बातों की वह बात व्यवस्था का अमानवीय ढांचा, कदाचित् कहीं से भी नहीं बदला है, 'प्रेमाश्रम' के शोषण-तन्त्र से जिस प्रकार 'गोदान' का शोषण तन्त्र ज्यादा महीन और मारक है, आज की स्थितियों में समाज और राजनीति के जो नये महाप्रभु शोषण के अपने तन्त्र के साथ गाँव की सतह में उभरे हैं वे रायसाहब से भी ज्यादा समझदार और विनम्र हैं, परन्तु उनसे भी ज्यादा घातक और हिंस्र। समग्रतः बदलाव है परन्तु सतही और ऊपरी। वह बदलाव नहीं जैसा कहा गया है भिन्नता है। ऐसी स्थिति में प्रेमचन्द की परिकल्पना की आजादी अभी भी प्रतिक्षित है, संघर्ष तथा सक्रियता की माग रखनेवाली है और भी जो कुछ खास हलचल आज है, वह उसी को कारगर और साकार बनाने के लिए है। तब प्रेमचन्द और 'गोदान' अतीत कहाँ हुए जब आज भी वही प्रेरक और प्रस्तोता हैं। तब बात उनकी प्रासंगिकता की क्यों हो, समकालीनता की क्यों नहीं? ग्रामीण जीवन की जो उलझी गणित, उसके जो जटिल समीकरण प्रेमचन्द ने पेश किये थे जो सवाल उन्होंने उठाये थे जब उनके हल और उनके जवाब आज भी हमारी सक्रियता और कर्मठता के मुंतजिर हैं, उनके सवाल आज भी सवाल हैं, जब आज भी वे पुराने नहीं पड़े, तब प्रेमचन्द और उनका यथार्थ-बोध कैसे पुराना

हो गया? यह आज की उभरी हुई हकीकत को कम करके आँकना नहीं, आज की वास्तविकता को नजरन्दाज करना नहीं, आज के सत्य पर पर्दा डालना नहीं, आज को उसकी असलियत में बुनियादी असलियत में पेश करना भर है।

एक दिलचस्प उदाहरण इस प्रसंग में देना चाहूँगा। प्रेमचन्द जन्म शती के आयोजनों के आस-पास सम्भवतः 1981 के 'दिनमान' के किसी अंक में, फिल्मकार निहालानी की एक रपट छपी थी—रामदयाल दीक्षित नहीं, रामदयाल चमार कहिए, शीर्षक से श्री निहालानी को पता चला कि बनारस जिले के किसी गाँव में कोई रामदयाल नामक ब्राह्मण किसी चमार औरत से विवाह करके चमार बन गया है। वे उसका इण्टरव्यू लेने तथा उस पर एक डाक्यूमेण्टरी बनाने उस गाँव पहुँचे। गाँव के प्रभुवर्ग ने पहले तो उन्हें गाँव में घुसने नहीं दिया फिर तरह-तरह की बाधाएँ खड़ी कीं। किसी प्रकार गाँव में टिकने की जगह उन्हें मिली और वे रामदयाल नामक उस व्यक्ति का इण्टरव्यू लेने में सफल हो गये। इसी की रपट थी 'दिनमान' में। वस्तुतः इस रामदयाल दीक्षित का प्रेम गाँव की ही एक चमार औरत से हो गया। बात आगे बढ़ी और जब गाँव के सवर्णों को पता चला तो पहले तो रामदयाल को डराया-धमकाया गया बाद में उससे कहा गया कि वह या तो इस प्रेम-सम्बन्ध को खत्म करके पहले-जैसा गाँव में रहे अथवा उससे विवाह करके चमार बनकर गाँव से निकल जाये। रामदयाल दीक्षित ने दूसरे विकल्प को चुना और चमार बन गया।

मेरे अनुसार यह प्रेमचन्द की रचना-भूमि में पचास साल बाद रामदयाल के रूप में 'गोदान' के मातादीन का अवतरण था। मातादीन पढ़ा-लिखा न था, टकापन्थी था, परन्तु यह रामदयाल कुछ पढ़ा-लिखा भी था और इंटरव्यू के अनुसार प्रेमचन्द और उनकी रचनाओं से परिचित भी था, कुछ को शायद उसने पढ़ा भी था। गाँव के सवर्णों ने श्री निहालानी का जो विरोध किया वह तो अलग, रामदयाल ने अपने इंटरव्यू में जो कहा उसे देखिए—"कउन कसूर किया हमने जो हवालात में बन्द किया , डंडों से मारा हमको। क्या सादी किया तो किसी का कोई गुनाह किया। क्या मतलब है पुलिस को इस बात से कि हम हरिजन से सादी किया या ब्राह्मण से। जो ,खुले आम हरिजन औरत को रखेल बनाकर रखे हुए हैं उनको क्यों नहीं बन्द करते। जो काम हमने किया, वही काम कोई मन्तरी का लौंड़ा किये होता तो अखबारों में फोटू छपता, बहुत वाहवाही होत, पर हमें, डण्डों से मारा, गालियाँ दीं, हवालात में बन्द किया। यह कहाँ का इंसाफ है साहब ?"

यह वही व्यवस्था, उसकी पुलिस कचहरी और कानून है जिसे खिलाफ प्रेमचन्द ने आजीवन पूरी निर्भयता के साथ लिखा है। प्रेमचन्द के सारे दलित पात्रों का अपने प्रभुओं से यही सवाल रहा है जो आजाद हिन्दुस्तान के महाप्रभुओं से रामदयाल का है कि "यह कहाँ का इंसाफ है साहब?" और जाहिर है कि व्यवस्था के हामी न तब इस सवाल का जवाब दे सके थे और न आज ही वे इस सवाल को जवाब देने की हिम्मत रखते हैं, उनके पास आजादी के बाद गाँवों में आयी खुशहाली के सरकारी आँकड़े भर हैं जिनका यह घटना प्रतिवाद करती है। 'गोदान' का मातादीन तो सिलिया के साथ घर बसाकर होरी की मानवीयता के चलते उसी गाँव में रह सका था, परन्तु आजादी के बाद का रामदयाल गाँव छोड़ने को विवश हुआ और यही नहीं, इस रामदयाल की अबोध सन्तान को अस्पृश्यता के कलंक को भी ढोना पड़ा। रामदयाल को 1981 के हिन्दुस्तान में अपने इस अपराध के चलते सड़क की गिट्टियाँ तोड़कर अपना और अपने पत्नी-बच्चों का भरण-पोषण करने को विवश होना पड़ा। प्राइमरी स्कूल के रजिस्टर में रामदयाल के बेटे के नाम के आगे दीक्षित नहीं चमार लिखा हुआ है। यह अपवाद के रूप में घटित कोई घटना नहीं है। हिन्दुस्तान के गाँवों में आज भी सैकड़ों रामदयाल इस यातना को भोग रहे हैं, सैकड़ों मुन्नियाँ अपनी इज्जत बचाने के लिए जुल्म और सितम से जूझ रही हैं, सैकड़ों दुःखी चमार पण्डितों की दहलीज पर बेगार करते हुए लाशों के रूप में सड़ रहे हैं यह आजादी के बाद के गाँवों की वह हकीकत है जिसे सरकारी तन्त्र उजागर करने में शरमाता और खौफ खाता है। आज भी किसान गाँवों में लड़ और जूझ रहा है, हार और जीत रहा है, न्याय की गुहार लगा रहा है, उसे पा रहा है और उसे छीन भी रहा है।

इस पर भी सवाल प्रेमचन्द और 'गोदान' की प्रासंगिकता का हो तो हैरानी का होना स्वाभाविक है। 'गोदान' को भारत के गाँवों का कृषक-जीवन का महाकाव्य कहा गया है। प्रेमचन्द इस महाकाव्य के रचयिता हैं। अपनी अमर रचना 'गोदान' के साथ वे हमारे समकालीन हैं।

●●●